龍谷大学社会科学研究所叢書―第117巻

宗教教誨の現在と未来

―矯正・保護と宗教意識―

赤池一将
石塚伸一
［編著］

はしがき

罪を犯した人々は、捜査、裁判、そして、矯正処遇等、刑事司法の各場面で、その心のあり様を厳しく問われることになる。矯正施設等の被収容者は、彼の帰りを待ち、また、その心の支えとなる家族、友人などから、少なくとも精神的には遠く離れ、社会から断絶した存在であることが少なくない。それゆえ、その更生は、外界との接触の制限された閉鎖施設で、否応なく仏や神などの超越的存在や聖なるものに、自らの心を照らしてみることから始まるのかもしれない。諸外国での教誨活動が、刑事施設のみならず病院等においても広く行われてきたのはそうした事情と無縁ではない。そして、そこには宗教に本来的に備わる何かが認められる。

教誨とは、精神的、倫理的、宗教的な教化方法をいう。日本においては、一九〇八（明治四十一）年の監獄法以来、もっぱら監獄において、「受刑者には教誨を施す」ことが求められてきた。その内容上、教誨は、宗教による教誨とその他の一般教誨とに区別されうるが、教誨は、明治期においては、宗教教誨としてのみ観念され、昭和期に入り、宗教的な教えを強制することの問題性が意識されるに至り、宗教的観点を離れた特性の教化と精神の修養、いわば人としての生き方の指針としての一般教誨が在監者に施され、これと並行して宗教教誨が実施されていた。教誨は、各施設に多くは二名配置された、公務員としての教誨師によって実施され、これを東西本願寺の僧侶が担うことが少なくなかった。そこでの宗教教誨は、信教の自由を確保するとともに、健全な宗教的精神の涵養を図ることに、その目的が求められていた。

第二次世界大戦後、占領軍の行政管理下において「宗教上ノ礼拝ハ之ヲ強制セサルコト」とされ、日本国憲法二十条、八十九条の規定する厳格な政教分離原則により、国およびその機関が宗教に関与することが禁止され、監獄においても、宗教は民間宗教家の自由な活動に委ねられなければならないことになった。確かに、戦前においても、信教の自由は、もっとも重要な基本的人権の一つであり、在監者にもその内面的な生活において任意の宗教的信仰をもつ、もたないの自由が認められ、戒護および規律上、特に支障のないかぎり、礼拝、祈祷、祝典、儀式、行事のような宗教的行為を行う自由、または、そうした行為を強制されない自由が認められてきた。しかし、戦後の転換は、その次元を超えて、従来の公務員としての教誨師制度を廃止し、また、宗教教誨を在監者に施すべきではないとの考え方に至った。

しかし、監獄法改正による二〇〇七年のいわゆる「刑事収容施設法」では、「宗教上の教誨」

が規定され、より積極的な位置付けが与えられるに至った。それゆえ、現在では、まず、被収容者の宗教上の権利に配慮し、その生活再建のために要請されるこの局面での国の援助とは、具体的にどのようなものとなりうるかが問われる。特に、「宗教を強制されない自由」を超えて、「特定の宗教を信仰し、必要な行為をする自由」を国がどこまで、どのようにして援助すべきか、を明らかにする作業は、収容に伴う被収容者の権利侵害に対する国の補填義務一般の性格と範囲を明らかにすることにつながっていく。

また、処遇とこれに関わる社会的資源のあり方に関して、処遇を被収容者の社会復帰に対する施設内・社会内を問わぬ「一貫した援助」として捉える際には、その重要な担い手として、ボランティア団体等の民間団体や一般市民の活動が重要な意味をもつ。ここでは、被収容者の権利としての宗教教誨という構想とともに、その活動を支える社会的資源にいかなる要請が新たにもたらされるかを検討する必要があり、特に、教誨活動を支える教誨師という社会的資源が、被収容者の権利性が強調される文脈において、いかなる変化を求められるかを調査・分析することが肝要である。教誨師という伝統のある資源を対象とすることによって、新しい指向の中で、矯正への市民的関与に求められる要素を一般化して提示することも可能になろう。

本書は、龍谷大学社会科学研究所共同研究「世界の宗教教誨制度の比較研究、実施のための予備調査」（代表・赤池一将、二〇一一年度）および文部科学省科学研究助成（新学術領域研究）「犯罪者・非行少年処遇における人間科学的知見の活用に関する総合的研究」（代表・石塚伸一、二〇一三〜二〇一五年度）の研究成果を龍谷大学社会科学研究所叢書第百十七巻として出版するものである。

二つの研究は、二〇〇七年度以降三年間にわたり実施された龍谷大学社会科学研究所指定研究「矯正施設における宗教意識・活動に関する研究」（代表・赤池一将、二〇〇七〜二〇〇八年度／代表・石塚伸一、二〇〇九年度）の成果である『矯正施設における宗教意識・活動に関する研究——その現在と歴史』（龍谷大学社会科学研究所叢書第九十一巻、日本評論社、二〇一一年）を引き継ぐ形で実施された。同書は、これまでに例のない国内のすべての教誨師に対するアンケート調査の実施とその結果の分析を第一部「刑事施設における宗教意識・活動に関する調査」として提示し、これに当該問題に関与する各方面からの問題提起と諸外国での実情に関する論稿を第二部「教誨の歴史と現在」として加える構成をとった。

前掲の二〇一一年度以降の二つの研究においては、この二つのパートのそれぞれの補充を試みることをめざした。

第一に、当初は、前掲の叢書第九十一巻『矯正施設における宗教意識・活動に関する研究――その現在と歴史』第Ⅱ部「教誨の歴史と現在」におけるアメリカ合衆国、ドイツおよびフランスを対象とする比較研究の継続を予定したが、二〇一一年度の「世界の宗教教誨制度の比較研究、実施のための予備調査」においては、諸般の事情から、主に、フランス司法省に蓄積されてきた比較研究資料の調査に止めざるを得なかった。しかし、その後、前掲の科研費による研究期間を通じて、外国人研究員の参加を得ることにより、アメリカ合州国およびフランスについての研究を継続するとともに、対象国を韓国、台湾といったアジア諸国に拡大し、比較の視点の相対化を試みた。

また、この第Ⅱ部「教誨の歴史と現在」には、教誨活動に関与する各方面からの問題提起として、福祉専門家、矯正施設職員、教誨師の論稿を含めたが、同様の観点から二〇一三年度以降の研究においては、ジャーナリストや死刑問題との関係から教誨活動に深い関心を示す弁護士や法律家の参加を得ることができた。

第二に、二〇一三年度以降の前掲科学研究においては、叢書第九十一巻の第Ⅰ部「刑事施設における宗教意識・活動に関する調査」の展開が模索された。そこでは、当該調査に対して二〇一一年以降に実施された再評価・分析をおこなったほか、当該調査を踏まえて教誨師活動を主導する教誨師連盟の中心的存在に対するインタビュー等の企画を進め、結果として、大谷光真（浄土真宗本願寺派前門主）氏、平野俊興（東京拘置所教誨師）氏等の参加を得てシンポジウム「宗教教誨の現在と未来――日本人の宗教意識――」（龍谷大学、二〇一五年七月十一日）を開催することができた。

本シンポジウムは、上記表題のもと、第一部「科学の時代における宗教の役割〜矯正・保護と宗教活動」、第二部「犯罪と宗教教誨」、第三部「意見交換」の三部から構成され、第一部は、大谷光真氏と、教誨師活動についての綿密な聞き取り調査をもとにした『教誨師』（講談社、二〇一四年）を執筆されたジャーナリストの堀川惠子氏との対談により、第二部は、赤松徹眞（龍谷大学学長）氏による「日本社会と宗教教誨」、平野俊興氏による「死刑と宗教教誨」、平川宗信（名古屋大学名誉教授）氏による「浄土真宗と死刑制度」の各講演により、そして、第三部は、参加者による意見交換により進められた。本書の第一部の章立ては、このシンポジウムを再現する意図で試みたものである。なお、インタビューを行ったジャーナリストの堀川氏とは、事前に数度の会合を持ち質問事項の準備を行い、インタビューおよびシンポジウムへの大谷氏の参加についても関係者に対して趣旨説明等を行った。御協力いただいた方々には心より感謝申し上げる。

本書の出版にあたっては、浄土真宗本願寺派社会部（社会事業担当）山本正定氏、本願寺出版社の皆さん、そして、龍谷大学研究部（社会科学研究所）の廣田雅美氏に大変お世話になった。記して謝意を表したい。

二〇一七年三月

赤池　将・石塚伸一

宗教教誨の現在と未来——矯正・保護と宗教意識——　目次

第二部◉矯正保護と宗教教誨

第一部◉宗教意識と死刑制度

第一章　科学の時代における宗教の役割（対談）

大谷光真
浄土真宗本願寺派前門主
堀川惠子
ジャーナリスト

堀川　皆さん、こんにちは。今日は本当に湿気の多い暑い日ですけれども、おそらく多くの方々が前門様のお話を楽しみにお越しになっているのではないかと思います。前門様をお招きして、宗教教誨というテーマで、開かれた場で会合が持たれるということは初めてだと聞いております。限られた貴重な時間ですので、じっくりとお話を伺ってまいりたいと思います。

まず、お話に入る前に、前門様は去年、門主を退かれまして、今はどのような生活をなさっているのでしょうとお感じになっている方も多いかと思います。とてもお忙しいご公務から解放されて、現在はどのようにお過ごしでしょうか。

前門様　退任しましてほぼ一年がたちました。きっと毎日が日曜日になるだろうと期待しておりましたら、全くそうはなりませんでした。ただ、仕事の内容がすっかり変わりまして、非常に苦手な筆で、墨で字を書くというようなことはほとんどしなくてよくなりました（笑）。気分的には非常に楽になりました。ただ、ここに招かれたように、お寺の外の用事がちょっと増えてきています。

堀川　事前の打ち合わせでいろいろ伺っておりましたら、共通の趣味があることがわかりました。今朝のご様子は？

前門様　今朝は、水やりで、土はいじっておりません。

堀川　バラの栽培をしておられるということでして、私もそうなのですが、バラというのはとても手のかかる植物です。もちろん自然のものですから、自然のままにしておけば本当は良いのでしょうけれども、肥料をやり過ぎればダメになってしまうし、水をやり過ぎても足りなくてもダメ。なんだか人間とよく似ているなと思いながら、私も今朝、水やりだけは済ませて、こちらにやってまいりました。

今日は宗教教誨というテーマですけれども、やはりこの問題に向き合うにあたっては、私たちそれぞれに与えられている、かけがえのない「いのち」にどう向き合うかということになるわけです。私も二〇〇七年から、司法の問題の取材を始めまして、死刑のみにかかわらず、人が人を裁くということ、そして罪を犯した方がその後どのように人生を歩んでいるかということに向き合ってまいりました。

いざ、この現場に立ちますと、「いのち」ということの重みに本当に圧倒され、言葉を生むことが本当に難しい、それほど重い問題なのですが、とりわけ、近年で申し上げますと東日本大震災がございました。これは、私が生きている時間の中ではかつてないほどたくさんの「いのち」が失われ、そして多くの宗教者の方々が現場に立たれました。本当に難しい問題でして、「天災」、天の災いと書きますけれども、我々人間にはどうしようもないものなのか、そのあたりのお話を、まずお伺いしたいと思います。

前門様　関西におりますと、もう一つ前の阪神淡路大震災が大きなショックになりました。ただ、私自身もそうですが、当時、宗教界はごく一部の方を除いて、そういう問題に対処をする心構えができていなかったということもあって、だいぶ出遅れたような気がいたします。後から気がついて、ああ、これは宗教的にも深刻なことだと、「いのち」そのものを考えさせられる機会だったと思いますが、阪神淡路の場合は直後にオウム事件がありまして、マスコミの関心がずれてしまいました。そして今度、東日本の場合は、私の子どもも東京におりましたが、東京の方まで、身体《からだ》で揺れを感じられて、非常に深刻に受け止められました。逆に関西におりますと、テレビで見るだけという違いがあります。ただ、宗教的には過去の経験も活かして、いち早く駆けつけた方もありました。また、マスコミにも好意的にそういう活動を報道してもらったという風に思います。

私は京都におりまして、まず第一段階としては、どうしようもない、何もできないな、というのが率直なところで、お念仏をするしかないというのが率直なところです。余裕ができてから、「救援・支援はどうしたら？」というようなことに広がっていったと思います。

堀川　本当に多くの「いのち」が失われ、我々は何もなしえないというような無力感に苛まれるような現場であったと思うのですが、やはり、自然の前では、どうしようもないのでしょうか？

前門様　実際にその被害を直接受けられた方には、どうしようもないということ、「何とかして生き抜きたい」というお気持ちであったろうと思いますが、もう少し落ち着いて考えますと、確かに、地震とか津波は人間の力でどうしようもないという面があります。けれども、人間がいなければ天災もありません。人間と共同作業で、結果として、災害、天災というものが形に現れてくるのではないでしょうか。

ただ、一人ひとりができることはほんのわずかしかない。人間全体として引き受けていく、そういう共同、仏教では、共業《ぐうごう》――ともにおこなう――という言葉がありますが、そういう自然の動きと人間の動きが相俟って大きな災害となってしまった。ですから、一人ひとりの力は大変弱いけれども、やはり、人間同士支え合って生きていくほかないというようなことを感じたことです。

堀川　つまり、人間である私たちの力ではどうにもならない苦境にあるからこそ、宗教が人びとの求めるところになるということになっていくのでしょうか。

前門様　多くの宗教は、人間の力で解決できない課題に直面せざるをえない時に、人間の力を超えた力、はたらきで乗り越えていく、これが根本にあると思います。ただ、一人ひとりその場によってそれぞれ違った受け取り方になっていくということはあると思います。

堀川　本願寺さんの取り組みがホームページなどにも紹介されておりますけれども、震災が発生して以降ですね、これといって組織として決定したわけではないのですけれども、それぞれのお寺で、避難者の方を受け入れたり、原発事故などの人災にあって、行く先のなくなった方々にお寺でしばらくお住まいいただいたり、非常に多くの取り組みをされていると聞いておりますす。ある記事がございました。震災のような出来事の場合には、まずは寝るところ、食べものというところ、日常的に生きていく最低限のところから始まる。それが、少しずつ時間が経つにつれ、人の心というんでしょうか、大切な人を失ってしまった方々の心のケアが求められます。そういったところに、最近はたくさんの若い僧侶の方々が現場に行かれて、汗を流しているということを聞きます。

ホームページで紹介されておりますが、これは、東京電力福島第一原発から十八キロ北にあるお寺の門徒さんご夫婦の記事でして、「二、三日で原発は収束するだろう」「大丈夫だろう」と思い家を離れたお二人が、ずっと帰ることができなくなった。そして、ご主人のほうが、放射能の危険があるにもかかわらず、ご遺体の捜索に日々奔走され、そこで初めて「いのち」のことをこんなに深く考えた、ということが紹介されておりました。東日本大震災を考えますと、人間がいるからこその天災、そしてまた、人間がつくった原発というものの災いもある。しかし、いずれも予測不可能だったから仕方がないという議論もずいぶんあるようですが、前門様はこのあたりの議論はいかがお考えでしょうか。

前門様　現場の方にとっては予測不可能なことが起こったというのはそうかもしれません。しかし、もう少し利害を離れて外側から眺めますと、科学技術で何でも解決できるわけではないし、いわんや未来のことが予想できるというわけではない。必ず、予測できない事柄があるということを踏まえておくべきであったと思います。

普通のこととして、予測できないことで大きな被害を受けることは今までもたびたびありましたし、それをなんとか受け容れてきたわけですが、原子力、核エネルギーというのは影響力の大きさが桁違いで、時間的にも長期に影響を及ぼすということで、やはり交通事故や家の火災とは違う次元のこととする考え方が必要だったのではないでしょうか。信号機をつければ事故が減るとか、柱を増やせば地震に強くなるというようなレベルで対処してきたために、取り返しがつかないことになったのではないか。そんな感想をもっております。

堀川　私たち人間が科学の進歩にしたがって、自分たちが全てを自由自在にコントロールできると、そして起きてしまったことについては予測不可能だったというのは、ある意味、驕りではないかというような感想を、今、お話をいただきながら抱きました。

では、本日のテーマである宗教教誨ということに移ってまいりたいと思います。宗教教誨——罪を犯した方に向き合う宗教者たちのことを教誨師と申しますが——、その前に、実際には私たちの社会は罪とどう向き合っているかといったところから少しお話を伺っていきたいと思います。最近、テレビを見ておりますと、「恐ろしいですね、こんな事件が増えていますよね」とか「少年事件がどんどん凶悪化していますね」ということをよく耳にいたしますけれど、実はそうではないということを、前門様は、よくおっしゃっていられますけれど、そのあたりからお話しいただけますでしょうか。

前門様　これは龍谷大学の先生方の受け売りで（笑）、不完全なんですけれども、私たちが普段マスコミを通じて得るこういう事件の知識というのは、非常に偏っていまして、嘘ではない事実を報道しているのですけれども、結果として、私たちに偏ったイメージを植え付けてしまっています。日本は、戦後の混乱期は別として、凶悪犯罪の数は減ってきています。特に若者の犯罪は世界でも珍しいくらい凶悪犯罪が少なくなっている。そういう意味では「安全な世の中」になってきているのです。ところがそうであればこそ、逆に、数少ない深刻な凶悪事件が大きく報道されまして、世の中は危険になってきたという印象を私たちは持ってきてしまっているのではないでしょうか。

もちろん、それだけではなくて、日常生活が隣近所と顔も合わせない。地域社会でのつながりも非常に乏しくなっている。普段、なんとなく個人として孤独、落ち着かない生活をしているために、ちょっとそういう事件の報道というような刺激を受けますと、ついついそれが全体であるかのように感じ取ってしまうという、私たち自身の問題もあると思いますけれど、極力、現実、真実を捉えるように、報道を見る時も心がける必要があると思っております。

日本の国を「文化遺産がある」とか「経済が発展した」ということで自慢したい方々はたくさんいらっしゃいますし、私も文化遺産についてはそういう一人ですけれども、もう一つこの、犯罪が少ない、若者の犯罪が減っている、これこそ世界に誇ることがらであって、それは法律や警察の力だけではない、精神的文化的に良いものがあるということに気づいていきたいと思っております。

堀川　まさに今のお話を裏付けるような調査がありまして、少し旧いんですが、二〇〇六年に内閣府が行いました「子どもの防犯に関する特別世論調査」というのがございます。これで四人に三人の親御さんが、自分の子どももいつか事件に巻き込まれるかもしれないという不安を抱いていると。その理由を聞きますとこれが面白いんです。不安になる理由のトップはですね、「テレビでやっているから」これが八五・九パーセントなんだそうです。実際に、自分の周りとか、知り合いとか、ご近所とかでそういうことがあったというのが一二・一パーセント。そして、これは順不同で複数回答なので一〇〇パーセントにはなりませんけれども、まさに今、前門様がおっしゃいましたように、地域のつながりが弱くて、「近所に誰が住んでいるかわからない、顔も分からないから怖い」と答えた方が三三・二パーセントという数字が出ています。

本当に犯罪件数は減っている。凶悪事件も減っているのに、人びとの不安は過去最高、「体感治安」は過去最悪になっている。犯罪が少なくなったのならば、刑務所はさぞかし暇なのかということ、実はそうではない、という現実があります。この背景にありますのが、厳罰化であると言われております。やはり、悪いことをした人たちはどこかに閉じ込めてほしい、罰を与えてほしいと、そういう気持ちというのはどうしても持ってしまうものなのでしょうか。

前門様　直接被害を受けた方にとってはごもっともな反応だと思います。「何とかしてほしい」と。ただ、第三者が同じ考えを持っていいかどうかということは別の問題だと思います。今、日本で欠けているのは、犯罪被害者を温かく支えるということが足りない。被害者を救う法律もできましたけれども、人間関係の中でそういう方々を温かく見るよりも、被害に遭った人に「お前も何か落ち度があるんじゃないか」というような対応がよくあると耳にいたします。そういう問題が大きいと思います。

堀川　今のお話を少し補足させていただきますと、厳罰化というのは明確な形で現れているようでございまして、いくつかデータが手元にあります。簡単に紹介いたしますと、例えば、無期懲役を下されて平均在所期間、つまり仮釈放されるまでの平均的な期間ですが、二〇〇二年には二十三年六カ月程度だった。それが九年たった二〇一一年には三十五年二カ月になっている。つまりこの十年の間で無期受刑者が仮釈放になるまでの刑期が十年以上延びているという現実があります。それから、無期懲役判決を受けて服役している方の数も二〇〇二年には千百五十二名、これが二〇一一年には千八百十二名。十年で一・六倍になっています。もう一つ興味深い数字があるんですが、いわゆる無期懲役の判決を受けて服役し、拘禁期間が長くなればなるほど高齢化していきます。この十年間に獄中で死亡された無期受刑者の方が百四十七名、一方、仮釈放された方が七十六名で半数です。このように、データ的にも、厳罰化は明らかです。

前門様　この問題で私が思いますのは、宗教、特に仏教の影響力が弱ってきていることと関わるのではないでしょうか。被害者の感情をもとに罰を重くするというのは、仇討に近い、仕返しというような心と近い気がします。被害に遭った時にそれをどういう風に乗り越えていくかという問題は宗教的な課題でもあります。加害者を恨んで生きるということで、果たして被害者の人生はどうなるのでしょうか。

サリン事件で被害に遭われた方の記事を見た覚えがありますが、「いつまでもそのことに拘《かかず》って加害者を恨んで生きても、自分の人生は恨みに縛られた人生になってしまう」というようなことをおっしゃっていました。恨みの気持ちが消えるはずはないと思いますけれども、それだけに縛られて貴重な人生を終わってしまうというのもやはり、もったいないというか、残念なことなのではないでしょうか。

それからもう一つ。これは受け売りの知識ですけれども、法律の本を読んでおりましたら、国が科する刑罰というのは仇討ではない。被害者に代わって仕返しをするというのはない。国家としての安全、国家として筋の通る世の中を保つために刑罰があるのであって、一人ひとりの被害者をどうするかというのはまた別の課題だというようなことが書いてありました。私たちはすぐ、被害者を見ると国家権力で処理してもらいたいという風に思いますけれども、ちょっとこれは我々の素朴な感情と法律制度とずれるところがあるのではないか。専門家の方に一度、伺ってみたいと思ったところです。

堀川　少し前から普通の言葉になりましたけれども、「ＫＹ（ケー・ワイ）」、空気を読まない・読めないという言われ方が当然のようにされるようになりました。今、お話を伺ってきたなかで、犯罪は減っている、不安は高まっている。それにもかかわらず、より罪を重くしてほしいという動きがある。このことから、どういったものが社会から生まれてくるのかということを考えた時に、このKYという言葉はとても象徴的だなという感じがしています。

つまり、例えば「うざい」とか「キモイ」という言葉であれば「私とあなた」の関係です。ところがKY、空気を読まないというのは、あなたは、社会、すなわち、私たちに対してきちんと対応しないという、「自分たち」と異なるもの、異なる人を孤立させてしまう、違うものとして見ようとする。もう少し突っ込んで言えば、異物を遠いところへ持って行ってしまおうとする。「自分たちと違うものは許さない」という非常に不寛容な社会になってきつつあるということを感じます。

実際に、そういった罪を犯している方々が収容されている場所が、刑務所であり拘置所です。こういう施設で、民間人として唯一面接を許されているのが教誨師や篤志面接委員の方々です。私は『教誨師』（講談社、二〇一四年）という本で取材をさせていただいた渡邉普相先生にいろいろお話を伺いました。突きつめていけば、宗教教誨とは何であるかということになってくるんですけれども、よく浄土真宗では悪人正機という言葉を使います。渡邉先生もこの「悪人正機」ということを受刑者、死刑囚に一生懸命説かれた時期もあった。

しかし、実際に我々が身近なところで聞いている「悪人正機」と、世間一般に言われている「悪人正機」ではずいぶん意味が違う。他力本願という言葉と同じくらい、誤った使われ方をしているように思うのですが、罪を犯した人に対して「悪人正機」という言葉を使う時、これはどのような意味を持つのでしょうか。

前門様　これも聞いた話ですけれども、悪人が救われるというお話を多くの方の前でしたら、そんなことをしたら世の中の秩序が保たれない、けしからんといって叱られたという反応を聞いたことがあります。悪人が救われるという意味は、まず、宗教的に突き詰めて言いますと、「悪人」というのは自分のことであって、単純に犯罪者を言う言葉ではありません。私が救われる、救われなければならない私である、ということを別の言葉で「悪人」と言い表されていると思います。ただ、そういう考え方を広げていきますと、世の中で一番深刻な問題を抱えている矯正施設の受刑者こそ、一番先に救われなければならないということが言えると思います。たとえ話ですので不完全かもしれませんが、病気にたとえますと、病の重い人ほど医者は手厚く治療しなければならない。軽症の人はお薬を渡して家へ帰せばいいと。そういう違いがあると思います。人間、人生という意味でも、一番深刻な問題を抱えている人こそ、阿弥陀さまのはたらきは、より大事な意味をもっていると理解すれば、悪人を野放しに、そのまま赦すということとは違っていると思います。

そういう歴史がありますので、明治以降の近代社会の刑務所等の宗教活動も、浄土真宗の僧侶が他に先駆けて率先して取り組まれたと、そういう歴史になってくると思います。

堀川　つまり、悪人とは誰かという問いかけだと思います。実は私も、この司法の取材で罪を犯した方々のことを書いたり、ドキュメンタリーを作ったりしておりますと、幾人か友人を失いました。と申しますのは、これは本当に共通していることなんですけれども、苦しい、貧しい、本当に大変な人生を歩んでこられて、でも頑張ってここまで来た、成功をつかんだと、そういう方ほど、いわゆる社会一般のところからこぼれ落ちた方には大変厳しい。こんなにしんどい中で自分たちはこれだけ頑張れたんだと、お前たちは努力が足りないんだろうと。そういう意味では、やはり悪人というのは自分は常に善人で、努力をしない人間が悪人ではないかと。私自身も大切な知人から、再三、この問題を突きつけられたことがありますが、これにはどのように応えればよかったのでしょうか?

前門様　難しいことですねえ。自分の努力で困難を乗り越えてきた方の立場からすれば、そんなものかな、というものではありますけれども。でも、テレビなどでスポーツ選手のインタビューなんかを見ておりますと、たいていは「優勝できたのはコーチをはじめ、皆さんのお陰です」と言いますから、実力一つでやってきた人も、必ずしもそういう反応ばかりではない、と私は思います。もう一つは、今、実力でそういう地位を勝ち取った方も、いずれは弱い人間に戻っていかなければならない時期は来るのではないかということも思います。実力で得られるものというのは限られていますので、病気がやってきたらもうそれは、実力の世界ではありません。人間って、そんなに自分で自分のことが決められるものではないというのが私の考えで、主体性とか、自己責任とか、流行の言葉ですけれども、その言葉で逆につらい思いをしている方がたくさんいるのではないかと思います。

先ほどありました、空気が読めるというお話も、建前としては学校教育も、主体性とか、個性を伸ばしなさいとか盛んに表向きには言っているけれども、現場では逆の雰囲気をいよいよ強めているような気がします。この辺の矛盾がもう少しなんとかならないだろうかと思っているんですけれども。

堀川　その「悪人正機」というお話で、悪人が誰であるにせよ、実際に罪を犯した方々に向き合う教誨師の先生方は「救う」という言葉をよく使われます。「あいつを救ってやらなければいけない」と。実際に何をもって救うというのかということがございますが、その前に、例えば、宗教の教え、信仰に目覚めて受刑者が救われたとする。しかし、被害を受けた方々、もしくはご遺族から見れば、どうして加害者だけが救われて、自分たちはこんなに苦しい思いをしなくてはならないのかと、こういった思いをぶつけられる教誨師の方もおられると聞いております。このあたりは実際、どうなのでしょうか。

前門様　やはり教誨師自身の課題、宗教家側の課題が一つあると思います。救われるということが、この世の悩み・課題を捨てて、横にやって、自分だけ満足してしまうということであっては宗教として不完全ではないかと思うのです。インド独立の功労者、マハトマ・ガンジーさんの書かれたものに現代の問題が七つ挙げられていました。ちょっとメモを持ってこなかったんですが、労働なき収入とか、愛のない科学技術など、ちょっと普段気がつかないようなことを鋭く指摘されている言葉の中に、「犠牲のない信仰」も問題であると指摘されていました。信仰ということと犠牲ということが、キリスト教ならばわかるような気がしますが、インドのヒンズー教の真面目な方がこういうことを言われて、何だろうなと思ったのです。私は最近、そのことについてやはり、救われたという喜びは大事ですけれども、その反対側に必ず、申し訳ない生き方をしてきているということと一体になって信仰というものが成り立っていなければならないと。ですから、矯正施設の中で宗教的に救われた方も、救われた喜びだけではなくて、救われることによって自分が犯した様々な罪をよりしっかりと受け止められるようになっていく。都合の悪いことを忘れて救われるのではなくて、救われることによって都合の悪い問題もしっかりと受け止められるようになっていく、そういう宗教が望ましいのではないかと、最近思っております。

堀川　つまり、自分が救われると同時に自分が犯した罪に対する慚愧というか、そういったものも両輪で持ち合わせてほしいというお話かと思います。

実は、教誨師の渡邉先生にお話を伺う中で、「なるほどな」という話があったことを、今思い出したのですけれども、先生はこんなふうにおっしゃっていました。大勢の死刑囚の方と教誨面接をなさるわけなんですけれども、「罪を犯した人間は、本当は、加害者なんだが、自分は被害者の気分なんだ」と。今までこんなひどい目に遭ってきた、小さい頃親に捨てられた、学校の先生は俺だけに冷たかった、社会の人たちは刑務所から出てきた自分を受け入れてくれなかったと、恨《うら》み、被害の念にかられてしまっている。「こういう人間には何を言ってもダメなんよ」とおっしゃっていました。

「じゃあ、教誨の時にはどうするんですか」とお伺いしましたら、相手の持っている恨みとか被害の気持ちを全部吐き出させる。聞くのだそうです。そういうやりとりをしているうちに「自分の言うことを聞いてもらえている」「受け入れられている」ということが伝わってくる。やがて、ふと、「自分が殺《あや》めた被害者は」と他者に思いを寄せたり、想像しようとする。その段階がやってくることがあるとおっしゃっていました。罪を犯した人間に「反省しろ」と、それは誰が聞いても何の疑問も持たない当然の発言だと思うのですが、犯した罪が大きいほど、おそらく根は深い。そして自分が反省する、慚愧の念を抱くまでにはやはり、プロセスが必要だということなんでしょうか。

前門様　犯罪に限らず、私自身を省みましても、何か失敗した、不都合な事を引き起こしたら、まず、どこか他に責任を持っていくような方法で弁明しようという気が起こってきます。ごく自然のことであって、さらに深刻な事件を起こした人にあっては、自分で背負いきれないようなことを起こしているわけですから、当然、どこかに責任を持って行ってもらいたい。ごく当然の人間としての反応だと思います。『反省させると犯罪者になります』（岡本茂樹、新潮新書、二〇一二年）という面白い題名の本が出ています。これは学校へ行っている子どもさんが主たるテーマですけれど、何か事件を起こした生徒・児童にすぐ反省文を書かせるのが先生の習いかもしれませんが、自分で十分納得しないうちに反省文を書かせても文章が上手になるばかりで、問題は一向に解決しないと書いた本だったと思います。

私が思います阿弥陀様の救いは、無差別、あらゆるいのちに等しく向けられている。お説教でいつも申しますが、だからこそ、各自、自分は、自分の不都合な問題も、人には恥ずかしくて言えないことも、仏様の前で、一対一で仏様に向かった時には隠さず明らかにして、その私を支えてくださっているという安心感で、自分の辿ってきた道をふりかえる、受け入れる。自分の過去を自分で受け入れないと、先へ進めないと思うんです。そういうことは、施設の中にいる人も、いない人も、共通した課題でありますし、特に犯罪を犯したという深刻な場合にはよりしっかりと支えられているという背景があってこそ、自分の罪を受け入れる、自分で自分を受け入れられるようになる。そこが出発点ではないでしょうか。

堀川　私の『教誨師』という本には、渡邉先生ともうお一人、篠田龍雄先生のお話があります。実は、この本は全国の宗派を超えたお寺の方々、クリスチャンの方々も含め、すごくたくさんのお手紙をいただくのですが、最も大きい反響が寄せられた部分というのが篠田先生が「大法輪」（大法輪閣）に書き残された文章だったんです（篠田龍雄「死刑囚の話」「大法輪」第二一巻一〇号、一九五四年十月、七六〜八〇頁）。何のために教誨をしているのかと問われることがあるという書き出しで始まります。教誨とは何なのか、それに対して、篠田先生は一言、「空間だ」とお答えになるんです。どういうことかと申しますと、受刑者、まして未来のない死刑囚に向き合う時に教誨師がすべきこと、それは、「空間を与える」ことだと。もっと分かりやすく言えば、我々の日常は、死刑囚でなくても非常にごたごたしている。日々ラッシュのなかで押しくらまんじゅうをやり、仕事に追われ、家族とのトラブルを抱え、心の中はいつもいっぱいいっぱい。だけどそんな時にふと公園に足を踏み入れて鳥の声を聞いたり穏やかな風景を見たら、少し気持ちがリラックスする。「またやるか」という気持ちになれる。ところが、狭い部屋に閉じ込められている受刑者・死刑囚たちはその機会さえ与えられない。彼らは、外に足を踏み出すことすら許されない。だからこそ、彼らの心の中に空間を与える、これが教誨の仕事であるという風におっしゃっていました。狭い独房の中で考えておりますと、いろいろなことが甦《よみがえ》る。いったん救われたかと思ったとしても、人間は、堂々巡りをして、また、ああでもない、こうでもない、あいつが悪い、こいつが悪いと、そういった気持ちが、湧いて出てくる。それを、常に、寄り添うことで吐き出させる。そしてまた新しい風を送り込んでやりとりを続けていく。これが教誨の仕事であるとおっしゃっておられました。そういう意味では、特に死刑囚ということに限定しなくても、教誨の仕事というのは、実はとてもシンプルなのかなという印象を抱きました。

前門様　私も今回、こういう役を与えられまして、本を読んだり、考えたりいたしました。教誨の歴史を調べていますと、特にキリスト教国では、牧師さんや神父さんが受刑者を宗教の力で善い人間に改善していこうというような狙《ねら》いがあったそうです。教誨という言葉も、最初は日本では宗教教誨ということで理解されていたそうです。ただ、今の時点で考えますと、私は矯正施設といいますか、刑務所・拘置所の閉じられた空間の中でおこなう宗教家――仏教、キリスト教、様々な宗教――のはたらきと、施設の外で出会う、お寺や教会に来られる方に対処することと、宗教家としての仕事はあまり変わらないのではないか。目の前の力の人生を空しく終わることなく、宗教のはたらきで、仏教でいえば仏様のはたらきで、充実して心豊かに全うしていただくということであって、宗教の力で悪い人間を善くしようというようなのはかえって無理があるのではないか。西洋医学の開発した最新の薬というのは非常によく効くこともありますが、使い方をまちがえますと副作用のほうが大きくなってしまう。漢方のように伝統的なお薬は目に見えてよくなるとは限りませんけれども、徐々に体質を良くしていって病に強い体に育っていく。宗教もあまり目先の成果を期待するのはよほど慎重でなければならないと。そんな感じがしています。

堀川　なるほど、「生を全うすることに寄り添う」ということでよろしいのでしょうか。限られた時間で、あっという間に迫ってまいりまして、まだまだと思う気持ちもあるのですけれども、このような形で宗教教誨について語り合う、今日は初めてのステージです。公の場で皆さんに向けてこのことが提起された、そのことをまず重く受け止めたいと思いますし、スタートである限り、これから、つぎのステップがきっと来ると思いますので、これからも、みんなで考えていかなくてはならない。拘置所の小さな独房の中にいる彼らに向き合っている教誨師だけが背負う問題ではないとつくづくと感じております。最後になりますけれども、非常に複雑な天災、人災、犯罪、そして厳罰化と、挙げるだけで目の前が暗くなるような、我々の社会はどうなってしまうのだろうと思うこともあるのですけれども、こういう時代の中で宗教者として、いったいどういうことが求められているのか、宗教者の皆さまが、これからどのような役割を果たしていかれるのか、そのあたりを最後にお伺いできればと思います。

前門様　明瞭な答えが出てきませんけれども、一つは宗教一般に言えることとして、世俗の中に出回っている価値観を一歩超えたところに根拠をおく。世の中の動きをそのまま受け入れて、流されていくのではなくて、常に一歩先から課題を明らかにしておくと言うことが、大きな役割であると思います。

また現代で言えば、物事を全てお金で解決しよう、経済の成長で全てを解決しようというのが非常に強い力になっていますけれども、そういう時だからこそ、お金では解決しない問題に目を向けていく、そういう役割があると思います。

もう一つは、あらゆる「いのち」の大切さ、あらゆる「いのち」を受け入れていく寛《ひろ》い心を自分自身も持ち、また広く育てていくということも大きな役割だと思います。さっきお話が出たように都合の悪いものは排除し閉じこもってしまうという流れですけれども、なんとかそれを、少しでも開いていくということも、宗派を超えた大きな課題であり、役割ではないか。

そうであるからこそ、宗教が争いの原因になるのではなくて、反対に争いを鎮める役割を果たさなければならない。一番難しいことですけれども、また一番強く要請されていることでもあると思っております。

堀川　ありがとうございます。今日は本当に貴重なお話を伺うことができました。難しい問題ほど答えはない、難しい問題ほど簡単な答えを求めてはいけないという言葉があります。宗教者のみならず、私はメディアの人間ですけれども、ここにいらっしゃるみなさまにも、ぜひ、犯罪者に向き合う、社会全体で彼らにどのように向き合っていけばいいのか、一人ひとりが置かれた立場でお考えを深めていただくきっかけになればと思います。ありがとうございました。

第二章　日本社会と日本人の宗教意識

赤松徹眞
龍谷大学学長

「日本社会と日本人の宗教意識」ということで、課題・問題を提起させていただきます。

私は、文学部歴史学科仏教史学専攻に所属して、日本仏教史を専門分野にしています。私は本学の文学部史学科に入学しました。三回生の際に国史学・東洋史学・仏教史学の三専攻から専門分野を選ぶのですが、仏教史学専攻を選び、日本仏教史を担当されていた二葉憲香先生のゼミに所属しました。当時は学園紛争の真っただ中でありましたが、二葉先生から指摘されたことで、はっと思ったことはたくさんあります。その一つとして、一般社会で仏教と言われているものには、多様な理解がある。仏教という共通の言葉からイメージするもの、認識するものも多様である。しかし、多様という言葉で仏教が多様に併存していることが仏教の本質に基づいているか、ということを本質的に考えなければいけない。歴史の中で仏教と称するものは多様にある。神仏の違いを明確にしえないような仏教理解があり、そのこと自体をもう一度見直さないといけない。その見直しをする場合の方法としての問題意識は何かと言えば、仏教とは何か、という本質的な問いをもって正しく仏教理解をすることが研究主体に求められる。研究主体がそのような本質的問いを持つことによって、自らの宗教的立場を明らかにし、併せて、歴史社会にある仏教の多様な形態を仏教の本質との関係の中で明らかにすることができる。そして、歴史社会の中で仏教僧・仏教徒であるということは、どういう生き方を開いていくことになるのか。こういった方法・問題意識で研究をし、あるいは、学ばないといけない。このようなことを教えていただきました。

今回、「日本社会と日本人の宗教意識」をテーマとしました。メディアなどが日本人の宗教意識を分析するためにアンケートを実施しています。まとまった意識調査としては、ＮＨＫの放送研究所が四、五年ごとでしょうか、「日本人の社会意識」を広く調査して、その中に宗教についての意識調査が実施しており、書籍として発行しています。最近では、二〇一五年六月二十日に『朝日新聞』がアンケートを掲載していました。そこでは、千九百五十六人を対象に、神仏を信じますか、というアンケート調査をしています。その結果によれば、「はい」と答えた人は五八パーセント、「いいえ」と答えた人は四二パーセント。「はい」と答えた人の中で、その内容については、「幸せに感謝する時」が五百三十九名で、「自然の美しさを感じた時」が三百二十名、「支えがほしい時」が三百十一名となっています。一方で「危機に陥ったり脱した時」二百七名です。宗教を信じる、「はい」と答えた人の意識はそのような内容であるわけです。しかし、「はい」と答えた人がそのように思う頻度を総合すると七六パーセントの人が「いつも」「しばしば」「時に」ということなのです。「稀に」というのが二三パーセントとなっています。一方で、宗教について「信じる」ということに関して、「いいえ」と答えている人たちは「科学的でない」という人が三百四十九名、「存在が証明できない」が二百九十四名、「神頼みしてもかなわない」が二百六十八名、「無神論者」百九十一名、「頼れるものが自分だけ」が百八十九名、「意識したことがない」が百三十名となっています。信じるか信じないかという二者択一での問いで、「信じない」という人の理由についてもよく分析・吟味する必要があると思います。

私は、宗教を否定する理由に「科学的ではない」と言って否定するのは、どのような根拠によるのかと思います。その人が科学をどのように理解しているかを聞いてみたいとも思いますが、科学的であるということは、分析、論証、実験、実証、証明という合理性をもった手続きが科学的という発想であろうかと思います。宗教というものの理解の内容によれば、私などは仏教への関心が根底にあるわけですが、そういうことから言えば、分析・科学的に実証し、証明するものとして、また対象的思惟、二元的思惟から仏教というものは考えることができるかどうかは疑問です。仏教の本質から言えば、不可思議、つまり思議・思考を超えたはたらきへの目覚め、覚醒、あるいは無我・非我という我にあらざるはたらきへの目覚め、覚醒ということから言えば、宗教を否定する理由の内容に踏み込んだ検討には、アンケート項目には不十分さがあろうかと思います。そういった意味でアンケート結果が出ますと、日本人は一般的には明確な意識で宗教を信じているとは言わないにしても、必ずしも明確に無神論と主張する人も比較的少ないということだと思います。神仏ということで言えば質的な差異を見いだすことなく心を寄せる、宗教意識ということから言えば重層的に幅広く受容している、緩やかに受け入れているというのが一般的な日本人の宗教意識だと言えると思います。それを、一神教を前提として、その基準・スタンダードにしたがって、曖昧と表現するのは適切ではありません。

このデータは、六月二十日の「朝日新聞」のものですが、NHKの放送研究所の国際比較調査グループが「宗教的なものに惹かれる日本人」というテーマで、国際比較調査しています。西久美子さんがまとめられた報告書も出ていますが、その報告書を見ますと、先ほどの『朝日新聞』のアンケートと決定的な違いはありません。若干の変化はあるものの、決定的と言えるようなものはないと思います。それでは、アンケート調査の結果に対する内容分析で一般的な日本人の宗教意識を語ることができるにしても、それで論じて済むのかという問題があると思います。というのは日本社会、日本人の宗教意識を分析する、考えるといった際に、どういう立場で考えていくのか、考える主体の立場や方法がなければ、一般論で済んでしまう。そうすると、現在の日本社会の抱える課題が明確にならず、問題解決に向けての取り組みを先送りしてしまうのではないか。つまり、現実と真摯に向き合うことを回避してしまうのではないかと思います。

日本は、いまや、GDPは世界三位で、一貫して豊かさや便利さを求め高度経済成長を遂げてきました。二十一世紀に入り成熟社会、人口減少化へ向かいながらも飽くなき経済成長を追求していくことが、多くの日本人の支持、同調をとりつけているようであります。そこで何が原動力として働いているかと考えれば、欲望の不断の追求と拡大、消費を可能とするかのような社会装置・経済環境であろうと思います。メディアなど広告媒体も社会装置の一つです。その際に先ほどの一般的な宗教意識の、宗教との関係、「私」と神仏との関係を考えれば、自明のように「私」がここにいて、向こう側にあると思える神仏に対して、対象としえる神仏に様々な願い、願望を祈願・祈祷して成就したい、実現したい、そのような傾向性をもつ宗教意識、宗教観が社会的には広範にある。同時に、「私」がここにあるという、私を実体化して、単純に自己を自明化して肯定するという思惟、あるいは自己の「善人」とし、「賢人」とする一般的な常識があります。そういうことに少しの違和感、反省意識をもっていたとしても、基本的に「善人」と見てもらいたい、「賢人」と見られたいという、装うもの、ガードを固めるという自我意識が、現代の競争社会の中で一層強くなっている。自らをデコレーションする変身願望、身につけるものをもって他者較の中で評価を高めたい。自己評価を高めるための変身願望、賢いこと、能力が高いことを証明する諸資格など複雑なファクターを持ちながら競争的な社会に対応、同調する傾向が強くなっています。

このような「私」を実体化し、自明化して、ここに在ることを前提、単純肯定する基本的な思惟のもとでの変身願望や、他者比較の中での反省というレベルではなく、自己を、「私」と称していることを根本的に問いかける立場、そういった宗教意識、宗教観、仏教観をもって現実と向き合い、現実・世俗・世間の本質を見据えて、社会との関係を新たに形成するような文化・伝統を再発見して、継承していくことが大切ではないかと思います。仏教的立場から言えば、「私」と称しても、「私」にあらざるはたらきに気づく、そのはたらきは量ることのできない智慧と慈悲でありますが、そのような阿弥陀仏と遇《あ》うことによって煩悩具足の凡夫である「私」であり、貪欲・瞋恚・愚痴に身も煩わされ、心も悩まされる「私」であることを知らされる。このような宗教意識は、日本人の一般的な宗教意識とは相違するもので、広くアンケートには反映するものではありません。

日本社会は、中央と地方という枠組みを超えて首都圏を中心とする大都市化の気風がメディア・広告媒体・商業主義主導のもとで広範囲に行き渡り、一方で地域性をもつ伝統・文化・習慣・慣行・生活様式などが希薄化しています。いわば画一的な規格化されたものが行き渡り、首都圏への全体的な同調が強まっている。そのことは、日本社会に培われてきた精神文化としての仏教的な、あるいは浄土真宗的な風土、土壌というものが、大都市化の動きの中で浸食され、希薄化していると思います。それは人間を深く見つめる土壌の崩壊であり、端的に言えば人間のもつ罪悪性を深く見つめた宗教意識、文化の拡散、希薄化であり、逆に言えば心情主義、感情主義、欲望主義の高まりの社会となっていることであります。

現代社会を、和田秀樹さんは「感情暴走社会」（『感情暴走社会――「心のムラ」と上手につきあう』祥伝社新書、二〇〇八年）と表現していますが、いわば「キレる社会」といわれるように、自らの心情、感情、思いというものを至上化し、優先して、自己と他者との関係を考える。自らに降りかかる、あるいは思い通りにならないことを一方的に退け、排除することが顕在化しています。かつてはと言ってしまうと過去化して適切ではないのですが、仏教に関わって反省というよりも懺悔、慚愧という言葉を使い、自己の罪悪性、「悪さ」という言葉も日常的にも使っていたのですが、今日の単純な自己肯定感が優先する社会では、それは「自虐的」ではないかと言われる。反省することが「自虐的」と言って退けられ、単純な自己肯定を讃える傾向がある。反省は必要であるが、そこまで自己を問い、痛めつける必要はないと。ましてて、罪悪性ということまで踏み込んで認識する必要はないのではないかと。素直に自己を肯定して、自らの素晴らしさに自負心を持ち、自信をもつべきではないか。このような単純な自己肯定が主流を占める日本社会のもとでの日本人の宗教意識を問題とする場合に、宗教意識の内容をどのように分析吟味していくのかということについては、宗教というものに対する理解の仕方が、踏み込んでどういう宗教的な立場に立つのか、どういう宗教内容の立場に立って日本人の宗教意識を問題として、私たちが立つべき宗教、自らの生き方を本質的に問うことを通して仏教、あるいは浄土真宗というものを考える必要があるのではないかと思います。

次は真宗の宗教教誨の歩みについてであります。先ほど堀川さんからお話がありましたけれども、真宗では、明治以降、宗教教誨に随分熱心に取り組まれました。これは浄土真宗の場合は、長年培ってきた伝統、それは人間のありようを基本的に問いながら浄土真宗のみ教えを聞く。み教えに聞きながら自己のありのままの姿・あり方に気づき、目覚める。煩悩にまみれた自己、他者を傷つけてしまっている自己が顕わになる。そのような自己が、社会の中で犯罪としての法令に違反する、抵触する行為があったとして、違法行為に対する法令に基づいた処罰、処分があった際に、自らの違法行為が法令の適用範囲の中で罪に服していかなくてはならないとしても、なおそうした行為をなぜしてしまったのかということについての掘り下げ、気づき、深い理解、見直しということを教誨の中で促していかれたのだろうと思います。教誨師の人たちは、仏教、浄土真宗のみ教えを理解されて、法令上の、社会秩序を維持する上での違法行為に伴う反省のみならず、この世に生を受けた、生まれがたくして生まれてきた人間としての気づきからの新たな生き方を示し、促して、社会への復帰を通して限りある人生をどのように生きていくべきかを教誨されて、そのような歩みを積み重ねられてきたと思います。この宗教教誨の歩みは、明治以降の日本社会の豊かな文化として積み上げられたと考えるわけです。教誨師は、制度的には戦前の公務員から、戦後のいわばボランティアへと変わりましたが、教誨師の取り組みは、一般的な日本人の宗教意識、つまり自己を善人・賢人とし、欲望・願望を叶えるような宗教意識ではなく、明確な仏教あるいは浄土真宗のみ教えに関わり、人間の新たな生き方を開くことを促すものとして立場をもっての受刑者への教誨であったと言えましょう。

それから、先ほど申しあげたことと関連して、宗教教誨における仏教、浄土真宗のみ教え、考え方とは何かと。仏教については、「私」と称しながらもその根本についての問い、自己と何か、自己との何者なのか。私と称しながら、私が私を生みだし、私が私のいのちを動かしているのか、私が私の生・老・病・死をコントロールできるのか、私の人生は私の思い通りに末通っていくのか、などの根本的な問いと深い観察、徹底した思惟。そこに翻って、思議すべからざるはたらき、不可思議なはたらきとしてのいのちへの目覚め、気づき。一切の衆生、生きとし生けるものにひとしくはたらくいのちへの覚醒。そのような目覚め、気づきがあって初めて、我執に、私にとらわれた「私」であること、自分さえ良ければ良い「私」、エゴイスティクな「私」

であることの見直しが明確となり、謙虚で他者への優しさ、他者への傷みが分かる人間としてあり方が開かれてくる。複雑に絡む現実の諸条件のなかで起こる法令に反するさまざまな犯罪行為は、必ずしも理性的であるわけではありません。私たちの日常の生活、人間と社会との関係でもどういう契機で、何をきっかけにして違法行為をするかもしれない危うさが常につきまとっています。先日の新聞報道によれば、九州地方で一時自宅に帰宅していた自衛隊に務めている方が、慌ただしく勤務先に出かけようとされた際に、何か行き違いがあって怒り、腹立ってしまい、放火して、子どもさんが四人亡くなった記事が掲載されていました。まことに悲しい、痛ましい事件であります。そのような痛ましい出来事は、私たちと決して遠い出来事ではありません。「キレる」ことがないようにと楔《くさび》を私も打たれていることであります。私たちが、知性的に冷静に振る舞うことを意識して、注意深く、慎み深くしていたとしても、なお突き動かされる煩悩をかかえており、意識のコントロールの効かないところをもっている、他者を痛めている、罪深さを重ねている「私」であると、気づかされるのです。そのように、仏教を浄土真宗のみ教えを深く主体的に学び、自己を重ねて考えないといけない。したがって、宗教教誨においても、その宗教内容の立場によって、罪を犯した人の立ち直り、社会への復帰、人生の向き合いに違いがあるのではないとも思います。ことに「私」をどのようなものとして見なし、翻って新たな生き方を開くかが大切だと言えましょう。

最後に、福島さんに龍谷大学矯正・保護総合センターのセンター長をしていただいているのですが、文学部では一九五二年（昭和二十七年）に教誨師の養成を目的とした矯正講座を開設して、その後一九五八年にいったん終了していますが、もう一度、矯正保護課程として教学展開しております。教誨、矯正保護に関わる教育プログラムを修了した学生は卒業後に、本学の建学の精神、浄土真宗のみ教えを修得したことを自らの生き方の根本に据えて、職場で日本社会の様々な矛盾の中で、法令に反する行為によって罪を犯した人たちとどのように向き合い、社会復帰に向けての支援ができるのか。私たちの大学のもつ使命、役割は大きいと考えています。刑事政策の分野でも、センター長のもとで文部科学省の研究資金を得ながら精力的に研究を推し進めていただいていますので、刑事政策の面でも国内で数少ない大学であります。そういった観点からも、矯正・保護総合センターを中心とした教育課程の充実、そして研究の充実をしていきたいと考えています。

第三章　死刑と宗教教誨

平野俊興
教誨師

東京拘置所の宗教教誨の実情というところからお話をさせていただきます。この度の私のテーマは「生きることの意味」ということですが、私はたどたどしくも三十五年間、死刑確定者たちとの触れ合う場と時間の中で見えてきたものから、このような言葉を今日の私のテーマとさせていただきました。一九八一年の一月から東京拘置所の教誨師として、彼らと面談させていただいております。

東京拘置所というところは全国で七カ所ある死刑執行の場がある拘置所の一つです。もう、皆さんがインターネットを見ればどのくらいの死刑確定者がいるのか、どの施設にはどのくらいの死刑確定者がいるのかということがわかりますが、だいたい全国の死刑確定者の半数以上がこの東京拘置所に収容されております。その人たちへの教誨をさせていただいているのは、東京拘置所は十三名（仏教系が七名、キリスト教系が四名、神社が一名、諸派が一名）でございます。この中で、死刑確定者の処遇ということが、今までの私のずっと抱いてきた課題であり、また、そこから生じた迷いがあります。

拘置所というところは、ご存じのように、受刑者、死刑確定者、未決拘禁者――未決と言っています――この人たちが収容されていますが、いわゆる死刑確定者は受刑者の処遇、それから未決拘禁者の処遇と甚しく違っております。「心情の安定」ということですが、受刑施設では、いかに早く社会性をもって社会に復帰させるか、改善更生と社会復帰ということが眼目ですが、死刑確定者にはそれがありません。そこに非常に厳しいものがあります。死を待つだけに収容されている日々なのです。

死刑確定者処遇の原則を示す「刑事収容施設法」の第三十二条に「死刑確定者の処遇に当たってはその者が心情の安定を得られることに留意するものとする。死刑確定者に対しては、必要に応じ、民間の篤志家の協力を求め、その心情の安定に資すると認められる助言、講話その他の措置を執るものとする」とあり、そういうものを踏まえて、私は東京拘置所に行かせていただき、彼らと面談しています。

最初は「心情の安定」というのは、私にとってはとにかく、自ら犯した罪を自覚して死というものを受け入れよ、ということではなかったかと思います。明日、執行があるかもしれないその一日、いついかなることがあっても早くその死を受け入れる態勢、そのために私がいるのだと、初めはそう思っていました。

しかしながら、年々、彼らと対面していくうちに、果たしてそうなんだろうか、それは実は施設側の要請、ニーズであり、宗教者がそれと同じであっていいのかということが、次第に私の中に重くのしかかってきました。

体と心もそうですが、私たちはいかに死というものを受容したつもりであっても、この一瞬、与えられたいのちをどう生きるかということが、人間としての深い心理ではないでしょうか。そうすると、どんなに死を待つ彼らであっても、今日ここに与えられたいのちをいかに生きたらいいのか、いわゆる生きることの意味というものを私たちに求めるのではないだろうか。ですから「心情の安定」ということは、決して施設側のニーズに私たちが応えていくのではなく、そこには宗教者でなければならない、本当の人間としての想い、いのちがある限り生きるという、その生きる意味を問うていくところに、私は宗教者としての問題が与えられているという気がいたしました。

心というのは、どうでしょうか。心情というのは、一度二度聞いたことで翻るというのは不可能ではないかと思います。体は食事をしていれば育って大きくなっていきます。しかし、心というのは、置かれた環境、そして時間というものが育てていくということではないだろうか。

先輩からこんなことを言われたことがあります。「彼らはもう、今日のいのちしかない。明日どうなるかわからない。彼らと対面した時に、それではまたね、という言葉は禁句だ」と言われました。私は初め、「ああ、そうなのか、確かにそうだな、今日の出会いが、一期一会、もう最後なんだ」と思いましたが、「また会おうね」というのは禁句だと言われた時に、だんだん、そのことに疑問をもつようになってきたんです。私が彼を救うことができるんだろうか。究極的には人間が人間を救うということはありえない。そこには彼がどのような死に方であっても、支えとなっている仏が、救ってくれるということを考えた時に、何もそんなに窮屈なものの言い方、考え方でなくていいんじゃないだろうかと考えるようになったのです。それはまた、今まで出会った、そしてまた別れた彼らの一言一言の中に気づかされたことであります。

一つは「先生自身の言葉で語ってください、話してください」と言われました。このことに私ははっとさせられたものがあります。そうか、私はいつの間にか宗教の教え、仏教の教えをただ彼らに教えていただけではないか。しかし、それでは何にもならない。生きることの力になっていかない、そう感じました。この「自分自身の言葉で話してください」という彼らの真剣な要求、それはやはり人間であるということ、そこから入ってくださいということなんでしょうか。ある高いところからの見地で語るのではなくて、宗祖や先人の言葉をそのまま伝えるのではなくて、自分の言葉に変えてください、というのがどういうことであるか。それは、信心とか信仰というのは「私」自身の中にゆるぎないものがなければ、人の心を動かすことができないということを感じました。

浄土真宗では「自督《じとく》」とか「己証《こしょう》」という言い方をしますが、親鸞聖人も経典を読むうえに、それまでの伝統的な「本願成就文」というところの読み方でありますけれども、「至心ニ廻向シ」を「至心ニ廻向シタマヘリ」と言い替えられました。これは決して間違ったことではありません。人間全体よりも私自身が救われていくということになると、それは、私の心が安定して救われていくのではない、全てのものは仏の大きなはたらきの中に生かされて、生も死も、生と死ではなくて生死一つが如来様の御手の中であったということを気づかされたからこそ、この「自身の言葉で語ってください」という言葉が、私の大きな一つの育ての言葉として彼らから与えられたものでした。

それから、「生きることを考えてはいけないのでしょうか」という言葉。心情の安定ということ、それはとにかく死を受け入れなさいということではなかった。これは何も死刑確定者だけではない、私自身、私たち全てがどのような場にあってもいかに生きる意味を発見していくのが宗教ではないだろうか。そして、そこに生きること死ぬことの意味を見出すことが本来の仏教ではないだろうか。ですから生と死というものは別ではない。あなただけが死んでいくんじゃない、私も死ぬ身なんだという一つの地平に立たなければ、「生きることを考えてはいけないのでしょうか」という非常に鋭い問いが出てこないのではないかと考えました。

誰しも生きていく中で孤独にさいなまれる時があります。色々な犯罪に至るのもそうであろうかと思います。誰も私のことをわかってくれない。私一人なんだということ。でも、これが実は仏教に出遇う大きなポイントじゃないだろうか。平坦な人生を歩んでいく中ではいつもみんなと一緒。だから楽しい。辛いこともあるけど、結構楽しいじゃないか。このような人間の思いが、果たして生まれてきた意味なんだろうか。今の人生を生きている私の価値なんだろうか。このように考えました時に、そこで、孤独というものこそ、今まで気づかなかった、見えなかった大いなるもの、人間を超えた大いなるいのちに私の人生が抱えられていたということに気づかされるのです。

人は誰でも孤独である。これは「独生独死独去独来」という、無量寿経の中の釈尊の言葉があります。一人生まれ一人死に、一人去り一人往く、この孤独は、哲学者ショーペンハウエルの言葉で、「ある夜隣に寝ている妻の顔を見た時に、夫婦としていつも一緒だと思っていたけれども、突然にはるか遠い存在なるものを感じた」という一文を読んだことがありますけれども、本当にそうだと思います。夫婦でも親子でも、どだい、独りなんだということ。しかし、独りなんだという自覚の中にこそ、そこに聞こえてくるものがある。それは人間が教えてくれるものではない。そこに人間を超えた大いなるいのち、それが如来様の叫びでしょう。阿弥陀様の喚《よ》び声でしょう。そこに出遇う時、初めて、真の人間というものに気づいていく世界があるのではないだろうか。今までは比べ合い、比較の中に生きてきた私が、この時初めて、そういうものではなかったんだ、みんな孤独なんだ。いかにその孤というものを大切にしてくださっている大いなるいのちというものがあったんだ。その出遇いというものが、共にこの孤独の世界の中に響き合う世界があった、同じように抱えられていた、支えられていた世界を共有するというか、そこに初めて、「彼は犯罪者だ」「私は犯罪者ではない」などという人間の小さな思いではなく、共にそこに縁起的存在、縁によって生じていく人生の困難さというか、地獄的な存在であるということのお互いの共有、それは「さるべき業縁のもよほさば、いかなるふるまひもすべし」。

私は宗派というものをあまり強調したくありません。一人ひとりがみんな、「本当にそうだ」とその人の言葉に頷かされる世界、私は親鸞聖人の言葉に頷かせていただいた。それだけは本当だといえる。浄土真宗だとか、キリスト教だとか、あるいはイスラム教だとか、そういう宗派的なものを超えた世界があるんだ、そういうものに出遇った時に、私は、「共に」という世界が、水平の世界をみつめさせてくれるんじゃないかと思いました。

いのちの共有ということがよく言われております。しかし、世間の尺度、人間の尺度というのは、いわゆる生と死というのをどうしても対照的に考えてしまいます。でも、やはり「生死一如」と言われますように、生も死も共に一つです。そしてまた、あれが善だ、これが悪だということもない。「善悪のふたつ、総じてもつて存知せざるなり」という親鸞聖人の言葉があります。良いと思ってやったことだって、それが逆に出ることがあるのです。この人間世界というものの不条理、それを見逃すのではなくて、それを自覚してこそ、そこに宗教教誨の大事な世界があるんじゃないかという気がいたします。

今までの皆さまのお話にもありましたように、自分の罪を反省するからには、死ぬ時には安らかに死んでいきたいというような、そんな世界ではなくて、同じ「罪悪深重の凡夫」という目覚めですね。これは、共に、です。あなたが罪悪深重ではない。まさにそれは縁あって、私もいつ逆転するかわからない世界の中に、共にあやうく生きている身であるということ。そこに私は、平面思考と言いますか、今まで広い世界を見ようとしていた、対象として見ようとしていた世界が、そうではなかった。共に孤独な私たち一人ひとりが同じ大地の中に立たしめられていたという世界ですね。「心を弘誓の仏地に樹て」という親鸞聖人の言葉もあります。仏地というのはいわゆる仏の大地です。人間の大地に立つのではありません。ですから私は最後に、いろいろな宗教上の苦悶を申しましたけれども、今後の宗教教誨というものを考えた時に、いろいろなことが言えます。まさに、死刑制度をなくすということも当然、大事であろうかと思います。

大きな社会貢献とか社会運動もとても大事だと思いますけれども、私はもっと自分自身として、今、私の対面している死刑確定者が何を私に望んでいるかを考えたいと思います。彼らには「本願寺新報」、「大乗」、「築地本願寺新報」、それから私のところの寺報「宿縁」を渡しております。それを彼らは非常に鋭く見ておりますす。「浄土真宗の教えを聞くと本当にそうだと思う。でも、そこに行動が伴わない」と言うんです。特に教団というものに対しては非常に批判的なものの見方をしております。彼らがそれを言うと、「実は私の寺がそうなんだ」と。格好いいことを言っているけれど、あなた自身がいつもそういう見方をしていないだろうかということを突き付けられていることでございます。ですから、そういう彼らのものの見方、それは教えではない。やはりそこには教えを共にした行動がなければ、私たちの心を動かしてくれないんだということをよく言うのです。そこで私は、一人ひとりの行動は、当然なければならない。しかし、そこにもし、浄土真宗という教えを通してそういうことを考え、そして私たちに何とかしてほしいというものがあれば、私は、出所した人たちを受け入れる場所をもっと作っていくべきではないだろうか。

私は、一つの夢かもしれませんが、彼らの更生施設を作りたいなと。家内にも言いました。言ったけれどもこれはいろいろ難しいことです。現実の私たちの社会というのは、そういうものが近くにできるとなれば周りの者が必ず反対してきます。ですから個人の力というのは本当に思うだけであります。でも、やはり教団としてこれから考えていかなければならないのは、そういう社会に復帰しても相容れない人たちを迎えていく施設づくりをしていかなければならないんじゃないだろうか。死刑というもの、人が人を裁くということ、これは絶対によくないことです。しかし、法制度の中にある限り、それぞれが、被害者の感情からすれば絶対に赦せないということがあるでしょう。そしてまた、加害者と対面して見れば、加害者もまた被害者であったという事実を聞かされるわけです。人生というものは本当に難しい。言うは易しだけれども、本当に難しいことだらけだなあということをつくづく考えています。

いろいろお話しさせていただきましたけれども、七月十二日は、マララ・デーというのをご存じでしょうか。パキスタンでございましたか、イスラム過激派の銃弾で撃たれて、最年少でノーベル平和賞をもらった、あの人の誕生日をマララ・デーと呼んでいます。全ての人たちに教育を施してほしい、教育こそが貧困を、また差別を消していくものであるということをあの若い彼女が言っておりました。その時に彼女は宗派を超えて、彼女自身はイスラムでありますが、「私はマホメッドもキリストもブッダからも慈悲という精神を学んだ」と言っていました。そして「両親から赦すということを学びました」と言っていました。あの言葉はすごい言葉だと思います。そこには宗教、宗派というものを超えた大きな慈悲がある。悲というのはかなしみですね。共に悲しい人生を歩んでいるんだということを共通の認識として、彼らを救うなんていうものは私には少しもございません。ただ、聞いてくれる人がいるんだという傾聴の大切さだけでいいのではないだろうか。

「今日の教誨は何もなかったなあ」と思いながら、たどたどしく通っている私であります。ただ、与えられた私の縁だったんだなあということから、今日は、死ぬことの意味よりも生きることの意味を、これからも追求して、彼らと共に過ごしていく時間を共有したいと思います。ありがとうございました。

第四章　浄土真宗と死刑制度

平川宗信
名古屋大学名誉教授

はじめに

今日は、「浄土真宗と死刑制度」のテーマで話すという役割を与えられました。

私は、刑事法の研究者でありまして、名古屋大学で三十三年間、中京大学で十一年間、都合四十四年間、刑事法を担当してまいりました。それと同時に、私は、人の真宗念仏者として自分自身を位置付けております。そして、そこに立って、刑事法を考え、また自分自身の生き方も考えてきたつもりであります。そして、今日のテーマである死刑制度については、一九九二年に名古屋で「死刑廃止フォーラム in なごや」という市民グループが設立された際に、その結成に関わりまして、現在もそのメンバーの一人として活動しております。そのようなことで、私は、死刑廃止運動に関わりながら、刑事法研究者としての死刑に対する見解を形成し、真宗念仏者としての死刑に対する考え方も紡《つむ》ぎ出してまいりました。

死刑に対する私の刑事法研究者としての見解と真宗念仏者としての考え方は、実はつながっております。そして、刑事法研究者としては、死刑問題は憲法の理念を基本に置いて考えるべきであるということで、「憲法的死刑論」という見解を主張しております。ただし、今日は、これについてお話をする時間がありませんので、また別の機会にお話しさせていただければと思います。

それで、今日は、主に真宗念仏者として私が死刑についてどのように考えているかということをお話しさせていただきます。ただ、与えられた時間は二十分ということでありまして、概略しかお話しすることができません。お手元に配布された資料の中に、私の著書の『憲法的刑法学の展開　仏教思想を基盤として』（有斐閣、二〇一四年）という本の紹介があるかと思います。もし関心を持たれる方がありましたら、これをお読みいただきたいと思います。また、『真宗と社会問題　念仏者は憲法問題・死刑問題にどう対応するのか』という私の講演録も用意していただいていますので、ご関心のある方はお目通しいただければと思います。

死刑問題は私たちの問題

そこで、本題の、私が真宗念仏者として死刑をどのように考えているかという話に入ります。出発点は、死刑の問題は、死刑になるような人たちの問題ではなく、私たちの問題であるということであります。そういうことですので、今日の話も、仏教や真宗の論理を当てはめると死刑はどのように評価されるかという話ではなく、私が自分自身の課題として死刑問題をどのように受け止めているのかということをお話しさせていただくことになります。

そして、それは、私だけのことではありません。実は、死刑問題は、皆さまの問題でありま す。死刑制度は、死刑になる人たちの問題ではなく、国民一人ひとりの問題であるということであります。それが出発点だと思います。どういうことかと申しますと、死刑制度は、天から与えられた制度ではありません。私たち人間が作っている制度です。この日本には、死刑制度があります。しかし、世界の三分の二以上の国は、すでに死刑制度を廃止しています。死刑の問題は、その国が持つか、持たないかという、選択の問題です。日本の主権者は、私たち国民です。主権者である日本国民が死刑制度を維持しているために、日本には死刑制度があるのです。主権者である私たち日本国民が死刑を止めようと考えれば、日本から死刑制度はなくなります。現在の日本に死刑があるのは、私たち国民が死刑制度を維持すると考えて維持しているからです。

死刑囚を殺しているのは私たち国民

現在、日本で死刑執行命令書に判を押しているのは、法務大臣です。そして、現実に執行を行っているのは、刑務官です。しかし、法律によって法務大臣に判を押させ、刑務官に執行させているのは、主権者である私たち国民です。私たち国民が、法律を作って、彼らにそういうことをやらせているわけです。死刑を行っている最終的な責任者は、私たち一人ひとりであります。死刑囚の首にかかっている縄は、末端が一億いくつかに分かれているのです。その一億いくつかに分かれた末端の一本一本を握っているのは、私たちです。死刑囚の首を絞めているのは、実は私たちなのです。私たちもまた、死刑という形で死刑囚を殺している人殺しであります。私たちは人殺しであるということを、まず自覚しなければならない。そういうことだろうと思うのです。

日本国民一人ひとりに対して、「あなたは、これからも、死刑制度を維持することによって、人殺しであり続けますか」という問いが投げかけられています。私たち浄土真宗の門徒に対しても、「あなたは、門徒として、念仏者として、今後も死刑囚を殺すことに加担し続けるのですか」という問いが投げかけられています。それに対して、どのように答えるのか。これは、社会に存在する一つの問題というだけではなくて、私たちに与えられた一つの課題です。私たちの外にある問題ではなくて、私たちに与えられた課題であると言えると思います。

釈尊・ナーガールジュナ（龍樹）の教えと死刑

この課題について考える場合、私たちにとっては、仏教の教えが、一つの考えるよりどころになってきます。そして、仏教の教えに照らして考えたときには、死刑制度を維持することは、仏教の教えと基本的に相容れないと思います。

よく知られているように、釈尊は、『ダンマパダ』（法句経）の中で、「己《おの》が身にひきくらべて、殺してはならぬ。殺さしめてはならぬ」と言っておられます。「私たちは、主権者として、殺してはならぬ、刑務官に殺さしめてはならぬ」と、言われているのではないかと思います。そしてまた、「怨みに報いるに怨みを以てしたならば、ついに怨みの息《や》むことがない、恨みをすててこそ息む」と、釈尊は言っておられるのです。死刑囚を怨み、憎み、殺すことが、この釈尊の教えに適うのか。そのことを考える必要があろうかと思います。

さらに、ナーガールジュナ――『正信偈』で「龍樹大士」と呼ばれている方でありますが――は、『ラトナーバリー』（宝行王正論）という論書の中で、「慈悲は、ことに恐ろしい罪を犯した悪人たちに向けられねばなりません」、「たとえ罪深い殺人を犯した人びとであっても、死刑に処することなく、また責苦を与えることなく、彼らを追放しなさい」と言っておられます。ナーガールジュナは、死刑はすべきではないと明確に言っておられるわけです。

親鸞聖人と死刑

親鸞聖人については、死刑の存廃や是非について直接おっしゃっているものはないように思います。しかし、私は、親鸞聖人が死刑について非常に厳しい体験を経ておられることを思うのです。承元の法難です。承元の法難の際に、ご自身は、法然上人と同じく流罪にされました。そして、安楽、住蓮ら四人の同朋が死罪にされています。そういう経験をお持ちです。一説には、親鸞聖人も死罪になるところだったが、日野家という貴族の出身であるため、当時の法令にしたがって罪一等を減じられて流罪で止まったのだ、とも言われています。詳しい研究をしていませんので、この説が正しいかどうかはわかりません。ともかく、親鸞聖人は、死罪を身近に経験するという体験を持っておられる。そして、『教行信証　化身土末巻』の後序に、「門徒数輩、罪科を考へず、猥《みだ》りがはしく死罪に坐《つみ》す」と書いておられます。ここで、「死罪」という言葉を使い、その前に「猥りがはしく」いう言葉を被せておられるのです。深読みかもしれませんが、私は、ここのところに、聖人の死刑に対する思いが何か感じられるような気がいたします。

親鸞聖人の課題は何であったかを考えますと、自己の罪悪性の自覚に立って、全ての人間の無条件の絶対的な救いを求められた。それが、親鸞聖人であったと思います。救いが絶対であると言うためには、最も救われ難いと思われる極重悪人こそが救われなければならない。極重悪人は救いから除かれるということであれば、全ての人間の救いということは成り立たない。それが、親鸞聖人の課題だったと思います。『教行信証』の総序には、「世雄《せおう》の悲、まさしく逆謗闡提《ぎゃくほうせんだい》を恵まんと欲《おぼ》す」という言葉が書かれています。このことは、親鸞聖人にとって、まさに「逆謗闡提」と呼ばれるような極重悪人こそが救われなければならないということが課題だったことを、示していると思います。そして、そのようなところから、『歎異抄』にある、「善人なほもつて往生をとぐ、いはんや悪人をや」という、あの「悪人正因」の考え方が出てくるのだと思います。

極重悪人の救いと死刑

私たちがこのような仏教の考え方、親鸞聖人のお考えを自分自身の考えとして持ち、それを自分自身の生き方の基礎に置いた時に、「極重悪人は死刑にして良い」という考え方が出てくるとは、私には思えません。親鸞聖人が立たれたところに自分も立つ、親鸞聖人の「極重悪人こそ救われなければならない」というところに立って生きていくと自分自身の生き方を定めた時に、「極重悪人は殺せ」という言葉はどうしても出すことはできない。そういうことだと思うのです。

真宗は、まさにそういう教えであって、全てのいのちが共に生きていく世界を生み出していく教えであると思います。それが、真宗であろうと思うのです。すべてのいのちは、その最も深いところで、他のいのちと共に生きていきたい、共につながり共に生きていきたいと願っている。そのような世界を求めている。そういうことであろうと思います。いのちの根源的な要求、本有《ほんぬ》の願い、いのちに本来的に備わっている願いとして、他のいのちと共につながり、共に生きていきたいという願いがある。そこに立つのが、私たちの浄土真宗であろうと思います。

世間から「極重悪人」と呼ばれる人たちは、最も共につながり難く、共に生きていき難いと思われている人たちです。しかし、私たちはそのような人たちと共に生きていく、共に生きていかねばならないというところに立つのが、真宗に生きる者の生き方ではないでしょうか。救いということが言われますけれども、真宗がめざしているのは、そのような意味で、全ての人間の救いであろうと思います。

全ての人間が救われていく社会。それは、被害者だけが救われるということでは実現しません。加害者だけが救われるということでも、駄目です。加害者、被害者、そして、それ以外の全ての人びとが救われるような世界が願われている。そのような世界をめざしていくのが、真宗であろうと思います。殺し、殺されるという世界に、救いはありません。真の救いは、死刑という形で殺すこともしない、被害者、加害者、全ての人が共に生きていく世界をめざすところにあります。死刑制度は、そのような世界を作り上げていくことの妨げになります。それで、私は、死刑制度は廃止されるべきだと思うのです。

私は、被害者についても、加害者が救われないで、被害者だけが救われるということがあるのだろうか、と思います。加害者が救われて、初めて被害者も本当に救われるのではないか。また、被害者が救われることで加害者もまた救われていく、ということがあるのではないか。私は、「共に救われる」ということが大事ではないかと思うのです。

死刑制度と善人意識

しかしながら、私たちは、死刑制度を現在なお維持しております。それを支えているのは、私たちの日常意識だろうと思います。

一つは、善人意識です。よく「善良な市民」という言葉が使われますが、私たちは、自分を善良な市民と思いたがります。それで、私たちは、普通は、自分は被害者になることはあっても加害者になることはないと思うのです。人を殺すようなことをするのは、極悪人である。そのような人たちは、自分とは違う人間だ。自分は善人、向こうは悪人。悪人は、滅んでくれたほうが良い。そのように考えるのが、私たちの日常意識です。そのような私たちの日常意識が、死刑はあっても良いという死刑存置論が八〇パーセント以上という世論を形成することになるのだろうと思います。

しかし、そのような「自分は善人」という意識に、問題はないのか。親鸞聖人は、「わがこころのよくてころさぬにはあらず。また害せじとおもふとも、百人・千人をころすこともあるべし」、「さるべき業縁のもよほさば、いかなるふるまひもすべし」とおっしゃっているわけです。皆さんの中に、これまで「こいつ、殺してやりたい」と一度も思ったことがない方はおられるでしょうか。人間というものは、何かありますと「このやろう」と思うもので、「こいつがいなくなればいい、こいつは邪魔だ、殺してやりたい、死んでくれればいい」と思うものです。これは、殺意です。私たちは、結構、日常的に殺意を持ちます。しかし、実行には移していない。それで、私も、ここにいられるのです。では、実行に移す人と移さない人とは、何が違うのか。親鸞聖人がおっしゃっているように、私の心が善いからではありません。私は、人の死を願う存在です。「さるべき業縁」であります。私は、今まで「さるべき業縁」がなかった。そのために、殺していない。殺した人は、「さるべき業縁」があった。その違いでしかありません。

そのようなことでありまして、「戦争法案」と呼ばれている安全保障関連法案が今国会で審議されていますが、これが法律になれば（二〇一五年九月に成立）、私たちの周囲にいる善良な若者が、海外に派遣されて銃を執って、誰かを殺すことになるかもしれません。これも「さるべき業縁」です。人間というのはそういう存在なのだと、自覚する必要があると思います。

死刑制度と追善供養意識

それからもう一つ、私たちの日常意識には、「加害者が死刑にならなければ殺された者が浮かばれない」という意識があります。追善供養の意識です。加害者を死刑にすることによって「善行」をおこない、その善行を死者に供養することで死者が浮かばれるという考え方です。このような感覚は、かなりあるのではないかと思います。しかし、私たちが善行を行い、それを死者に供養して、それで死者が浮かばれるというのは、真宗の考え方ではありません。亡くなった方は、全て阿弥陀如来の力によって浄土往生しておられるのであって、それ以上、私たちがやることは何もありません。これもまた善人意識であって、私たちが善行を行って死者を救うことができるという意識が、そういう考え方を作っているのではないでしょうか。

死刑制度と業論

それから、「自業自得」と言われることがあります。「死刑になるのは自業自得だ」と。しかし、これは、「業」の理解を誤っていると思います。仏教の論理は自覚の論理であり、他者を論評する論理ではないと思います。業の論理は、「これは私の業である」と自分自身で自覚する論理であって、「それはあなたの業だ」と人に対して突きつける理屈ではありません。もし死刑になることが自業自得であってやむを得ないことであるならば、承元の法難で刑死した安楽、住蓮らに対しても、「死刑になったのはあなたの自業自得だ。あきらめなさい」と言うことになります。親鸞聖人がそんなことをおっしゃったでしょうか。

死刑について業を言うとするなら、自覚の論理ですから、「いまだに日本に死刑があるのは私の業です」と言わざるを得ないと思います。国民の業です。「共業《ぐうごう》」、共なる業です。死刑は、日本人の共業です。しかし、業は、宿命ではありません。本願力に出遇うことによって、超えることができるものです。死刑を維持しているのは私たちの業であると自覚することによって、それを翻していくことができます。死刑を維持していることを慚愧《ざんき》し、死刑制度をなくしていく歩みが、そこから始まるはずです。私は、そのような慚愧の念から死刑廃止運動に関わっているつもりです。

おわりに

そのようなことで、私は、死刑廃止の歩みは本願力に促された歩みであると、いただいております。本願に出遇うことによって、死刑制度を支えている私たちの「日ごろのこころ」を翻していく。そのような歩みを、念仏者として歩んでいきたいと思います。雑駁ではありますが、死刑制度を私の問題としてどのように受け止めているのかということを、お話しさせていただきました。

第五章　討論「教誨師と日本社会」

石塚伸一
司会、龍谷大学教授

平川宗信
名古屋大学名誉教授

赤松徹眞
龍谷大学学長

平野俊興
教誨師

堀川惠子
ジャーナリスト

大谷光真　浄土真宗本願派前門主
近藤哲城　教誨師
杉浦正健　元法務大臣
平岡秀夫　元法務大臣

——発言順——

石塚　それでは、はじめさせていただきます。せっかく、こういう機会を設けることができましたので、緊張して、堅苦しい話をするのではなく、今思っていられることを、腹蔵なくお話しいただくのがいいと思いますので、そういう雰囲気で進めさせていただきます。

このシンポジウムの中では、先ほど前門様がおっしゃった「言葉の反省文だけうまくなる」

のではなく、ここに一緒にいる人たち、さらには、YouTube（本討論は、動画にて一般公開した）を見ている人たちが同じような心持ちになり、感覚を共有できるような場にしたいと思います。

まず、平川さんが最後のところでおっしゃっていたことを私たち法律家の言葉で言いますと、「一人ひとりの国民が死刑囚の首の縄を持っている」というのは民主主義の原理、日本国憲法では国民主権の観点から死刑を捉えていると思います。選挙権の有無でいいますと二十歳以上の成人――二〇一六年からは十八歳以上になりますが――はすべて「死刑囚の首につながる縄」を持っていることになります。十八歳というのは、高校を卒業して、大学に通い始めた子どもたちです。もし、彼らが裁判員になれば、大学一年生の子どもたちに、人のいのちを奪うかどうかの判断を求めるわけです。場合によっては、被告人として目の前にいる人に「死になさい」と言わなければなりません。法律家の間では、このような重大な判断を迫られる裁判員経験者の心の傷をいかに癒すか、ということが問題となっていますが、その心の傷は、カウンセラーによって癒されるような問題ではなく、その人の一生に深く関わっていくことになると想像されます。実際、私たちが普段、大学で付き合っている大学生たちが、耐えられるのだろうかと不安になります。

民主主義の原理のもうひとつのあらわれ方として、選挙があります。これは制度にもよりますが、代表者を選ぶ選挙という行動によって、私たちの意志が示されることになります。その意味では、裁判員と比べると「首の縄」はちょっと遠い所でつながっていることになります。そういう意味で、民主主義の下では、国民の一人ひとりが死刑に対して「業《ごう》」、今日、何回か出てきました言葉でいえば「共業《ぐうごう》」をもつということになる訳です。このような考えが、平川さんの中で、どのように広がっていったのか、つまり、「死刑と共業」の関係についてご説明いただけないでしょうか。

平川　「共業」とは「ともなる業」ですよね。一人ひとりの人間にはやはり自分自身の業というのがあるわけなんですが、やはり我々日本国民には、民族の業というものがある。民族の共なる業ですね。

石塚　その民族という単位での「ともなる業」と言う時の「とも」とは、どういうことでしょうか。

平川　「共通」「共同」ということですね。

石塚　例えば、「同時代」というような時代性が入っているのでしょうか。

平川　いろんな形があると思います。死刑制度に関して言うならば、やはり、国民、主権者というレベルで捉えられた日本人の「ともなる業」でしょうね。

石塚　そうすると、現在の主権者、有り体に言えば、投票権を持っている国民、日本国籍をもっている人の責任ということになるでしょうか。

平川　でも、それも日本の歴史の中から来ているものですから、そういう歴史を共にしている者の「ともなる業」なんでしょうね。

石塚　赤松さんは龍谷大学の学長として、今の大学生に、「共業」を一緒に背負っていくことは可能だと思われますか。

赤松　一般論として、十八歳で入ってくる学生が、その成長過程でおいて、平川さんがおっしゃるような意味で、ある種の仏教とか、浄土真宗というもの触れて、身に付けているかと言えば、実情として、そんな学生がどれだけいるのかは疑問ですし、現実には直ちには、おっしゃるような考え方は入りにくいかもしれませんね。ただ、自らにどう問いかけていくのかによって、それぞれの問いを、自分たちとともに、内在として受け止めた時に、「私」というものの中に――閉鎖的に考ではなく――同じ世代に起きる者として抱える問いとして、「それは一体何なのか」ということとして語られた場合に、平川さんがおっしゃるような意味合いが、改めて認識できるというか、それをキャッチできるようにはなると思います。ただ、それは、龍大の一回生として入ってきたというだけでは、直ちには入りにくいでしょう。

石塚　「仏教の世界」の授業を聞いただけで、分かるといったものではないということでしょうか。

赤松　問われたことの意味を、後に咀嚼し、今の自分たちが歩んできた道を振り返りながら、基本的には、自らを問う。問うことにおいては、誰もが同じように、自らの問いとして振り返る中で、おっしゃるようなことの意味がピンとキャッチできるようになるのではないかと思います。

平川　「若者の戦争責任」という議論ともつながってくる話であって、自分は、直接、戦争に関わってはいないけれど、やはり、歴史的事実の上にあって、あるいは現在自分が生きている社会がその上に成り立っている根底にあるものに対しては、そこを生きていく人間として一種の責任があるだろう。そういう問題だろうと思います。自分が直接関わっていなくてもやはりそういうものは存在する。社会の中に生きている。そして、やはりそのような存在をどこかで自分は支えている。そういう存在に対する責任だと思うんです。

石塚　時間軸に即して言えば、いまここで生きている人たちは、文化遺産のような、誇るべきプラスの遺産だけでなく、マイナスのも……。

平川　「負の遺産」と言うようなものも。

石塚　合わせて、引継ぎ背負っていく、共に持っているということになるでしょうか。

平川　ざっくり言えば、そういう言い方もできると思います。

赤松　今の学生と接していて、若干気にかかるのは、今のお話のようなところからできるだけ自らを切り離しておきたいというか、ともに背負うものはできるだけ避けたい。あるいは、切り離して自分はある種安全圏というか、そこに身を置きたい。そういう背負うような責任、過去の歴史についても、そのことを背負っていくという意識よりも、横に置いておきたいという意識が若干みられるということです。やはり、過去の、広く言えば、日本が歩んできた歴史を、自分たちの成長過程においても、自分たちの成長過程以前の歴史においても、自分たちの歴史として広く受け止め、共有する。検証してみて、その中に過怠《かたい》や加害があるならば、それも、自分たちが、自《おの》ずと、自然に身に付けたものは一体何なのかということを、いま一度、思い出さないと、そこは、明らかにはならないと思います。

平川　背負うっていうことよりも、どう応えるかということなんですよね。自分が生きている社会の中に死刑が存在しているということによって、自分自身が問われるんだと思います。そういう中で「あなたはどう生きますか？」「それを当然として生きていきますか？」「それとも、

〝反対〟と言う声を挙げますか?」という、そういうような形で問われてくるんだと思います。

石塚　教育の現場にいますと、今の若い人たちに対する「問い」の発し方がとても難しい。議論をふっかけるような形で「どう思う?」って聞くと、誰も答えなくなっちゃいます。学生だけじゃないかもしれません。どう気持ちを引っ張り出していくのかが難しい。今大学で教えている人たちの共通の悩みだと思います。先ほど、赤松さんがおっしゃったように、彼らは、自分の周りにバリアーを張って、独りになるのがとても上手です。携帯電話やスマートフォンをいじっていることによって、外との関係を断ち、目の前の人とではなく、バーチャルな世界に逃げ込んでしまうのがとても上手です。そういう人たちとどういう風にこの問題をともに考えていくかが、大きく問われていると感じました。

さて、今日のテーマは、宗教教誨です。「問い」から逃れるには、罪を犯した人は、悪い人で、自分とは関係ないとして、その人たちを自分とは離れた所に追いやってしまうといういい方法があります。傍観者になって、「被害者は可哀想」って言うのも問題を離れたところに追いやることです。つまり、被害者に同調するということは、それと対立する加害者と自分たちに間に線を引くことです。いじめられて泣いている子がいる時に、「可哀想」だと言って傍で立っているのは、自分はいじめていないこと証明するいい方法です。そういう人は、いじめられているのを止めもしないし、いじめをなくすために何かをするわけでもない。集団には、そういう自己防御のための巧妙なテクニックが出来上がっていて、それが複雑に絡み合って、いじめの存在を支えているのだと思います。

今日、平野さんにお話ししていただいたような、死刑が確定した人との教誨のお話は、公の場でお話しいただくことはとても難しいことでした。これまで、いろいろな経緯があって、多くの教誨師さんが躊躇《ためら》っていたことだと思います。平野さんが、今日、そういうことを語ろうと思われた理由が、何かあるのでしょうか。

平野　人げさな理由というのはわかりませんけれども、やはり、その場が多くなり、深まると言ってはちょっと大げさな言い方でありますが、その中で少しは広くいろんな人の立場、声というものを聴く耳が、自分も育てられたと言いますか、そんなことから自分自身の、これはやっぱり教誨というのは対象者があってのことであります。けれども、自分自身がそれを通してどうなのか、どうだったのかということが、自分の中に向いてきたと言いますか、そういうことから今日は少し語らせてもらったんです。

石塚　堀川さんが渡邉先生のお話を聞いておられた時に何かそういったエピソードはございますか。

堀川　『教誨師』という本を書き上げて、普通、本を一冊書き上げますと「終わった！」とか「とりあえずできた！」という感慨のようなものがあるんですが、『教誨師』だけではありませんが、終わった後もずっとつらい気持ちをずるずると引きずるという、あの時の渡邉さんの表情、こんな風に泣かれたなとか、思うたびにきりきり胸が痛む、そういう本当につらい取材でして、だから、尚更のこと、さきほど平野さんのお話を、言葉では明確におっしゃっているんですけれども、その心の内を少し拝察しながら、何とも言えない気持ちになりながら聞かせていただきました。

『教誨師』という本の中では、ご遺族の了解が取れた方は実名で、取れなかった方、見つからなかった方については仮名で書いてあります。同時に死刑囚、被害者、非常にたくさんの方が出てくるのですが、ふと振り返ってみれば、全員殺されてるんですよね、誰かに。被害者も、加害者も。誰かが幸せになったかというと、実は、誰も幸せになっていない。「ああ、これがやっぱり死刑と言うものなんだな」ということを一冊の本を書きながら感じたところです。

せっかく振っていただいたので、実は、平野さんに前々から一つ伺ってみたいと思っていたことがございます。渡邉さんが、なぜ私にあれだけのことを語ってくださったのかということを、今でも考えるんですが、もしかしたらこれかなと思えることが二つあります。そのうちの一つは、とにかくこれはしっかり書いてくれと念を押されたのが集合教誨のことでした。今は管理上の問題から一対一の個人教誨という形をとっておりますけれども、一九七〇年代半ばまでは、月に一度くらい、浄土真宗なら浄土真宗の皆さんが十人とか十五人集まって、お茶をいただいたり、お菓子をいただいたりしながら講話を聴き、みんなでいろいろなことを語り合ったり、勤行をしたりという場があったそうです。そういう場を通して、先ほど空間を作るというお話もありましたけれども、やはり一対一の教誨師ではなく、同じ境遇の、自分と似たような苦しみ、悲しみを背負った、罪を背負った者同士の空間で生まれることもずいぶんあったと、「これはなんとかして復活させたいんだがなあ」ということを何度もおっしゃっておられました。平野さんは、現役でいらっしゃいますけれども、そのあたり、どのように感じていらっしゃいますでしょうか。

平野　集合教誨の場では、そういうのはちょっとなかったと思います。いわゆる個人教誨の場でですね、今もお茶が出ることもあり、お茶を拒否する人もいます。それは彼らの要望でありますから。しかし、以前は、月に一度、昼食会というのがあり、これは施設によって異なると思いますが、東京拘置所の場合は死刑確定者同士が一堂に集まって食事をする、そして、そこに教誨師が入って一緒に食事をするということがありました。これは、すごくいいことだったと思います。「今回はこういう先生が来るよ。一緒に食事をするよ」と。例えば、中華、あるいは和食、お蕎麦など、今月はあなたの番だから選びなさいということで食事の内容を変えてやっていた。それがいつの頃からかなくなりました。それはやはり管理運営上の問題ではなかったかと思いますけれども、いまだに「あれはよかったね」とか、「あの時に彼はこうだったよね」と時々言う古い死刑囚がおりますけれどね。

先ほど言いそびれましたけれども、「科学的」な処遇が強く出過ぎましてですね、東拘などは前はですね、教誨の場に来るのにも道を通ってきた。「今日は晴れていますね」「こんな花が咲きましたね」って言うことがあったんです。ところがそれが全く今はなくなってしまった。ですから、先ほどあった「心の育て方」っていうのは、花一輪を見る、今日は青空だな、雨が降っているな、というのを見る中でだんだんと心が和らいでいくものがあった。それが全く今はなくなってしまった。果たしてこれは本当の処遇なのかと感じております。

石塚　「東拘（とうこう）」というのは東京拘置所のことです。東部伊勢崎線の小菅《こすげ》という駅から歩きます。この駅が高いところにある駅で、荒川を眼下に見おろすと十字架型の建物が建っている。建て替えで、近代的な建物になったのですが、保安上の理由から、外気には一切触れないようになっている。季節によって空気の変化を感じることもなくなってしまったと言われています。

先ほどの死刑確定囚の集合教誨の話も、死刑再審で無罪になった免田栄さんのお話を伺ったことがあるのですが、昭和三十年代半ばまでは、福岡拘置所の死刑確定者の処遇はずいぶん緩やかだったようです。真偽の程はわかりませんが、お酒や賭け事もできたそうです。ところが、昭和三十年代後半に事故が続いたそうで、処遇が次第に厳しくなっていった。とりわけ、公安事件で法廷や拘置所も荒れた時代があり、さらに厳しくなっていった。死刑確定者については、死んでいくことが決まっている人なので拘禁の確保と「心情の安定」が重視されています。堀川さん、このことについて、渡邉先生は何かおっしゃっていましたか。

堀川　今、いろいろ思い出してみるんですけれども、何のために自分が彼らと向き合っているのか、向き合わせてもらっているのかということは、何度も自問自答なさっていたように思います。ただ、渡邉さんの口から「心情の安定」という言葉は聞いたことがございませんでした。時には一生懸命、浄土真宗の教義を教えてみたり、お経の読み方を教えたり、写経を教えたり、それだけでは無理だと思えば、また何か自分から材料を持っていったりと、先ほどの平野さんのお話で、「死ぬこと」に伴走するのではなくて、「生きること」に伴走するというお話がありました。それをもう必死に手を変え、品を変え悩みながらやっておられたんだなあと。おそらく、それは全国教誨師連盟の理事長までなさった先生ですから、「心情の安定」ということは百も承知の上で、理解されておられたと思いますが、取材をさせていただく中では、別の言葉で一生懸命語ってくださいました。

石塚　「心情の安定」という言葉は、死刑確定者の処遇だけにある言葉として使われています。昔、死刑確定者の処遇については、「馬の水を飲み」のたとえ話があったそうです。大人しく馬を湖に連れて行くと、馬は自分で首を垂れて水を飲む。観念した死刑囚は、安らかな気持ちで刑場に赴き、処刑を受入れる。日々の生活の中でそういう気持ちにさせるのが死刑囚の処遇だというのです。自殺しようとするのは最悪。自殺は究極の逃走なので絶対に阻止しなければならない。再審請求は命乞い。裁判が間違っているというのですから、司法に対する抵抗です。

こんなことは、遠い昔の話だとは思いますが、そういう時代もあったのです。
さきほど、前門様がおっしゃっていたことで、ちょっと思ったのですが、船が難破したとして、そこに総理大臣とか、大統領とか、世の中にとって「重要な人」がいて、一方で、ハンディキャップを持っていたり、まだ小さな子どもとか、弱い方がいる。救命船には一人しか乗れないとしたら、先ほどのお話でしたら、そこには弱い人が乗ることになるのでしょうか。救いを受ける必要性が高い人ほど、救われなければなければならない。こういうことになるのでしょうか。

前門様　難しいですけれども、苦しみの多い人、悩みの多い人という感じで、これは仏様の救いですから、我々がその通りに受け入れられるということではありませんけれども、まず、溺れている人を救わなくてはというイメージで申しました。ですから、今たとえでお話しになった船で、一人、誰を助けるかというのは人間レベルの話で、現実にはどうにもならないと思いますけれども、願いとしては弱い人、子どもでしょうね。自分でできないかもしれないけれども……。

石塚　ちょっと誘導的になるかもしれませんが、死刑確定者の方は、外部との交通がものすごく制限されている。外で生活していられる方たちは、いろいろな方と接するチャンスがある。例えば、宗教の教えを学びたいと思っている人がいたとして、死刑確定者のように拘禁状態にある人、罪を犯して反省を迫られている人ほど、より多くの宗教的な救いのチャンスを与えられるべきなのではないかという気がするのですが……。

前門様　理屈としてはそういうことになると思いますが。

石塚　外にいる方でも、宗教の救いを得るチャンスが限られているのに、なぜ、受刑者や死刑確定者にそんなに多くの宗教者の救いを受ける機会を保障しなければならないのか、というような疑問を投げかける人がいます。悪いことをした人のほうが得をしていいのかという考え方です。

前門様　そういう得は、得でもいいと思いますが。ただ、宗教活動をする側から言えば、中外の区別なく伝えるべきものを伝えるというのが本来の使命ですので、中に入る縁があった教誨師さんは中で活躍していただくし、外でやっている人も、多数の方が縁に遇わないで過ごしておりますから、本当はそれも同じくらい一生懸命伝えないといけないと思っております。

石塚　具体的な教誨の場面では、いろいろな体験をされることがあると思います。ここで、全国教誨師連盟の近藤さんがいらっしゃるので、コメントをいただけたらと思います。

近藤　全国教誨師連盟の理事長をしておりますす近藤でございます。今、石塚さんから何かコメントをと言われまして、並ぶお歴々を前に、とてもコメントを言えるような立場ではございませんが。ちょっと話が変わるんですけれども、こういう浄土真宗本願寺派でシンポジウムができる有り難さを皆さんにお伝えできればと思います。

東西本願寺教団というのが戦前から宗教教誨のノウハウをたくさん蓄積しておりました。戦前にはすでに東西本願寺で大部の本もまとめております。まず、『日本監獄教誨史　上・下巻』（浄土真宗本願寺派本願寺／真宗大谷派本願寺、一九二七年）、これは戦前の教誨を私たちに手に取るごとく教えてくれる大変素晴らしい本でございます。そしてまた戦後には、昭和四十九年に発行されました『教誨百年　上・下巻』（浄土真宗本願寺派本願寺／真宗大谷派本願寺、一九七三年）。

こんな本がございます。そして、私どもの教団の発行しております本はそれ以外に、平成二年に発行され最近改訂されました『浄土真宗本願寺派　教誨師必携』（浄土真宗本願寺派矯正教化連盟、浄土真宗本願寺派伝道局、一九九〇年）というものがございます。また現在、毎年発行されております「教誨通信」や「矯正講座」など、教誨を学ぶ上におきまして実にたくさんの教材を使ってございます。これは他の教宗団にはないことでございまして、また、私たちには大変ありがたいことだなと思います。ただ、こういう教材を先ほど申しました全国教誨師連盟の一人といたしましては、いろんな教宗派に分配していただければもう少しいろいろなところで研修に役立つのではなかろうかと思います。また、そうした研修を通して、教誨師連盟、または一人ひとりの教誨師というのが大変成長していくんではないかなと感じております。

今、私どもの教誨師連盟では平成二十四年から本派教誨一五〇周年に向けてさらなる展望のもとに、三年を一期といたしまして四期十二年にわたる中長期計画というものを私たちの教団が策定して、研修に取り組んでおります。このような研修のできます本派の矯正教化連盟というものに所属しておりますことを大変誇りに思っておりますとともに、第四期が終了しますと二〇二三年になります。この年は、本派の船橋了要という方が明治六（一八七三）年に岐阜懲役場で教誨が許されてからちょうど百五十年を迎える年ということでございまして、そういう先に向けての中長期計画ができているということ、これは大変ありがたいことだなと感じております。

そういうことを宗教意識ということでお話し申し上げますと、昭和六十三（一九八八）年から平成元（一九八九）年にかけて「東京・埼玉連続幼女誘拐殺人事件」という事件があったと思います。これは幼児が誘拐されて殺されるという痛ましい事件であったわけですけれども、この時に、当時の社会の子どもたちにどういうことを教えたかと申しますと、それ以前は人を信用しなさいと、人に道を尋ねられたら必ず親切に教えてあげるんですよということを、日常、私たちは子どもたちに教えていたんです。ところがその事件が起きましたとたん、人に道を聞かれたらまず近くのおうちに飛び込みなさい、人を信用してはいけません、と。こういった社会の変化と言いますか、それに対する子どもたちへの心のケアができていなかったんじゃないか。最近よく市の小中学校の校舎には上の方にスピーカーが着いていまして、何かことが起こった時にはそれで知らせるようにしているんですけれども、その中で「変質者が出たので注意してください」と放送することがあったんです。そしてしばらくしたら、その放送が誤りであったと。ただ単に近所のおじさんが何かに慌てて飛び出したのを、たまたま何か持っていたものだから、子どもたちは自分たちが追いかけられる、危ない目に遭うと思って逃げて、学校まで行って、学校でそのことを話して放送した後、それは間違いでした、ということだったんですけれども、何かその後のケアをきちんとされていない。その子どもたちが、その後、親の世代になって、そのままた、何でもないようなことが、大げさに話されるようなことが起きているのではないかなと。

幸い刑務所の中というのは、戦前は宗教教誨一辺倒でございました。それで私どもの浄土真宗、東西本願寺が幹事の教誨師をしていたわけですけれども、戦後は憲法が改正になりまして、それが民間に委託されました。そして憲法と監獄法の兼ね合いから、監獄法の「教誨を施すべし」という言葉が変わってしまい、一般教誨しか表さない言葉になってしまいました。したがって宗教教誨というのが法文上はなくなってしまったわけなんですけれども、ただ、今までずっとこれがおこなわれてきた。一般教誨というのが宗教をもととするものであっても、精神的、心理的な部分のケアであっても構わないというのが一般教誨なんですけれども、一般教誨が残り、宗教教誨が消えてしまったわけなんです。そして今度の法改正では、逆に宗教教誨が表に立ちまして、一般教誨というのが消えてしまった。今度の法改正での宗教上の教誨は、今までずっと教誨師会でやってきたことでした。ですから今、どちらかと言えばやっと法律のほうが追いついてきたということが言えるんではなかろうかと。しかし先ほどのお話にありました一般教誨というのがまだ、私たちにはできております。宗教教誨はもちろんですが、一般教誨というのもできております。一般教誨で宗教教育、宗教上の情操というのが少しできてきましたら、宗教教誨のほうへ人々がやってくると。

社会は一つ何か起こりますと、それを治療するということが非常に難しいんですが、施設の中ですとそういう教誨を通して少し治療することができるんじゃないか。

したがいまして、一般教誨と宗教教誨がともにあるということは、大変すばらしいことだと思っております。

石塚　どうもありがとうございました。つぎに、最近、『あの戦争は何だったのか』（文藝春秋企画出版部、二〇一四年）という本を出された元法務大臣の杉浦正健先生がいらしていています。

杉浦　前門様とは長いご縁がありまして、石塚さんとは日弁連の死刑廃止検討委員会で、また、堀川さん、平川さんともこのところお付き合いがございます。そんな関係で今日は加毛修委員長をはじめ日弁連の死刑廃止検討委員会の幹部が全国から十人くらい参加いたしております。私、そんなに皆が来ていると思わなかったのですが、来てみてびっくりいたしました。

正直言って伺って大変よかったと思っております。私ども、死刑廃止の運動を日弁連としてやっているわけで、来年の人権保護大会では死刑廃止宣言をしてもらおうと。そして日弁連に、加毛委員長の構想では、今の検討委員会を、死刑廃止推進本部にして、死刑廃止運動を進めようと思っているんですが、そのためにいろいろと勉強になったと思います。加毛先生、そうですよね。

先生方のお話、感銘を受けたんですが、平野さんがおっしゃいました、後期高齢者になられて、行動したいと、しなければいけないと。私の大臣時代には、出所した人のケアがほとんどない、再犯で入ってくる人のほとんどの処遇ができないんですね。刑務所を出た人が半分帰ってきます。少年院を出た人が三分の一ですか、三割くらいですかね。せっかく更生した人がまた刑務所に帰ってこないためには、そういう人たちが避難する場所が必要なんです。世間は冷たいです、出所者にとって。篤志家もたくさんいらっしゃいますから、そういう方々を、民間にもいろいろ施設があるんですが六カ月しかいられないなどの制約がございまして、民間ができなければ国がやるべきじゃないかということで、北海道に農業システムの研修センターがあるんです。少年院のためのね。ちょっと始めたわけです。だから、出て、病気を治して、リハビリして、仕事を見つけるまで面倒を見るようにしたら、再犯する人が、ゼロとはいかないけれども、減ると思うのです。ですから、国として二、三カ所は始まっていますし、役所のやるところは半年間しかおれないからまだ駄目なんです。個人じゃ大変ですので、宗派としてぜひ、平野さんにもご協力いただいて、ぜひ日本が、刑務所に入る人が少ない社会になるように。今日はいいお話を伺いました。

石塚　ありがとうございました。先ほどお話にも出ました、今、無期懲役の受刑者が千八百六十人くらい。この方々がだいたい三十年から三十五年経つと仮釈放になる可能性があるんですが、きわめて限られていますが、このままいくと刑事施設は高齢者の方ばかりというか、非常に多くなります。そうするとその人たちの次の世代の人たちに与えられた課題になりますから、お話にありましたように、例えば宗派などで長期刑の人たちを引き受けていただける更生施設、やっぱり長期刑の人たちは身元引受人が見つからず難しいのですが、今後は、やっていただく。で、その時にやっぱり教誨師のご経験のある、現場を知っている方がたが積極的に関わっていただくとおそらくもう少し進むのではないかと思います。

では、もう一人、元法務大臣がいらっしゃいます。平岡秀夫先生お願いします。平岡先生は龍谷大学の法人理事として、大学の運営にご尽力いただきました。

平岡　第八十八代の法務大臣の平岡秀夫といいます。杉浦先生は第七十七代の法務大臣ということで、喜寿と米寿、何かのご縁があるんじゃないかなと思います。私が法務大臣だった時に一つめざしたことがありました。それは、死刑制度について国民的議論をしなければいけない、そういう時期に来ていると申し上げていたんです。その理由は二つありました。一つはやはり国際的な潮流と日本の国民の意識というものがどんどん離れてきているんではないかということ。これは世論調査をだいたい五年ごとくらいにやっておりまして、その時に死刑を維持すべきであると言っている人たちが一九七〇年代には六割強くらいだったのが、どんどん増えてきてちょっと前までは八五パーセントまでいったんです。で、去年世論調査をして今年発表されたものでいくと五パーセントくらい下がりました。八〇パーセントくらいに下がったんですけれども、その理由が、問いがちょっと変わったとかですね、あるいは袴田事件があったその影響だと言われています。いずれにしても少し増えてきている傾向があるということで、世界の流れと日本の国民の意識が違ってきているということがありました。

もう一つ私が心配したのが、日本の社会に寛容さがなくなってきているなというのを非常に強く感じておりました。先ほど杉浦先生が言われたように、刑務所を出てから社会に戻っていった時に、その人たちが社会の中でどういう風に受け止められているかというと、どんどん、働く場もない、社会からもの け者にされてきているというような状況があるんです。その気持ちのもとには、今日、私、平川先生が言っておられた善人意識というお話がありましたけれども、私もちょっと本を書いておりまして、その中に、どうも今の日本社会の中に善悪二元論というものが広まってきているんじゃないかと。私たちはいい人なんだけれどあの人たちは悪い人たち、悪い人たちにはどんどん罰を与えるべきだし、社会から疎外してもいいんだという、そんな気持ちが出ているのかなという風に思いまして、そういう日本の社会でいいのかという思いで、今この時期になって国民的議論をすべきだと思って努力したのが、短い期間でありましたけれども、私の法務大臣時代の流れであったということです。今日はテーマが宗教教誨ということでございますから、宗教者の方々の問題意識というものが、どれだけ国民の皆さんの問題意識と同じなのか、違っているのか、私にはわからないところもありますけれども、今日伺ったところでは、本当に私も同じような問題意識を持って、一緒に取り組んでいける問題ではないだろうかと感じた次第です。ありがとうございました。

石塚　やっぱり政治家の方はまとめ方が違いますね。平岡先生は、最近、『「リベラル日本」の創生〜アベノポリシーへの警鐘〜』（ほんの木、二〇一五年）という本を出版されています。

では、パネラーのみなさんに、それぞれ一言、今日の感想など述べていただければと思います。

平川　国民一人ひとりが問われているということを申し上げましたけれども、実は教団も問われているということを申し上げたいです。やはり、死刑制度に対して教団もどう応えるのか。あるいは憲法問題にどう応えるのか。安保法制問題にどう応えるのか。実は、門徒から問われている、ということがあると思うわけでありまして、やはり教団として応えていただきたいなあと思います。こんなことを言うともう本願寺派からは呼ばれないかもしれませんが（笑）。

石塚　今日はアカデミックな場ですので大丈夫です。

平野　今日は著名な先生方の真ん中で恐縮してしまいましたけれども、現場というのはやはり、皆さん方が聞きたい問題なんだろうな、ということでございます。ついこの間も被害者の方が加害者との対話ということで、原田正治さんという方が朝日新聞に出ておりました。やはり対話というのが大事なんだろうな、お互いに両極端の中でずっとそれぞれが別れていく世界じゃなくて、どこかで、何か一つでもふれあっていく、そういう場がこれからますます大事なんじゃないかなという気がいたします。死刑確定者は、やはり一般の人たちよりもいろいろな問題意識をすごく持ちながら、今日一日を生きていく。そんな彼らに少しでも私が一緒に過ごせる時間が続いていけばなあと思っております。最後は、もしその場が来てもやはり私は泣くということ、それ以外にないなという気がいたします。

赤松　今日は参加させていただいて、私自身も歩んできた一生を振り返ってみれば塀の内側に入っていてもおかしくない自分の人生を歩んできたんではないかなと、つくづく思います。たまたま入らなかっただけの話、それで今学長をしているんですけれども、学長室に入って学内では最初に「対話のある大学運営」というのを掲げました。平野先生がおっしゃいましたように、いろいろ意見の違いがあるにしても、対話を重ねていくということにおいては根本的なお互いの信頼というものを醸成していきたいと。翻って言うならば私たち一人ひとりが、恵まれたいのち、生かされたいのちのお互い同士であるということが、本質的な目覚めというか、気づきだと思います。そういう点ではいろいろな縁で塀の中に入った人たちも改めて一人ひとりの人生を振り返ってみる際に、生まれてきてよかったと言えるようなことについて、深く感じて、そしてまた自分の行った行為への反省といいますか、そういうものへの捉え返しをして、社会に多くの方々が復帰して、私たちもたまたま社会のほうにいるわけですけれども、多くの方々と対話ができるように、協調できるように、私たちのほうの側の姿勢によって、そういう、日本の社会が豊かに、いろんな方々が存在する社会になっていけたらなと思います。同時に矯正・保護総合センターが私どもの大学にありますので、後に続く学生たちにおいても、そういったことが深く理解できるような、またそういった社会を担っていけるような学生を育てていきたいと感じた次第です。

堀川　今日は前門様をはじめ、まさかこんなに遅くまでこれほどほとんど全員の皆さまが残ってくださるとは想像もしておりませんでした。貴重な時間をありがとうございました。最後に二点お話ししたいと思います。今日、特に後半は死刑という問題についてフォーカスが当たりましたけれども、実は本日もっとも大事な話は出ておりません。それは何かというと、死刑執行の現場、つまり死刑がいったい何であるか、どんなものであるか、誰がどんな思いをしているか、現場を知らない以上は、本来死刑というものは議論されてはならない、空中戦になってしまうという印象を強く抱いております。今日はこのような形でこういう問題も含めて、初めてこの場で話ができたというのは大きな一歩ですけれども、最終的にはそこまで踏み込んだ議論が必要ではないかと感じております。

それからもう一点は、このような形の開催になりましたので、それでも被害者の方はというお気持ちを抱かれる方はたくさんいらっしゃると思います。私自身もそうです。やはり死刑という問題は、平川先生がおっしゃいましたように、死刑囚とロープを介してつながっている私たちの問題であることは間違いありません。ですけど、社会の制度として、国民感情として、この制度が支えられている以上、成立している以上、やはり被害者の問題は絶対避けては通れない。この問題はいろんな形で今日はこのような視点から会合が持たれましたけれども、皆さんもぜひ、いろんな方のいろんなお話を聞かれて、悩まれて苦しまれてほしいと思っています。無関心、考えないということが一番おそろしい。そしていろんな材料を持って今、当たり前とされている常識が本当にそれで正しいのか、私たちの選択する結果として、本当にそれで、今この社会で合っているのかということも含めて、常に苦しんで悩むことが死刑問題の本質にたどり着く大切な材料だということを深く痛感いたしました。ありがとうございました。

前門様　まとめを言うべき時ですが、実は言い残してチャンスがなかったことを今、追加で申したいと思います。

先ほど平岡さんがおっしゃった善悪二元論、私はイラク戦争の頃から二元論は非常に危ないと強調してきたつもりでおります。仏教的に見てもそう簡単に割りきれるものではない。もう一つこれは、立場上非常に言いにくいので、問題提起として聞いていただきたいのです。死刑制度というのは善い人は殺したらいけないけれど、悪い人は殺してもいいという非常に相対的なものの考え方でありまして、「良い・悪い」の境目が非常にあいまいであるという感じがいたします。

一方、仏教の中には、先ほどご紹介のあった「殺してはならない」「殺さしめてはならない」というお釈迦様の一般論がありますが、一つは戒律ということで規範があります。これは悟りをひらくための修行の条件という意味が根本ですので、仏教徒でない人に押し付ける言葉ではないと思いますが、それでも、在家信者向きに五戒、五つの戒律があります。その一番目が不殺生戒といわれますが、経典を見ますと脱人命戒、人のいのちを奪う戒めという表現も出てきます。そこでは、誰を殺してはいけないかという相手のことは経典には出てきません。相手が善人悪人ということではなくて、人のいのちを奪ってはいけない、奪うという悪業を絶つ、そういう戒めと私は解釈いたしました。仏教徒としてはこれを現実にどこまで守れるか大きな課題を与えられていると感じたところであります。非常に難しいことを申しました。

第二部◉矯正保護と宗教教誨

第一章　『教誨師』取材を通して感じたこと

堀川惠子
ジャーナリスト

私が死刑について取材を始めたのは、二〇〇八年からである。以降、取材相手は死刑囚、無期囚、裁判官、検察官、弁護士、裁判員、そして刑務官へと広がり、教誨師へと辿り着いた。そして二〇一四年一月、『教誨師』（講談社）を上梓することとなり、本書第一部掲載のシンポジウムにも参加させていただく機縁を得た。

教誨師という存在、具体的には故・渡邉普相氏（享年八十一）との出会いが、一連の長い取材を経た後に訪れたことは幸いだった。そこに至るまでの死刑を取り巻く様々な当事者たちへの取材と蓄積がなければ、この過酷な仕事に向き合う人たちが抱える懊悩には、とても対峙することはできなかっただろう。いや、決して対峙しきれてはいないのだけれど、少なくともその苦しみの一端には触れることができたかもしれないと思っている。

この稿では改めて、渡邉普相氏が残した言葉と、出版後の「教誨師」という任務への反響、そこから私自身が考えたことなどを報告したい。中でも、これまで積極的に触れられることの少なかった「教誨師と死刑執行の現場」のあり様については、特に頁を割いてみるつもりだ。なお、執行を終えた受刑者に「死刑囚」という呼称を使うことには問題もあるが、この稿ではわかりやすさを優先し、敢えて死刑囚という言葉で統一させていただくことを先にお断りしておく。

「誰かがせにゃならん」

昭和六（一九三一）年生まれの渡邉普相氏は、浄土真宗本願寺派・綱生山當光寺（東京・三田）の第三十世住職である。二十八歳の春から亡くなるまで半世紀以上にわたり、東京拘置所の教誨師を務めた。晩年には国内全宗派の教誨師を束ねる全国教誨師連盟の理事長にも就任している。戦後、これほど長く教誨師として活動を続けた人は、渡邉氏が師匠と仰いだ篠田龍雄氏（直方・覚音山西徳寺）以外にはほとんど見当たらない。

その渡邉氏が生前、「自分の死後に発表すること」を絶対の条件として、自身が宗教者として、教誨師として歩んだ道のりについて私に語ってくれた。今振り返ると、約三年がかりの、いわば遺言であった。詳細については拙著にお目通しいただくとして、ここでは氏が自ら関わった死刑という問題について、繰り返し語った二つの言葉を取り上げたい。

一つは、「誰かがせにゃならん」――。

市民の多くは、「死刑」という言葉が持つ意味を深く理解することのないまま、裁判の判決や死刑執行を伝えるニュースに接している。死刑が執行されたと言われても、どこか日本ではないような場所で、それがオートマチックに行われるかのように錯覚し、一切は自分と関係がないことのように思い込み、胸に痛みを感じることも少ない。

しかし、死刑という刑罰が日本社会に合法的に存在し、執行されている以上、誰かがその任務に当たっていることは明らかである。目の前で息をしている人間を独居房から大勢で連れ出し、刑場に立たせ、吊るし、絶命するのを待ち、遺体を処理する。絞首刑の現場は、極めて残酷で生々しいものだ。渡邉氏は、死刑という刑罰が存在する以上、宗教者として、その現実から目をそらしてはならぬ、逃げてはならぬと思ったというのである。

――厳しいことから逃げようと思えばすぐ逃げられる。逃げるのは簡単、楽だしね。じゃが自分が逃げても、それはあるんです。（略）死刑もあるんですよ。あるんなら誰かがせにゃならん。逃げとうなかった。

（『教誨師』四〇頁）

確認しておくが、氏のこの発言は、死刑制度に関わる人間としての単なる責任感や義務感に依るものではない。むしろ、渡邉氏自身の体験に深く根差している。

氏は中学三年生だった昭和二十（一九四五）年八月六日、広島で被爆している。現場は爆心から二キロ足らずの広島駅前である。『原爆戦災史』によると、この地区（松原町）では全体の八二パーセントの建物が全壊し、即死者は一五パーセントとなっている。渡邉氏も倒壊した建物の下敷きになったが、そこから這いだして一命を取りとめた。原爆の熱線を浴びた体の半分を火傷し、全治数カ月の重傷を負った。

渡邉氏は二次空襲を恐れて、建物の下敷きになっている同級生を置き去りにして逃げた。後に多くが、そこで亡くなったことを知った。さらに安全な方向へと逃避する道中でのこと。氏は、助けを求める多くの人たちの声を耳にしながら、「こんなところで死んでたまるか」という一心で「逃げてしまった」という。戦時下のことである。それも言葉には尽くしがたい惨事に遭遇する最中の出来事であり、決して第三者に責められるような行動ではないだろう。「逃げて」しまうのもまた、仕方のないことであったと思う。だが氏は上京して東京の寺に住まうようになってからもずっと、呵責の念を抱え続けた。

戦争による死と、刑罰による死。両者は表面的には位相の異なるもののようにも思える。だが氏は直感的に、そこに同じ匂いをかぎ取ったに違いない。誰にも顧みられることなく、むしろ疎まれ、ただ死を待つだけの者たち。彼らの存在を見て見ぬふりをして逃げ出しても、誰にも非難されることはない。だが渡邉氏は、今度こそ「わしがせにゃならん」と思ったという。

私が渡邉氏から被爆体験を打ち明けられたのは、寺に通うようになって一年ほどが経った時のことだ。やはり広島出身の私が原爆に関するドキュメンタリーを制作し、それを氏がテレビで観ていたという偶然も重なり、決意されたのかもしれない。記憶を辿りながら、一言一言、噛みしめるような語りだった。戦争であれ刑罰であれ、紛れもなく「人の命」が奪われる現実、その現場に関与することの重みを、氏は常に自分自身に問うていた。そして過酷な任務に背を向けたくなるたび、先の言葉を自らに言い聞かせては奮い立った。

「誰も幸せにならない」

渡邉氏が残したもう一つの言葉、それは証言も終わりに近づきかけた頃に、ふとつぶやくようにその口から洩れた言葉である。

「本人が執行されても、幸せになった人間は、誰ひとりいません」

教誨師に限らず、死刑という難題に真剣に向き合ったことのある者なら、その立場を問わず、誰もが共通して胸に感じる「虚無感」のようなものがある。

社会が事件について遠く忘れ去った頃に、死刑執行は行われる。世間でよく言われるような「とうとう仇を取った」とか「正義が貫かれた」とかいう感慨も、達成感も、そこにはない。被害者も遺族も、もろ手を挙げて喜んでいるわけではないだろう。

教誨師は日々、死刑囚の残された時間を少しでも有意義なものにしたい、限られた時を生きる意味を、生かされていることのありがたさを、感じることのできる「心の空間」を得てほしいと向き合う。だが、罰としての死を前にした者に対して、気持ちの伴わないきれいごとは通用しない。教誨師には、全力を傾注しても足らぬほどの労力が必要になる。それでも、いずれその時がくる。どんな真剣に手を尽くし心を寄せても、教誨師は執行する側に立ち、相手の死を黙って見送ることしかできない。死刑がいくら「合法」という衣は纏っていても、命のありように真摯に向きあうことを生来の仕事とする宗教者からすれば、あまりに無力である。

そんな渡邉氏の話を長く聞くうちに、私はあるギリシャ神話を思い浮かべた。「シーシュポスの神話」だ。囚人に厳しい労働を課し、それが終わると、その労働の成果を台無しにする苦役の話。囚人に炎天下、穴を掘らせ、ある程度の深さに達すると看守がその目の前で穴を埋め戻す。そして再び囚人に穴を掘らせ、また埋め戻す。これを繰り返すと、囚人は自殺に追い込まれるほどの精神状態に陥るという。

この神話は、人間とは、ほんの一縷でも希望を持てなければ生きていけない動物であることを如実に伝えている。教誨師に、そして死刑囚に、果たして希望はあるのか。このことについて、渡邉氏は最晩年、自分なりの解に辿り着くのだけれど、詳細はここでは触れない。

また渡邉氏には、教誨師として一つ、大きな心残りがあったという。それは、加害者と被害者を繋いでいくような仕事ができなかったことだ。もちろん、そのような接触を図る行為は禁じられている。教誨師に課された仕事でもない。だが、自身が担当する死刑囚たちが、自らの罪に悔悟の念を深めていく様子を見守るうちに、そのことをせめて被害者遺族にだけは伝えられないかと思ったことは一度や二度ではなかったという。

晩年の一時期、教誨師としてどうあるべきか苦悩を深め、アルコール中毒で苦しんだという氏の生き様を聴くにつけ、教誨師とは本当に過酷な仕事であることを痛感した。教誨師だけではない。渡邉氏は、死刑執行に立ち会って実際に手を下した刑務官が震えながら泣いていた現場も目にしたというし、執行後に心身の調子を崩して辞める者も少なくないとも話した。また、今回の取材に応じてくれた元拘置所幹部からは、死刑執行に立ち会ったある刑務官が、同僚にこんな酷い思いはさせたくないと、退官する間際まで自ら志願して立ち会い続けたという話も聞いた。死刑という刑罰が持つ残酷さは当事者のみならず、それに携わるすべての人間の心を深く傷つけている。それを、社会の規範を維持するための当然の「コスト」と冷徹に切り捨てることはできない。なぜならば氏が語ったように、この制度によって誰ひとり幸せになっていないのだから。

「人殺し」の現場

渡邉氏は、死刑制度の存廃に関しては直接的に一言もふれなかった。無論、取材する立場にある私にとっても、存廃の是非は話を聴く前提にはならない。そのことを排して、渡邉氏が目にした「現場」を知るという一点に徹した。だが死刑執行の現場についての詳細な語りが続くうちに、氏は厳しい単語を遣って私を驚かせた。

死刑は「人殺しだ」というのである。

死刑執行の現場に立った時、氏は同席する刑務官にすら憚ることなく「これは人殺しだ」と言い放ったという。ある時、赴任して間もない警備隊長が初めての任務に動揺してしまい、執行のための手順がうまく進まないことがあった。見かねた渡邉氏は仕方なく、自分が率先して作業を進めたという。

――それで全部が終わってから（拘置）所長が「先生、今日は御世話になりました」と頭を下げてきて。「御世話になりました」って言われてもね……。ことをスムーズに進めないと、本人（死刑囚）も周りもみんなが辛いから、しょうがないから……。みんなで人殺しをしているんですからね、ええ……。

（『同』二二二頁）

「人殺し」をする現場だからこそ、たとえ平素から教誨を受けていない死刑囚であっても、執行の時はなるべく教誨師が準備をして、本人が望めば立ち会わせるようにしなくてはならないと渡邉氏は極めて強い語調で語った。宗教者など外部の者が誰ひとり立ち会わないで執行してしまえば、それは本当に人殺しの現場になってしまうと、拘置所の幹部にも口を酸っぱくして言い続けた。

――本人が「結構だ」と言えば空振りにはなりますが、それでも必ず教誨師には来てもらいなさいと。それだけの用意を拘置所はしなきゃいけませんと。「ただ殺しゃあいい」というものではないんですと。それは殺される本人だけじゃない、やっぱり、殺す方の看守さんたちもね、そういう宗教者がいた方が、せめてもの心の救いになりますから……。（筆者・生きている人のためにも、ですか）そう、人殺しですから。「人殺し、人殺し」って言うとね、拘置所の人らは「人殺しって言わないで下さいよ」って嫌がるんだけどね。人殺しじゃないか、あんた、人殺しやっているんだぞと。（筆者・前にも「人殺し」という言葉を使われましたね？）だって人殺しじゃないですか。良いことをやっているわけじゃないでしょう？　みんな仕方なしに……（※力を込めすぎて声がかすれる）……やっているんです。私たちも喜んで立ち会いしているわけじゃありません。（『同』二四〇～二四一頁）

三年に及んだ聴き取りの当初は、渡邉氏は時々、話しにくそうにしたり、言葉に迷った末に話を打ち切ったりすることも多かった。だが二年目の夏を迎える頃、つまり一度、執行現場のことに触れた後からは、ダムの亀裂から溢れ出す水のごとく、一気呵成《いっきかせい》に想いを語るようになった。あまりの勢いにメモが追い付かないこともしばしばあったが、会話を語尾に至るまで正確に記録することができたのは、録音テープを回すことを許されていたからだ。

渡邉氏の証言は、これまで人口に膾炙《かいしゃ》されてきたものもあるが、多くはほとんど知られていない事実である。厳格な守秘義務を課せられた氏にとって、またかつて日本教誨師連盟の理事長という重責を担い、教誨師を管理する側に立ったこともあった氏にとって、それらの記憶を公にするためには、自らの死と引き換えにするしかなかった。

誰のための守秘義務か

『教誨師』の出版には、幾つかの問題が立ちはだかった。そのひとつが、法務省が教誨師に課している「守秘義務」の問題だ。氏が語った事実を出版というかたちで公表することについて、不安に苛まれ、苦しんだ関係者もおり、心配をおかけしたことを本当に申し訳なく思っている。実際には、法務省から何らかからの圧力がかかったわけではない。それを忖度《そんたく》して行動する人間がいたということに尽きる。

出版社幹部の中には出版後のトラブルを恐れ、「渡邉さんの名前を伏せて匿名にしては」などと腰の引けた発言をする者もいた。危機管理に走るあまり、ことの本質を見失ってしまうのは、昨今の言論機関にはありがちな傾向である。出版の予定は、年を挟んで三カ月ほどずれ込んだ。

取材者の私にとっては、渡邉氏が覚悟を決めて、時には涙しながら語ってくれた重い事実を、我が身可愛さで匿名に変えてごまかすことなど到底できなかった。そんな配慮を渡邉氏が望んでいたとは思えなかったし、たとえ出版差し止めなどの障害が立ちはだかる危険性があっても、聴き取った事実を葬り去るわけにはいかないと強く思った。すぐには世に受け入れられずとも、わずかの部数でも出版物にしておけば、後世きっと役立ててくれる人が現れるに違いない、その価値はある。そう信じて、訴訟を起こされても絶対に勝ち抜く覚悟で準備をし、出版に臨んだ。

だが、案ずるより産むが易し。すべては杞憂に終わった。出版後の反響には、ただただ驚かされるばかりだった。各紙は競うように書評に取り上げ、読者からはたくさんの手紙や反響をいただいた。その年の末には、ひとつ道に際立った業績を残した人物やその書物に与えられる「城山三郎賞」（角川文化振興財団）まで受賞するというおまけもついた。渡邉氏の決断とその成果物が、日の当たる場所で認められたことは嬉しかった。また拙著を読んだ多くの人が、「教誨師という仕事があることを知らなかった」と話すのには二度、驚かされた。

宗派を問わず、多くの教誨関係者からも連絡をいただいた。講演依頼が相次いだ。私にとっては苦手な話だが、これだけは渡邉氏から「わしの代わりに行って、しっかり喋ってこい」と背を押されているような気もして、日程が合うものに限り受けさせていただいた。一年余りで北海道から広島まで、数十のお寺を訪ねた。

会合では、参加してくださった僧侶の方々と貴重な対話を重ねることができた。教誨師として数十年来務めてきた自身の経験や思い、現在の苦しみを少しずつ吐露されるベテランの方もいたし、これから教誨師になるので、少しでも多くの情報を得ておきたいと意欲に溢れる若い方もいた。渡邉氏が拙著の中で語った言葉に対して、別の視点から異を唱える方もいて、それはそれで本音の建設的な対話が交わせたように思う。「人殺し」という言葉遣いには、ショックを受けた方もいたようだ。「このような場で教誨について語ることができるとは夢にも思わなかった」と喜んでくださった方もいたし、ある時など、講演を終えて帰る間際にそっと寄って来られ、「ご著書は法務省の書店に、平積みで置かれていますよ！」と重大な秘密を打ち明けるように耳打ちしてくれる方もいて、思わず苦笑いさせられた。

このような現場をまわるにつけ、守秘義務とは何だろうと思った。個人の大切な情報が守られることの大切さについては論を待たない。だが苦役ともいえるこの仕事に、答えの出ない問いを抱えている人たちが大勢いる。日の当たらぬ場所で、誰にも褒められることなく、それでも死を待つ人々に心身を捧げている宗教者たちがいる。そんな彼らに、同じ立場にある仲間同士でも、家族の間でも一言も漏らしてならぬと禁じる現在の守秘義務のあり様は、一体、何を、誰を守るためのものなのだろうかと、改めて疑問に感じざるを得なかった。

教誨師が拘置所に望むこと

全国で出会った、現役の教誨師の先生方から共通して挙がった意見がある。それは、現在の死刑囚の処遇のあり方についてだ。彼らがあまりに隔絶された孤独な場に閉じ込められており、そのことが却って、教誨という仕事を難しくしているのではないかというのである。

現在、特に危機管理の観点からであろうけれど、死刑囚の生活の場は完全に独房のみに限定されており、面会も限られたわずかな相手だけ。屋外での運動も一人きり、他の人たちと廊下ですれ違うことすらないという。私が過去に手紙をやりとりしたことのある東京拘置所の死刑囚（判決確定前）は、独房に窓は付いているものの、その外側は廊下になっていて、無機的なリノリウムの床しか見えないと書いていた。四季がまったく分からず、「気が狂いそうで辛い」

と嘆いていた。

表向きには、外部との交流を断つことで死刑囚の「心情の安定」を図るための措置であるとされているが、そうすることで生きる気力を奪い、執行をしやすくする狙いがあると指摘する研究者もいる。そのような閉鎖的な状態に置かれた人間の耳や心を、月に数度、それも一時間足らずの教誨面接だけで開かせることは至難の技だろう。

東京拘置所では一九七〇年代半ばまで、年に数回、拘置所長も交えて死刑囚が集まっての昼食会が開催されていた。また複数で運動することも許されており、時には刑務官と死刑囚チームが、靴下で作った柔らかいボールを使って野球の対戦をすることもあった。教育課の部屋で、ビデオ鑑賞が行われていたという記録もある。

教誨のあり様もまったく異なる。現在のマンツーマン方式に加えて、月に一度は、同じ宗派の者たちが集まっての集合教誨の場が設けられていた。そこで法話を聴いたり、社会の出来事について語りあったり、季節の行事を行ったり、被害者の命日が重なればみなで読経をしたりもした。一堂に集まって意見を交わすことで、死刑囚もまた様々に考えを深めたり、気持ちを落ち着かせたりすることができたという。

こういった場を少しでもいいから復活させてほしいという声は、本当に多く耳にした。渡邉氏もまた、拙著の中でその必要性を訴えている。このような現場からの叫びは、法務省には届いているだろうか。

情報公開に向けての一歩を

死刑の現場について、もう少し自由に語り合い、事実を知りたいと願うのは宗教者だけに限ったことではない。二〇〇九年から導入された裁判員裁判では、死刑判決を下す法廷も増えている。裁判員を担当した市民からは、死刑とはいったいどんな刑罰なのか、現場の情報をもっと公開してほしいと訴える声があがっている。

二〇一一年秋、大阪地方裁判所で絞首刑の違憲性を争う裁判が行われた。その際に提出された絞首刑に関する資料のほとんどが、明治時代や大正時代のものばかりで、新しいものでも昭和初期という現実は、裁判員たちを驚かせた。判決後の記者会見では、正しい判断を下すためにも、もっと最新の情報を得たいという声があがったのも無理からぬ話である。

すでに裁判員裁判が下した死刑判決が執行されたケースもある。担当裁判員が実名で登場し、自らが深く考える機会を得ることができないままに死刑判決に加わったことへの苦しい気持ちを吐露した記事も掲載されている（朝日新聞・二〇一六年四月二十二日付）。現実に法務省に対しては、裁判員経験者の団体から死刑に関する情報の公開を求める動きも起きている（同・二〇一四年二月十七日）。

裁判とは平たく言えば、「刑罰の均衡」を考える場だ。犯罪、つまり罪については、私たちは洪水のような報道を通して事件の経緯を知り、被害者遺族の声も聴き、多くの情報に接することができる。だが一方の刑罰、特に死刑については何の情報もない。これでどうやって刑罰の均衡を計れというのだろう。裁判員たちの訴えはもっとものように思える。

こと死刑制度を巡っては、賛成反対だけが取り上げられがちで、残念ながら空中戦に終始することが多い。いずれの立場にも言い分はある。しかし、まずやるべきことは、賛成か反対の二者択一ではない。私たち市民は、死刑制度、具体的には絞首刑がもたらす現実についてあまりにも無知である。渡邉氏は拙著の中で、溜息混じりにこんな言葉を漏らしている。

——一般の人は死刑っていうものは、まるで自動的に機械が行うくらいにしか思ってないでしょう。何かあるとすぐ死刑、死刑と言うけどね、それを実際にやらされている者のことを、ちっとは考えてほしいよ。

（『同』二〇三頁）

私たちは死刑のある国に生きている。いかなる事情があるにせよ、生身の人間が、生身の人間を縊り殺すことが合法とされる現場について、もっと現実を知り、想像をし、その結末がどんな社会的な利益をもたらしているかを考える義務がある。教誨師をはじめ執行に携わる人たちの負担は大変なものだ。その現場を抜きにした感情論や思想論では、死刑を巡る議論は立ち行かないし、誰の心にも響かない。渡邉氏はそのための材料を私たちに沢山、残してくれた。

将来、死刑のある世界、無い世界、どちらを選ぶのか。それは私たち自身の道徳や良心すべてが問われる選択である。法的な論争にのみ止まらず、ひとりひとりの心の問題にまで深く関わってくる。そこに宗教が介在することの意義は小さくない。

そのことを考えるための第一歩として、本書第一部のシンポジウムは行われたと受け止めている。その内容は、まとめてしまえば数センチの紙の束に収まるけれど、前門主をはじめ現役の教誨師の方々がこのテーマで一般の人たちを前に「公の場」で発言されたという事実は、特筆すべき出来事である。参加者たちも、長時間にわたる議論に席を立つこともほとんどなく、最後まで熱心に耳を傾けておられたのが印象的だった。会合を終えて、〝重い扉〟がようやく開き始めたかなという微かな希望を抱いた。

このような取り組みが単発的ではなく、大小を問わず、より多くの場で、より開かれた場所で継続的に行われ、情報の公開と具体的な議論が少しでも進むよう促してくれることを心から願う。渡邉氏から貴重な遺言を託された私自身、今後も微力ながら、そのための努力は重ねていかねばならないと思っている。

最後に『教誨師』の出版に向けて多大な尽力を下さった石塚伸一先生、この度のシンポジウム開催に向けて大変な労をとられた石塚・赤池一将先生、龍谷大学そして宗教家の関係者のすべての皆様に改めて感謝の意を表したい。

第二章　弁護士と教誨師

弁護士
中村治郎

一　弁護士としての活動

私は、弁護人としてこれまで死刑相当事件の弁護を二件経験している。一件は有実・無実を争った事件で、もう一件は量刑を争った事件であった。二件とも現在死刑が確定していて、再審請求中であるが弁護人としては関わってはいない。ただ、その内の一人の死刑確定者とは拘禁反応が出ているため第一審の死刑判決以降交流したことは一切ないが、もう一人の死刑確定者とは現在でも時々面会したり文通したりして交流を続けている。

私は麻布学園高等学校時代の同級生のご縁で、浄土真宗本願寺派前門主大谷光真氏の帰敬式を受けて「釈治法」という法名をいただいている。そこで、僧侶ではないが門徒として、例えば、「歎異抄」に著されている親鸞聖人の教えである「善人なほもつて往生をとぐ。いはんや悪人をや」（悪人正機説）など拙い宗教知識に基づく宗教的会話を、交流を続ける、先の死刑確定者と交わすこともできるだろうと思うのだが、彼とは教誨師と違って宗教的会話をしたことは一切ない。

ところで、私は、オウム真理教の教祖麻原彰晃こと松本智津夫さんの第一審の十二人の国選弁護人の一人として約八年四カ月にわたり麻原さんの弁護活動をしていた。その弁護の過程で、人を幸せにしない宗教はあってはならないと思った。オウム真理教には「ポアの理論」という教義がある。すなわち、輪廻転生する人間は最悪の転生先である無間地獄に転生しないために、現世において善業を積んで悪業（カルマ）を積まないようにしなければならないとの考えのもと、教団に敵対していて悪業（カルマ）を積んでいると教祖が考えている人たちに対して、ポアと称して殺してあげることがその人を無間地獄に転生させないという意味で救済になる、との理論を作り上げていた。そこで、教団に敵対している人たちの中から教祖の判断で殺されるべき者が選ばれ、その指示のもと幹部信者達によって坂本弁護士一家殺人事件、松本サリン事件、地下鉄サリン事件などの事件が引き起こされた。国民には信教の自由が保障されなければならないが、人殺しが善ないし救済であるというような、人を幸せにしない教義を持った宗教教団はあってはならないと思った。

さて、現在、わが国では死刑は合法的な制度となっているが「人殺し」であることは間違いない。そこで、生死に関わる仕事を生業としている宗教者ぬきで人殺しをしてはいけないとの考えから、以前は死刑確定者の同意のもとで死刑執行に教誨師が立ち会うことが認められていたようである（堀川惠子著「教誨師」参照）。私の考えでは、死刑執行という「人殺し」によって殺される死刑確定者が安らかに死を迎えられ、死後の世界に旅立てるように心情の安定を図るために寄り添ってあげるという側面と、人殺しをする側の拘置所職員などに心の安らぎを与えてあげるという側面とがあったのではないかと思う。以前、日弁連死刑問題調査研究委員会の死刑廃止国（ヨーロッパ）調査団長としてフランスを訪問し、フランスが死刑廃止をした時の法務大臣であるロベール・バダンテール氏にお会いしお聞きしたところ、彼は自分が弁護した死刑確定者ボンタンのギロチンに弁護人として立ち会ったことがあったとのことであった（ロベール・バダンテール著「死刑執行」及び「そして、死刑は廃止された」、日弁連人権擁護委員会発行「死刑廃止国（ヨーロッパ）調査報告書——死刑廃止への道のりと死刑廃止後の行方——」参照）。

現在、わが国では、死刑確定者の弁護人であった弁護士が死刑執行に立ち会うことは認められていないが、もし認められれば、私も弁護した二人の死刑確定者が死刑執行されるときは執行に立ち会いたいと思っている。それは彼らを弁護して死刑を回避できなかったことのお詫びをしたいという気持ちと彼らの死に際に心の支えになってあげたいという二つの気持ちを持っているからである。私は現在、弁護をした二人の死刑確定者の死刑執行前に死刑廃止を実現するため、最善の努力をしたいと思って活動している。

二　私の死刑廃止論

一　私は、遅くとも国連犯罪防止刑事司法会議が日本で開催される西暦二〇二〇年までに、わが国から死刑制度をなくしたいと考えている死刑廃止論者である。それは、私が政治的に、わが国を二十一世紀に向けて真の人権大国にしたいと考えているからだ。ここで、真の人権大国とは、生命、身体の自由及び幸福追求の権利などの基本的人権を最大限に尊重する国家を意味する。そして、この基本的人権の中でも「個人の尊厳」と「生命に対する権利」は、それを奪うことによって人のすべての権利を根本から奪うことになってしまうという点で、特に最大限に尊重すべきであると考えている。すなわち、「個人の尊厳」と「生命に対する権利」は、「高次の法」あるいは「正義の法」により保障されるべき権利であって、絶対に侵すべからざるものと考える。ここで、フランスが死刑を廃止した際のロベール・バダンテール氏が法務大臣として国民議会において行った「明日皆様のおかげで、フランスの正義はもはや人殺しの正義ではなくなるでしょう」との演説が想起される。このようにフランスでは、死刑を廃止した一九八一年から死刑は正義ではなく不正義となったのである。ところで、正義とは、法哲学上の概念であり多義的に用いられるが、個人対個人において認められるべき「目には目を歯には歯を」というような同害報復的な平均的・復讐的・応報的正義だけが正義ではなく国家対個人において認められるべき配分的正義も正義なのである。明治時代の初頭に江戸時代に認められていた同害報復的身体刑を廃止したことはこの現れである。私は、すべての人間は変わりうる存在であって更生することが可能であるのだから、どんな極悪人であっても死刑にすることは、わが国においても決して正義の実現ではないと考えている。

二　ところで、国家権力による人殺しには「戦争」と「死刑」がある。日本国憲法は、このうち、一方の「戦争」を第九条で放棄した。ところが、過去に自国民及び隣接諸国民に対し、正義の名のもとに、死刑を濫用したことの反省から憲法上死刑を廃止した西ドイツ及びイタリアと違って、わが国は、同じ敗戦国でありながら、憲法上明文で死刑を廃止しなかった。

現在、敗戦後七十年を経過して、対外的には、イスラム国（ＩＳ）による自爆テロや北朝鮮の核実験など、対内的には、相模原事件など生起するなかで、改めて「人の生命の大切さ」を見直すときに来ている。

三　弁護士は、弁護士法第一条において、基本的人権の擁護と社会正義の実現を使命としている。したがって、私は弁護士ないし弁護士会が死刑制度を認めることは、弁護士のこのいずれの使命にも反すると考えている。

私も人間であるから、自分の大切な家族が残忍な殺され方をした場合、その加害者を殺してやりたいという報復感情を確実に持つだろう。

しかし、私は、人間であると同時に適格な情報に基づいて冷静な判断を期待されている弁護士でもある。したがって、弁護士として、先述の使命に反することはできない。そこで、私は、約三十二年前に弁護士登録をして以来、一貫して以下のような死刑制度の廃止に向けた具体的な活動を継続してきた。

①国民に対して、死刑問題に対する充分な調査研究に基づく研究結果の公表、講演会やシンポジウムの開催、アンケートの実施等を継続的に行なって国民的議論を巻き起こす。

②法務大臣に対して、死刑の事実上の執行停止を求める。

③立法府に対して、死刑執行停止法や死刑廃止法の成立を促す。
④裁判所に対して、具体的事件を通して南アフリカ共和国憲法裁判所の死刑違憲判決のように、死刑が憲法第三十六条の「残虐な刑罰」に該当するとの判決を出させるよう働きかける。

四　それから勿論、私は、これまでと同様に今後とも日本被害者学会員として、被害者遺族の実情を調査し、その精神的、経済的支援制度を拡充するための活動もしていく所存である。なぜなら、私は、被害者遺族の実質的な救済なくして、現に生起した凶悪犯罪が真に解決したということは出来ないと考えているからである。

三　死刑の違憲性についての弁論

私が、平成十五（二〇〇三）年十月三十一日に麻原彰晃こと松本智津夫被告人の弁護人として行った「死刑の違憲性について」の補充弁論は、以下の通りである。

一　引き続いて、弁護人中村治郎から「死刑の違憲性について」補充して意見を述べる。
二　弁護団の弁論要旨で述べたとおり、被告人が起訴されている十三の事件について、弁護人らは、検察官のすべての事件を有罪とする論告に対して、すべて無罪であると主張している。したがって、そもそも検察官の求刑意見に対して、弁護人が意見を述べる必要はないのであるが、念のため、検察官が被告人に対して死刑を求刑したので、この点に関して、弁護人中村治郎は、以下のとおり、弁論に補充して意見を述べる。

三　結論から述べれば、被告人に対して、検察官が求刑した死刑という刑罰制度は、憲法第三十六条が禁止している「残虐な刑罰」に当たり、第十三条が保障している「生命に対する権利」及び第二十四条が保障している「人間の尊厳」を否定するものであって、違憲・無効である。

四　ところで、現在、現行憲法がよって立っている立法事実は、どうなっているかについて、以下、検討する。

①まず、わが国では、昭和五十八年から平成元年にかけて、免田・財田川・松山・島田という四つの死刑確定事件について、再審無罪判決が確定し、わが国の刑事手続において、誤判によって死刑が執行される可能性があることが証明された。

②次に、国際社会では、毎年、死刑廃止国は増加しており、アムネスティ・インターナショナルの報告によれば、平成十五年一月現在、死刑廃止国・地域は、百十二あり、存置国・地域の、八十三を大幅に上回っている。

平成元年には、いわゆる死刑廃止条約が採択され、同条約は、翌々年に発効した。国連の規約人権委員会は、日本政府に対して、「死刑廃止のための措置をとるよう」勧告している。

最近、国連の人権委員会も「死刑廃止を求める決議」を何年も続けて採択している。欧州評議会は、日本・韓国・台湾に対し、早急に死刑を廃止するか、もしくは死刑の執行停止を実現することを要請している。

わが国と同じく死刑存置国であるアメリカ合衆国（三十八州）でも連邦議会に死刑執行停止法案が上程され、現在も審議中である。また、本年、イリノイ州のライアン州知事が「州の司法システムに問題がある」として死刑囚百六十七人全員を減刑している。更に、サンフランシスコ連邦高等裁判所は、連邦最高裁判所の「死刑判決は裁判官ではなく陪審によって決定されなければならない」との判断に従い、裁判官によって決定された約百件の死刑判決を無効とし、終身刑に変更している。

アジア地域でも、韓国は、現在事実上死刑の執行停止が実施されている上、国会で死刑廃止法案が審議されている。また、台湾は、法務大臣が死刑を廃止する計画を発表している。

以上に述べたとおり、死刑廃止は、今や明らかに国際社会の潮流となっている。

③以上のような内外の諸事情からすると、死刑を合憲とした昭和二十三年の最高裁大法廷判決以降現在までの間に、わが国において、死刑を違憲とするに足る重大な立法事実の変化が生じていると言わざるを得ない。

五　それでは現在、死刑は、果たして合憲な刑罰制度と言えるか、以下、検討する。

そもそもわが国の憲法が保障する「生命に対する権利」及び「人間の尊厳」は、最も基本的な人権であり、権利章典に規定されているその他の個人的権利の源になるものであって、人権尊重の思想の下に作られた社会を擁護する立場に立つのであれば、我々は、これらの二つの権利を他のすべてに優先させなければならない。

この二つの権利の尊重は、わが国の憲法の最高の価値である。死刑を執行することは、死刑の執行を受ける者が有するこれらの価値及びその他の権利を破壊するものであって、このような行為を正当化するためには、明確で説得力ある理由が示されなくてはならない。しかし、次に述べるとおり、死刑を正当化する理由は、何一つない。

①まず、死刑という刑罰の目的の一つである死刑相当犯罪に対する強力な抑止力の必要性については、現在までのところ死刑に無期刑とは異なる特別な犯罪抑止力があると

いう説得的なデータは未だ示されてはいない。犯罪に対する強力な抑止力は、犯人を確実に検挙し処罰すること及び犯罪の原因を究明することしかない。

②次に、死刑のもう一つの目的である応報については、国家は、殺人者の行いに対して、彼らを冷酷かつ計画的に殺す必要はない。犯罪者に応報を加える手段としては、死刑廃止国が廃止後に採用している極めて長期の自由刑で充分なのである。

③さらに、死刑に対する世論の支持という点については、死刑の合憲性の問題は、国民の基本的人権である「生命に対する権利」及び「人間の尊厳」の保障の問題であって、本来、多数決で決すべきものではない。

④死刑を違憲とする憲法解釈論が可能であることの参考文献として、平川宗信「死刑制度と憲法理念（上及び下）――憲法的死刑論の構想――」ジュリスト一一〇〇号・六五～七〇頁及び一一〇一号・七三～八〇頁と、正木亮「死刑――消えゆく最後の野蛮――」（日本評論社）五～八頁などと、関東弁護士会連合会「平成七年度関弁連シンポジウム報告書――死刑を考える――」（本編及び資料編、特に南アフリカ共和国憲法裁判所死刑違憲判決）などを挙げて詳細に論じた弁論補充書を提出した。

六　以上に述べたとおり、検察官が死刑を求刑したということは、憲法第三十六条が禁止している「残虐な刑罰」に当たり、第十三条で保障している「生命に対する権利」及び第二十四条で保障している「人間の尊厳」の理念に反する違憲・無効な刑罰の適用を裁判所に求めるものであって、決して許されるものではない。

四　最近の死刑廃止に向けた活動

私は、現在日弁連死刑廃止検討委員会副委員長として死刑廃止に向けた活動をしている。この度のシンポジウム「宗教教誨の現在と未来」の「科学の時代における宗教の役割」と題する浄土真宗本願寺派前門主大谷光真氏とジャーナリスト堀川惠子さんの対談は、先述の通り私と大谷光真氏とが高校の同級生だったことを知っていた石塚伸一教授から頼まれたことから始まっている。そして、この対談後の懇親会で、私は、フランシスコ・ローマ法王が、①二〇一四年十月二十三日、バチカンで国際刑事裁判官協会の使節団の表敬訪問を受けた際、「われわれはすべて罪びとであって他者を審判する資格を有している人間はいない」、「悪いことを繰り返す重罪人もいつか悔い改めてよき人間に変わることができる」という確信に基づいて、「死刑を完全に廃止するだけではない。終身刑も廃止すべきだ。終身刑は死刑の変形に過ぎなく、非人道的だ」と語られ、②二〇一五年十月二十三日、米国連邦議会において「すべての生命は神聖であるゆえに死刑は廃止すべきである」と語られ、③同月三十日、米ジョージア州の赦免審査委員会に、同州のある死刑囚に対する死刑の執行中止を要請する書簡を送られ、④更に、オクラホマ州で同月三十日に執行が予定されている死刑についても中止を求めて同州知事に書簡を送られた等の報道を披露し、大谷光真氏に一緒にバチカンを訪れてフランシスコ・ローマ法王と共同で日本政府に対して死刑廃止の声明をしてもらえないかと依頼した。しかし、大谷光真氏は、自分は全国教誨師連盟の総裁の職にあるのでそれは職務上できないと断られた。

そこで、二〇一六年十月六、七日に福井で開催される第五十九回日弁連人権擁護大会第三分科会「死刑廃止を含む刑罰制度の改革」に関する調査のため、同年五月十四日から同月二十三日までロンドンとマドリードにイギリスとスペインの死刑廃止に至る経緯と刑務所の調査に行った折、五月十七日にフランシスコ・ローマ法王との謁見はかなわなかったが、バチカン教皇庁正義と平和協議会を訪問し、議長タークソン枢機卿と会談し、フランシスコ・ローマ法王から日本国民及び日本政府に対して死刑廃止のメッセージを戴きたい旨依頼してきた。その際、タークソン枢機卿は、「人は個人の尊厳をもって生まれてくるので政府はこれを奪えない」、「殺すことができるのは神だけであり人はできない」、「死刑は、死刑囚を殺すだけでなく彼の家族等関係者との関係も無にしてしまう」、「悪者と言えども変わりうるものであるから殺すのではなく更生させるべきである」、「人は更生させて社会に戻すべきで終身刑もそれに反するし、アメリカの様に刑務所をビジネスとするのではなく賃金制など刑務所改革をすべきである」等話された。

続いて、五月二十日には、最後の訪問先のマドリッドのスペイン内務省で、フランコ独裁政権が倒れたのちの一九七八年に制定されたスペイン憲法第二十五条第二項では、人は変わりうるものであることを前提とした「拘禁及び保安措置を伴う刑罰は、更生と社会への再統合をねらいとすべきであり、強制労働により成り立つものであってはならない。受刑者は、その拘禁中、刑の条件、刑罰の目的及び刑事法により明示的に制限されたものを除き、本章に定められた基本的権利を享有するものとする。いずれにしても、受刑者は、文化的な機会及び全般的な人格形成の機会に対するアクセスとともに、有償の雇用及び適切な社会保障給付に対する権利を有するものとする」と規定していることをお聞きした。その結果、スペインでは死刑を廃止し、自由刑の目的も自由を拘束するだけであり、刑務所に入所したときよりも、より良い状態で社会復帰させることにあるので終身刑もなく最高刑は四十年の拘禁刑であるとお聴きした。わが国もスペインの刑罰制度を見習うべきだと思った。

帰国後、本年六月一日には、京都の寂庵にお伺いして、瀬戸内寂聴さんから死刑廃止のビデオメッセージをいただいてきた。瀬戸内寂聴さんはその中で「仏教には不殺生戒があり、人を殺しても殺させてもならぬ」、「人は変りうるものであるから殺してはいけない」、「日本も国際的潮流に従って早急に死刑を廃止しなければ国際的に恥ずかしい国になってしまう」と九十四歳とは思えないお元気な口調で述べられた（著書『それでも人は生きていく』皓星社、参照）。

その後、本年八月十九日には、本年度日弁連常務理事も兼務している私も参加していた日弁連理事会で、日本において国連犯罪防止刑事司法会議が開催される二〇二〇年までに死刑制度の廃止を目指すべきであるとの人権擁護大会宣言案が承認され、本年十月七日には後記のような宣言が採択された。

五　弁護士と教誨師とが共同して死刑廃止に向けた活動を

弁護士は弁護士法第一条に規定する基本的人権の擁護を使命としているため、個人の尊厳と生命権を尊重しなければならず、教誨師は宗教家としてあらゆる人の救済を図らなければならないし、悪いことを繰り返す重罪人もいつか悔い改めてよき人間に変わることができるとの教えや、人を殺しても殺させてもならないとの戒律があるのであるから、お互いに手を携えて死刑という国家による人殺しに反対すべきであると思う。

死刑制度の廃止を含む刑罰制度全体の改革を求める宣言

犯罪が起こったとき、我々は、これにどう向き合うべきなのか。そして、どうすれば、人は罪を悔いて、再び罪を犯さないことができるのだろうか。

悲惨な犯罪被害者・遺族のための施策は、犯罪被害者・遺族が、被害を受けたときから、必要な支援を途切れることなく受けることができるようなものでなければならず、その支援は、社会全体の責務である。また、犯罪により命が奪われた場合、失われた命は二度と戻ってこない。このような犯罪は決して許されるものではなく、遺族が厳罰を望むことは、ごく自然なことである。

一方で、生まれながらの犯罪者はおらず、犯罪者となってしまった人の多くは、家庭、経済、教育、地域等における様々な環境や差別が一因となって犯罪に至っている。そして、人は、時に人間性を失い残酷な罪を犯すことがあっても、適切な働き掛けと本人の気付きにより、罪を悔い、変わり得る存在であることも、私たちの刑事弁護の実践において、日々痛感するところである。

このように考えたとき、刑罰制度は、犯罪への応報であることにとどまらず、罪を犯した人を人間として尊重することを基本とし、その人間性の回復と、自由な社会への社会復帰と社会的包摂（ソーシャル・インクルージョン）の達成に資するものでなければならない。このような考え方は、再犯の防止に役立ち、社会全体の安全に資するものであって、二〇〇三年に行刑改革会議が打ち立て、政府の犯罪対策閣僚会議においても確認されている考え方である。

私たちは、この考え方に基づいて、二〇一一年一〇月七日に第五四回人権擁護大会で死刑のない社会が望ましいことを見据えて採択した「罪を犯した人の社会復帰のための施策の確立を求め、死刑制度についての全社会的議論を呼びかける宣言」（以下「高松宣言」という。）も踏まえ、その後の当連合会の活動の成果と国内外の状況を考慮して、本宣言をするものである。

二〇一五年に国際連合（以下「国連」という。）総会で改定された被拘禁者の処遇のための最低基準規則（以下「マンデラ・ルール」という。）は、文字どおり被拘禁者を人間として尊重し、真の改善更生を達成するために求められる最低基準であって、これに基づいて刑事拘禁制度を抜本的に改革することが求められている。また、国際人権（社会権）規約委員会（以下「社会権規約委員会」という。）は、二〇一三年には、強制労働を科す懲役刑制度は国際人権（社会権）規約第六条に照らして見直すべきことも勧告している。

そして、刑罰制度全体の改革を考えるに当たっては、とりわけ、死刑制度が、基本的人権の核をなす生命に対する権利（国際人権（自由権）規約第六条）を国が剥奪する制度であり、国際人権（自由権）規約委員会（以下「自由権規約委員会」という。）や国連人権理事会から廃止を十分考慮するよう求められていることに留意しなければならない。

この間、死刑制度を廃止する国は増加の一途をたどっており、二〇一四年一二月一八日、第六九回国連総会において、「死刑の廃止を視野に入れた死刑執行の停止」を求める決議が、一一七か国の賛成により採択されているところである（日本を含む三八か国が反対し、三四か国が棄権したものの、過去四回行われた同決議の採択で最も多くの国が賛成した。）。このように国際社会の大勢が死刑の廃止を志向しているのは、死刑判決にも誤判のおそれがあり、刑罰としての死刑にその目的である重大犯罪を抑止する効果が乏しく、死刑制度を維持すべき理由のないことが次第に認識されるようになったためである。また、二〇二〇年に世界の刑事司法改革について議論される国連犯罪防止刑事司法会議が、日本において開催されることとなった。

しかも、日本では過去に四件の死刑確定事件について再審無罪が確定し、二〇一四年三月には袴田事件の再審開始決定がなされ、袴田氏は約四八年ぶりに釈放された。死刑制度を存続させれば、死刑判決を下すか否かを人が判断する以上、えん罪による処刑を避けることができない。さらに、わが国の刑事司法制度は、長期の身体拘束・取調べや証拠開示等に致命的欠陥を抱え、えん罪の危険性は重大である。えん罪で死刑となり、執行されてしまえば、二度と取り返しがつかない。

よって、当連合会は、以下のとおり、国に対し、刑罰制度全体を、罪を犯した人の真の改善更生と社会復帰を志向するものへと改革するよう求めるとともに、その実現のために全力を尽くすことを宣言する。

一　刑罰制度の改革について

(1)刑法を改正して、懲役刑と禁錮刑を拘禁刑として一元化し、刑務所における強制労働を廃止して賃金制を採用し、拘禁刑の目的が罪を犯した人の人間性の回復と自由な社会への再統合・社会的包摂の達成にあることを明記すること。

(2)拘禁刑は社会内処遇が不可能な場合の例外的なものと位置付け、社会内処遇を拡大し、社会奉仕活動命令や薬物依存者に対する薬物治療義務付け等の刑の代替措置を導入すること。

(3)犯罪の実情に応じた柔軟な刑罰の選択を妨げている再度の執行猶予の要件を緩和し、保護観察中の再犯についても、再度の執行猶予の言渡しを可能にするため刑法第二五条第二項を改正すること。累犯加重制度（刑法第五七条）についても、犯罪の程度に応じた柔軟な刑罰の選択を可能にするよう刑法を改正すること。

二　死刑制度とその代替刑について

(1)日本において国連犯罪防止刑事司法会議が開催される二〇二〇年までに死刑制度の廃止を目指すべきであること。

(2)死刑を廃止するに際して、死刑が科されてきたような凶悪犯罪に対する代替刑を検討すること。代替刑としては、刑の言渡し時には「仮釈放の可能性がない終身刑制度」、あるいは、現行の無期刑が仮釈放の開始時期を一〇年としている要件を加重し、仮釈放の開始期間を二〇年、二五年等に延ばす「重無期刑制度」の導入を検討すること。ただし、終身刑を導入する場合も、時間の経過によって本人の更生が進んだときには、裁判所等の新たな判断による「無期刑への減刑」や恩赦等の適用による「刑の変更」を可能とする制度設計が検討されるべきであること。

三　受刑者の再犯防止・社会復帰のための法制度について

(1)受刑者に対する仮釈放要件を客観化し、その判断を適正かつ公平に行うものとするため、地方更生保護委員会の独立性を強化して構成を見直すこと。また規則ではなく刑法において具体的な仮釈放基準を明らかにするよう、刑法第二八条を改正すること。併せて、無期刑受刑者に対する仮釈放審理が極めて困難となっている現状を改革するために、仮釈放の審理が定期的に必ずなされる仕組みを作るなど、必要な措置を講ずること。

(2)罪を犯した人の円滑な社会復帰を支援するため、政府の矯正・保護部門と福祉部門との連携を拡大強化し、かつ、罪を犯した人の再就職、定住と生活保障等につながる福祉的措置の内容の充実を求めるとともに、当連合会も、出口支援（刑務所出所後の支援）・入口支援（刑務所に入れずに直接福祉につなぐ支援）に積極的に取り組むこと。

(3)施設内生活が更生の妨げとならないよう、刑事施設内の規律秩序の維持のための規則及び刑事施設内における被拘禁者の生活全般を一般社会に近付け、医療を独立させ、可能な限り独居拘禁を回避し、また、拘禁開始から釈放まで、罪を犯した人と家族・社会との連携を図るなど、新たに改正されたマンデラ・ルールに基づいて刑事収容施設及び被収容者等の処遇に関する法律（以下「刑事被収容者処遇法」という。）を全面的に再改正すること。

(4)刑の言渡しを受けた人に対する資格制限その他刑を終えた者の社会復帰を阻害する刑法第三四条の二「刑の消滅制度」と諸法に定められた資格制限規定について、その必要性を一つずつ検討し、不必要な資格制限を撤廃すること。

二〇一六年（平成二八年）一〇月七日

日本弁護士連合会

提案理由（要約）

第一　犯罪とその被害にどのように向き合うのか

犯罪が起こったとき、我々は、これにどう向き合うべきなのか。人は、なぜ罪を犯すのだろうか。そして、どうすれば、人は罪を悔いて、再び罪を犯さないことができるのだろうか。この問いは、人類の文明の始まりの時から問い続けられ、確たる答えの見つからない難問である。

「生まれながらの犯罪者」という人間がいるのだろうか。私たち弁護士は、刑事弁護とりわけ情状弁護の過程で、多くの事件で、罪を犯してしまう要因には、貧困、障がい、虐待、家庭の機能不全、教育からのドロップアウト等の様々な社会的疎外の影響を受けたこと等、複雑な過程が関わっていることを学んできた。

一方で、犯罪の多くは被害者を生み出す。悲惨な被害を受けた犯罪被害者・遺族について、犯罪被害者等基本法は、「すべて犯罪被害者等は、個人の尊厳が重んぜられ、その尊厳にふさわしい処遇を保障される権利を有する。」、「犯罪被害者等のための施策は、犯罪被害者等が、被害を受けたときから再び平穏な生活を営むことができるようになるまでの間、必要な支援等を途切れることなく受けることができるよう、講ぜられるものとする。」と定めており（同法第三条）、犯罪被害者・遺族に対する支援は、当連合会を含め社会全体の重要な責務である。

また、犯罪により命が奪われた場合、被害者の失われた命は、これを取り戻すことができない。このような犯罪は許されるものではなく、遺族が厳罰を望むことは自然なことであり、十分理解し得るものである。私たちは、犯罪被害者・遺族の支援に取り組むとともに、遺族の被害感情にも常に配慮する必要がある。そして、犯罪により命が奪われることを未然に防ぐことは刑事司法だけではなく、教育や福祉を含めた社会全体の重大な課題である。

他方で、心理学や人間行動科学、脳科学の進歩により、犯罪と考えられてきた行動の相当数が疾病的要素を持つこと、適切な支援により改善が可能であることが分かってきている。人は、時に人間性を失い残酷な罪を犯すことがあっても、適切な働き掛けと本人の気付きにより、罪を悔い、変わり得る存在である。

このように考えたとき、刑罰制度は、犯罪への応報であるにとどまらず、罪を犯した人を人間として尊重することを基本とし、その人間性の回復と、自由な社会への社会復帰と社会的包摂（ソーシャル・インクルージョン）の達成に資するものでなければならない。この考え方は、再犯の防止に役立ち、社会全体の安全に資するものであって、二〇〇三年行刑改革会議が打ち立て、政府の犯罪対策閣僚会議においても確認されている考え方である。

人権を尊重する民主主義社会であろうとする我々の社会においては、犯罪被害者・遺族に対する十分な支援を行うとともに、死刑制度を含む刑罰制度全体を見直す必要があるのである。

第二　刑罰の在り方が問われている

一　罪を犯した人が社会に復帰し、地域と共生し得る刑罰制度を

刑法が制定された明治時代以来、わが国においては、応報を主たる理念とする

刑罰制度が続いてきた。

しかし、二〇〇二年に発覚した名古屋刑務所における拷問・虐待事件を機として、法務大臣の諮問機関として設置された行刑改革会議が二〇〇三年十二月二十二日付で公表した提言では、「受刑者が、単に刑務所に戻りたくないという思いから罪を犯すことを思いとどまるのではなく、人間としての誇りや自信を取り戻し、自発的、自律的に改善更生及び社会復帰の意欲を持つことが大切であり」（同提言一〇頁）、「これまでの受刑者処遇において、受刑者を管理の対象としてのみとらえ、受刑者の人間性を軽視した処遇がなされてきたことがなかったかを常に省みながら、現在の受刑者処遇の在り方を根底から見直していくことが必要」（同提言一一頁）とされた。

そして、二〇一一年十月七日、当連合会は、高松宣言を採択した。この宣言は、監獄法改正に深く関わってきた当連合会が国際的な動向を踏まえて第二次刑罰制度改革に取り組む際の基本となる提言であって、以下の内容を盛り込んでいた。

「犯罪とは何か、刑罰とは何かについて、市民の間に必ずしも十分な議論がなされてはいない。『すべての人間は、生れながらにして自由であり、かつ、尊厳と権利とについて平等である』（世界人権宣言第一条）にもかかわらず、現実の社会には様々な差別があり、数多くの人々が貧困を強いられ、不合理な制約の下で自由、尊厳、権利を奪われている。そして、ごく軽微な犯罪から、死刑が言い渡されるような重大な犯罪に至るまで、犯罪の背景にはこうした問題が少なからず存在している。犯罪には、様々な原因がある。応報として刑罰を科すだけでは、犯罪を生み出す諸問題の解決には全く不十分であるばかりか、真に安全な社会を実現することもできない。確かに、罪を犯した人にその罪責に応じた制裁を科すことは刑罰の重要な目的である。しかし、今日わが国では、刑罰の目的が応報のみにあるかのように受け止められ、犯罪の背後にある様々な問題から目をそむけ、罪を犯した個人にすべての責任を負わせるべく刑罰を科そうとする風潮が強い。のみならず、近時の犯罪統計によれば、凶悪犯罪が増えておらず、犯罪数自体も減少傾向にあるという客観的な事実が存するにもかかわらず、近年、立法による法定刑の引上げ、刑事裁判における重罰化等の刑事司法全般において厳罰化が進み、その一方では、刑事施設において十分な更生のための処遇がなされず、罪を犯した人が更生し社会に復帰する機会が与えられていない。」。

今、犯罪そのものは減少しているにもかかわらず、再犯率が高い状況が続いている。この事実は、罪を犯した者に対する処遇が成功していないことを示している。

犯罪対策閣僚会議は、二〇一二年七月二十日付で公表した「再犯防止に向けた総合対策」において、再犯防止を重要な施策として掲げ、具体的な数値目標を掲げた。そして、「広く国民に理解され、支えられた社会復帰を実現する」ための方策の一つとして、弁護士及び当連合会等との連携を挙げている。

罪を犯した人が社会に復帰し、地域と共生し得る刑罰制度とはどのようなものなのかを市民と共に考え、実現していくことが、私たち弁護士会に求められている。

罪を犯した人の人間性の回復は、気付きと精神的成長によって初めて達成することができる。人間性の回復は、本人の準備ができていなければ、上からの押し付けで実現することはできない。犯罪を行わない生き方を選ぶという選択肢を見失っている人に対して、機会を与え、その選択肢を選びやすくするために支援することが、刑罰の第一の目的である。それが、すべての人が生きやすい社会、新たな被害者を生まない、真に安全・安心な社会を実現することにつながるのである。

二　罪を犯した人を社会から排除しない

前記の犯罪対策閣僚会議は、「再犯防止に向けた総合対策」において、「再犯防止は、一たび犯罪に陥った人を異質な存在として排除したり、社会的に孤立させたりすることなく、長期にわたり見守り、支えていくことが必要であること、また、社会の多様な分野において、相互に協力しながら一体的に取り組むことが必要であることから、広く国民に理解され、支えられた社会復帰を実現する。」としている。

このような考えを、これまで死刑の対象とされていたような深刻な犯罪を含め、徹底していく改革が求められている。

第三　死刑制度の廃止を目指す

一　日本における死刑制度と日弁連

(1)現在、わが国には約百三十人の死刑確定者がおり、毎年、死刑判決が言い渡され死刑の執行が繰り返されている。

しかし、歴史上日本で死刑制度が執行されなかった時期が三百年以上存在することを忘れてはならない。嵯峨天皇は、えん罪による処刑を懸念して、八一八年から死罪を遠流か禁獄に減刑した。これ以来、日本では三百四十七年間という長期間にわたって、律令による死刑は執行されなかった。死刑は、古くからの日本の不易の伝統ではない。

また、一九四〇年代に行刑局長を務めた正木亮氏は、「囚人もまた人間なり」として行刑累進処遇令を策定し死刑制度の廃止の運動を指導した。多くの国々では死刑廃止の活動は法務省の幹部によって指導された。国会では一九五六年と一九六五年の二度にわたって死刑廃止法案が提出されてきた。

ところが、近時はそのような動きも少なくなり、今や死刑廃止を公に語る法務省幹部もいない。かえって、国連自由権規約委員会や国連拷問禁止委員会等の国際機関から、国際人権（自由権）規約第六条（生命の権利）、第七条（非人道的な刑罰の禁止）、第十四条（公正な裁判の保障）等を根拠に、次の諸点について幾度となく改善を勧告されているにもかかわらず、わが国では、今日まで勧告に対して見るべき改善がなされていない。

①死刑の存廃に関する議論を行うための死刑執行の基準、手続、方法等死刑制度に関する情報が公開されていないこと。

②死刑判決の全員一致制、死刑判決に対する自動上訴制、死刑判決を求める検察官上訴の禁止等の慎重な司法手続が保障されていないこと。

③死刑に直面している者に対し、被疑者・被告人段階、再審請求段階、執行段階のいずれにおいても十分な弁護権、防御権が保障されていないこと。

④犯行時少年や心神喪失の者の死刑執行が行われないことを確実にする制度がなく、心神喪失の者が処刑されたと疑われる事例があること。

⑤死刑確定者に対して、外部交通の範囲が厳しく限定されていること。

⑥その処遇が独房で行われ、他の被拘禁者との接触が断たれているために心身の健康を害する例が多いこと。

⑦死刑執行の告知が当日の朝になされること。

(2)当連合会は、二〇一一年十月七日、高松市における第五十四回人権擁護大会において高松宣言を採択した。

高松宣言は、死刑が、かけがえのない生命を奪う非人道的な刑罰であることに加え、罪を犯した人の更生と社会復帰の観点から見たとき、更生し社会復帰する可能性を完全に奪うという問題点を内包していることや、裁判は常に誤判の危険をはらんでおり、死刑判決が誤判であった場合にこれが執行されてしまうと取り返しがつかないこと等を理由として、死刑のない社会が望ましいことを見据え、死刑廃止についての全社会的議論を直ちに開始することを呼び掛ける必要があるとしたものである。

高松宣言を実現するために、当連合会は、全弁護士会から委員の参加を得て、死刑廃止検討委員会を設置し、法務大臣に対して死刑執行の停止を要請する活動、国会議員・法務省幹部・イギリス大使等のＥＵ関係者（ＥＵは日本に対し死刑廃止・死刑執行停止を求めている）・マスコミ関係者・宗教界との意見交換、海外調査（韓国、米国のテキサス州、カリフォルニア州及びイリノイ州、イギリス並びにスペインの死刑及び終身刑等の最高刑の調査）、政府の世論調査に対する当連合会意見書の公表、死刑廃止について考えるためのシンポジウム等の開催、市民向けパンフレットの発行等たゆまぬ活動を重ねてきた。世論調査の設問が幅広く、より公平な内容に変わったのも、当連合会等の働き掛け等によるものである。

また、各地の弁護士会・弁護士会連合会においても、死刑制度について検討するための委員会等を設置しており、全国で死刑をテーマにしたシンポジウムも数多く開催されている。死刑の執行に抗議する会長声明、談話等も、数多くの弁護士会で公表している。

このように当連合会が死刑廃止について全社会的議論を呼び掛ける中で、国内外を問わず、「人権擁護団体である日弁連が死刑廃止を目指すことを宣言し、その実現のために行動するべきではないか」とする意見が寄せられ、当連合会に対して死刑廃止についての明確な判断を示すことが求められている。高松宣言を深化させ、当連合会自らが死刑廃止を目指すべきことを宣言した上で、その実現のために活動することこそが求められているのではないだろうか。

二　袴田事件：現実的な誤判・えん罪の危険性

二〇一四年三月、当連合会が支援している袴田巖死刑確定者が、約四十八年ぶりに東京拘置所から釈放された。再審開始が決定され、死刑と拘置の執行が停止されたのである。わが国では、一九八〇年代に四件（免田事件、財田川事件、松山事件、島田事件）の死刑事件について再審無罪が確定しているが、袴田事件の再審開始決定は、誤判・えん罪の危険性が具体的・現実的であることを、改めて私たちに認識させるものであった。

袴田事件は一九六六年に起きた事件であるが、犯人とされた袴田巖氏は、当時三十歳であり、死刑確定から再審開始決定まで約三十三年、逮捕から再審開始決定・釈放まで約四十八年を要し、釈放時は七十八歳であった。しかし、検察側が即時抗告したことから、現在、即時抗告審が東京高等裁判所に係属中である。袴田巖氏は、長期間にわたる死刑執行の恐怖と、昼夜間独居拘禁の中での収容により、心身を病んでしまった。

また、当連合会が支援する名張毒ぶどう酒事件の奥西勝氏は、第一審の津地裁で無罪となったものの、控訴審の名古屋高等裁判所で逆転死刑となり、その後、再審開始決定が出されたが検察官の異議申立てにより取り消され、二〇一五年十月、再審請求中に亡くなってしまった。現在、死後再審請求を行っている。

さらに、飯塚事件では、再審無罪となった足利事件と同時期に同じ方法で行われたＤＮＡ型鑑定が有罪の有力証拠とされて死刑が確定し、二〇〇八年十月に執行されてしまった。現在、死後再審請求が行われているが、えん罪による執行の可能性がある。

そして、犯人性の誤判のみならず、量刑に関わる事実認定の誤りも、死刑事件においては重大である。

近年、裁判員裁判での死刑判決が上級審で覆った例が、三件生じた。この三件について控訴されていなかったならば、死刑判決が確定し、その後の執行で生命を奪われていたことになる。

ほかにも、いわゆる「闇サイト殺人事件」では、共同被告人三人のうち、二人について第一審では死刑であったが、死刑となった一人は控訴審で死刑が破棄され無期懲役とされたのに対して、もう一人は控訴の取下げによって死刑が確定した。

さらに、家族三人殺害で無期懲役にとどまっていた裁判例がありながら、裁判員裁判になると、同種の事件において、死刑を選択した事件も存在する。

これらの事件の存在は、量刑面で誤った事実認定に基づく判決のまま命が奪われる可能性があることを示すものである。

そもそも、わが国の刑事司法制度においては、起訴前の勾留期間を通じて長期間・長時間の取調べがなされ、虚偽の自白がなされる危険性が高い。取調べの録音・録画については、二〇一六年刑事訴訟法の改正によって、一部の犯罪については認められたものの、取調べの全件・全過程の録音・録画、弁護人の取調べへの立会い及び全面的証拠開示制度も実現していない。わが国の刑事司法制度においては、えん罪が発生する危険性は高いレベルにあると評価せざるを得ない。

以上のとおり、誤判・えん罪（量刑事実の誤判を含む）により、現実に、無実の者や不当に死刑判決を受けた者が国家刑罰権の名の下に生命を奪われてしまう具体的危険性があり、これらは取り返しのつかない人権侵害である。

三　国際社会における死刑制度

二〇一五年十二月末日現在、法律上死刑を廃止している国は百二カ国、事実上死刑を廃止している国（十年以上死刑が執行されていない国を含む）は三十八カ国であり、法律上及び事実上の死刑廃止国は、合計百四十カ国と世界の中で三分の二以上を占めている。しかも、実際に死刑を執行した国は更に少なく、二〇一五年の死刑執行国は二十五カ国しかなかった。

また、二〇一四年十二月の国連総会において、「死刑の廃止を視野に入れた死刑執行の停止」を求める決議が、過去最高数の百十七カ国の賛成により採択された。同決議は、死刑制度を保持する国々に対し、死刑に直面する者の権利を保障する国際的な保障措置を尊重し、死刑が科される可能性がある犯罪の数を削減し、死刑の廃止を視野に死刑執行を停止することを要請するものである。

しかも、ＯＥＣＤ（経済協力開発機構）加盟国三十四カ国のうち、死刑を存置しているのは、日本、米国及び韓国の三カ国のみである。このうち、韓国は死刑の執行を十八年以上停止している事実上の死刑廃止国である。また、アムネスティ・インターナショナルによると、米国では、五十州のうち十八州が死刑を廃止し、死刑存置州のうち、三州では州知事が死刑の執行停止を宣言しており、死刑を執行したのは、二〇一五年は六州のみである。したがって、死刑を国家として統一して執行しているのは、ＯＥＣＤ加盟国のうちでは日本だけである。

さらに、日本は、国連の自由権規約委員会（一九九三年、一九九八年、二〇〇八年、二〇一四年）、拷問禁止委員会（二〇〇七年、二〇一三年）や人権理事会（二〇〇八年、

二〇一二年）から死刑執行を停止し、死刑廃止を前向きに検討するべきであるとの勧告を受け続けているにもかかわらず、死刑の執行を繰り返しているのである。

このように、死刑制度を残し、現実に死刑を執行している国は、世界の中では例外的な存在となっている。この事実は、日本の社会において広く知られているとは言えず、今後の死刑の在り方を考える上で、共通に認識されなければならない。

四　死刑制度はなぜ廃止しなければならないのか

死刑は、生命を剥奪するという刑罰であり、国家による重大かつ深刻な人権侵害であることに目を向けるべきである。刑事司法制度は人の作ったものであり、その運用も人が行う以上、誤判・えん罪の可能性そのものを否定することは誰にもできないはずである。そして、他の刑罰が奪う利益と異なり、死刑は、生命というすべての利益の帰属主体そのものの存在を滅却するのであるから、取り返しがつかず、他の刑罰とは本質的に異なるものである。

そして、死刑は、罪を犯した人の更生と社会復帰の可能性を完全に奪う刑罰である。私たちが目指すべき社会は、罪を犯した人も最終的には受け入れる寛容な社会であり、すべての人が尊厳をもって共生できる社会である。

当連合会は、死刑制度の廃止を目指すべきことを今こそ宣言し、そのための活動を行う決意である。

五　死刑の犯罪抑止力について

死刑制度に犯罪に対する抑止効果が認められるかどうか、長い論争が続けられてきた。しかし、死刑制度に犯罪抑止力があることを疑問の余地なく実証した研究はなく、むしろ多くの研究は、死刑の犯罪抑止効果に疑問を示しているのが実情である。例えば、米国では、死刑廃止地域より存置地域のほうが、殺人発生率が著しく高いとのデータも示されている（Death Penalty Information Center の調査による。）。

他方、わが国における凶悪犯罪は減少傾向にあり、殺人（予備・未遂を含む。）の認知件数は、一九七八年からは二千件を下回り、二〇一三年には一千件を下回った。二〇一五年は九百三十三件である。殺人発生率（既遂）も人口十万人あたり〇・二八件であり、二百十八か国中二百十一番目（日本より下位の国々は、人口五十六万人のルクセンブルグ及びその他は人口二千人から七万人の小国である）に位置し、わが国は、凶悪犯罪が最も少ない国の一つであり、死刑により凶悪犯罪を抑止する必要性は低い社会である。

そして、犯罪の抑止は、犯罪原因の研究と予防対策を総合的・科学的に行うべきであり、他の刑罰に比べて、死刑に犯罪抑止力があるということは科学的に証明されていないのであるから、犯罪抑止力を根拠に死刑を存続させるべきであるとは言えない。

第四　今こそわが国の刑罰制度全体の改革を求める

先進国グループであるＯＥＣＤ加盟国の中で、死刑制度を存置し、国家として統一して執行しているのは日本だけである。ＯＥＣＤ加盟国に限らず、国際社会においては死刑廃止に向かう潮流が主流である中で、二〇二〇年、わが国は、国連犯罪防止刑事司法会議と東京オリンピック・パラリンピックを開催することになった。国連犯罪防止刑事司法会議は、数千人の政府関係者と専門家・ＮＧＯが集い、世界の刑事司法の向かうべき方向性を議論する大規模な国際会議である。また、政府与党内でも、死刑制度の在り方も含め、刑罰制度改革の議論が開始されている。

　このような中で、再審事件を支援し、様々な刑事司法制度改革を提案してきた当連合会としても、死刑制度を廃止し、罪を犯した人に必要かつ効果的な処遇を行っている諸外国に学び、刑罰制度改革の提言をすることが求められている。

　弁護士の中には死刑制度について様々な意見がある。しかし、基本的人権の尊重を使命とする当連合会は、世界の大勢を正確に見据えて活動をしていかなければならない。今や、死刑制度は、基本的人権の核をなす生命に対する権利（国際人権（自由権）規約第六条）と両立し難い制度であると認識されている。日本が国際社会において名誉ある地位を占め続けようとするのであれば、国際社会のすう勢に従って死刑制度と決別すべき時期が到来していると判断することは正当である。

第三章　新しい「処遇法」と宗教教誨

石塚伸一
龍谷大学教授

はじめに

憲法は、すべての人に信教の自由を保障している。このことは、刑務所、拘置所、少年院等の刑事施設収容されている人も例外ではない。しかし、国の施設である刑事施設の職員が、被収容者の宗教的欲求には応えることは、法律上も、事実上も、不可能である。そこで、憲法の要請である信教の自由を保障し、被収容者一人ひとりの宗教的欲求に応えるため、民間篤志家（ボランティア）である宗教家の協力が必要になる。一般に、宗教家が刑事施設内で行う宗教活動を「宗教教誨」といい、これを行う宗教家を「教誨師」と呼ぶ。

本稿では、矯正と教誨について簡潔に説明した後、日本における両者の関係について概説し、宗教教誨に関する法令と判例を紹介する。最後に、これらを踏まえて、矯正における信教の自由の保障と厳格な政教分離を前提として、「刑事収容施設及び被収容者の処遇に関する法律」（以下「処遇法」という）の下における宗教教誨のあるべき関係について、法的な観点から検討したいと思う。

一　矯正と教誨

(一) 矯正の意義

矯正（英 correction）とは、日常用語では、欠点・悪習などを正常な状態に直すことをいう。これに対して、法律学、とりわけ、刑事法学の分野においては「刑務所や少年院に収容されている人たちの改善更生のための処遇」を意味する。

刑罰執行の過程で対象者を強制的に「教化遷善」すること重視した時代には、矯正にかかわる人たちの主たる関心は、「行刑（独 Strafvollzug）」や「教化改善（独 Besserung）」であった。しかし、一九六〇年以降になると、犯罪や非行をおかしてしまった人たちが、再び一般社会に戻り、そこで生きていくというプロセスを重視し、「社会復帰（英 rehabilitation）」や「再社会化（独 Resozialisierung）」、あるいは、「処遇」(1)という言葉を用いることが多くなった。犯罪や非行をおかすことなく社会生活を営んでいくためには、本人が社会に戻り、罪をおかすことなく生活していきたいという意志をもつことが大切である。その意味では、更生は、強制したり、義務付けたりすべきものではなく、当事者の内心から湧き出てくるものでなければならない。最近は、犯罪をおかした人が回復して、自らを積極的に社会に位置づけていくことを「デジスタンス（desistance）(2)」と呼び、社会参加の一形態として積極的に位置づけていこうとするあらたな理論が台頭している。

日本では、罪をおかした人に刑罰を科し、懲役刑や禁錮刑の執行中に、その改善更生と社会復帰させるために実施される一連の処遇を矯正と呼び、これを法務省の矯正局が所管してきた。矯正には、保護司、教誨師(3)、篤志面接委員(4)などの民間のボランティアが協力している。矯正行政は、主に刑務所・少年刑務所・拘置所・少年院・少年鑑別所・婦人補導院等の矯正施設で実施されている。

なお、矯正が施設内での改善更生に向けた処遇を意味するのに対し、社会内での処遇を「更生(5)」という。法律用語では、「精神的、社会的に、また物質的に立ち直ること。好ましくない生活態度が改まること」である。法務省内では「矯正施設に収容されている人の仮釈放等に関する事務および仮釈放になった人、保護観察付執行猶予になった人、保護観察に付された少年などの保護観察に関する事務を行うほか、恩赦や犯罪予防活動、犯罪被害者等施策に関する事務などを更生保護と呼び、保護局がこれを所管している。

(二) 教誨の意義

教誨とは、矯正施設において被収容者の徳性の育成や精神的救済を目的として行われる活動である。英語で教誨師は、チャプレン（chaplain）という。教会・寺院に属さずに施設や組織で働く、牧師・神父・司祭・僧侶等の聖職者をいう。語源としては、施設に設置されたチャペル（chapel）で働く聖職者であることから、このように呼ばれるようになった。必ずしも、キリスト教の宗教者には限らず、公共的施設・組織に所属するユダヤ教のラビ、イスラム教のイマーム、仏教の僧侶などあらゆる聖職者をこのように呼んでいる。教誨師がいる施設・組織としては、軍隊、警察、消防、学校、病院、組織キャンプ、結婚式場などがある。刑務所の教誨師を特に刑務所教誨師（prison chaplain）あるいは単にチャプレンと呼ぶ(6)。

ドイツ語では、ゼールゾルゲ（Seelsorge）という。「こころ（Seel）(7)」と「配慮（Sorge）」が結合語して、「こころの不安から回復」という意味の言葉として、十六世紀に独自に発展した。広義には、「共に歩み援助する」「共に重荷を背負う」「共に感じる」ことを意味し、すべてのキリスト者が行うことができる。これに対して、狭義の教誨、すなわち「天職（Beruf）」としての教誨は、こころの問題、生きることにかかわる問題の相談を受ける専門家である聖職者だけが行うことができる。教誨師は、相談者の抱える問題を解決するため、専門的知見と方法によって支援し、援助する。ドイツの刑務所には、カトリックとプロテスタントの教誨師が州の費用で雇われており、部屋の鍵を持って、自由に施設内を移動することができる。日曜のミサの時間には、他のプログラムを入れることができないようになっている。ユダヤ教やイスラム教の信徒にはプロテスタントの教誨師が対応し、ギリシャ正教の信徒にはカトリックの教誨師が対応している。

(三) 日本の矯正と教誨

一九〇八（明治四十一）年の監獄法は、「受刑者ニハ教誨ヲ施ス可シ」（二十九条）と規定するとともに、各監獄に官吏（公務員）としての教誨師を二名配置し、受刑者に宗教教誨を強制していた。第二次大戦後は、信教の自由を保障し、国およびその機関の宗教的活動を禁じる日本国憲法の下で、刑事施設では、一般教誨のみが許されると解され、国は宗教教誨を行うことができないと考えられた。しかし、被収容者の自由な選択に基づく宗教的要求を満たすことは、信教の自由を保障した日本国憲法の要請であり、これに応えることは国やその機関の義務である。しかし、国の施設である刑事施設の職員は、憲法上の制約により、被収容者の宗教的欲求に、直接、応じることはできない。被収容者の宗教的欲求に応えるためには民間篤志である宗教家の協力が必要であり、現実にも、各教宗派の宗教家に施設内における宗教活動のほぼすべてを委ねている。

このように宗教家が刑事施設内で行う宗教活動を「宗教教誨」と言い、刑事施設からの要請を受けて教誨活動を行なっている宗教家を「教誨師」と呼んでいる。

現実の宗教教誨は、宗教の「こころ」を丁寧に教え諭すものであり、刑事施設の被収容者に対し、各教宗派の教義に基づいて、徳性の自発的発露を促していく活動である。その実施形態によって、集合教誨、個人教誨、忌日教誨などに区分される。宗教行事として、仏教では花まつり、彼岸会、盂蘭盆会、キリスト教ではクリスマスなど、教宗派ごとさまざまな行事が実施されている。教誨師の中には、刑事施設から委嘱を受けて、宗教教誨以外にも、相談助言、クラブ活動、講話、教養講座、入所時または釈放前の指導などの講師として、被収容者の改善更生や心情の安定、あるいは社会復帰に資するための支援を行っている人もいる。なお、教誨師連盟に所属しないと、教誨師の職務を行うことはできないが、篤志面接委員として、被収容者の宗教的支援にかかわっている宗教家等もいる。

二　宗教教誨に関連する法令

(一) 処遇法と宗教教誨

いわゆる「名古屋刑務所職員暴行事件(8)」を契機として、法務省内外で、被収容者処遇の改善のためのさまざまな改革の努力がなされ。「刑事施設及び受刑者の処遇等に関する法律」が二〇〇五（平成十七）年に制定され、翌二〇〇六年五月二十四日から施行された。他方、受刑者以外の被収容者については、監獄法の名称だけを改めた『刑事施設ニ於ケル刑事被告人ノ収容等ニ関スル法律』があり、受刑者の処遇との間で不合理な格差が生じていた。そこで、二〇〇六年通常国会に「刑事施設及び受刑者の処遇等に関する法律の一部を改正する法律案」が提出され、同法律案が同年六月二日に可決・成立し、翌二〇〇七年六月一日から施行された。ここに一九〇七年十月一日に施行された監獄法が百年を経て、ようやく改正された。

(二) 日本国憲法と宗教教誨

敗戦の翌年、一九四六（昭和二十一）年十一月三日に公布され、半年後の一九四七（昭和二十二）年五月三日から施行された日本国憲法は、その二十条で「①信教の自由は、何人に対してもこれを保障する。いかなる宗教団体も、国から特権を受け、または政治上の権力を行使してはならない。②何人も、宗教上の行為、祝典、儀式または行事に参加することを強制されない。③国およびその機関は、宗教教育その他いかなる宗教的活動もしてはならない」として信教の自由を手厚く保障するとともに、同八十九条において「公金その他の公の財産は、宗教上の組織もしくは団体の使用、便益もしくは維持のため、または公の支配に属しない慈善、教育もしくは博愛の事業に対し、これを支出し、またはその利用に供してはならない」と規定して、厳格な政教分離を宣言した。

処遇法六十七条は、一人で行う宗教上の行為について、被収容者が一人で行う礼拝その他の宗教上の行為は、これを禁止し、または、制限してはならない。ただし、刑事施設の規律や秩序の維持その他管理運営上支障を生ずるおそれがある場合は、制限することもできるとしている。同六十八条は、宗教上の儀式行事および教誨について規定し、刑事施設の長は、被収容者が、民間の篤志家である宗教家の行う宗教上の儀式行事に参加し、あるいは、宗教家の行う宗教上の教誨を受けることができる機会を設けるように努めなければならない（一項）。また、刑事施設の長は、刑事施設の規律および秩序の維持その他管理運営上支障を生ずるおそれがある場合には、被収容者に前記の儀式行事に参加させず、または、同項に規定する教誨を受けさせないことができる（二項）としている。

信教の自由は、憲法の規定する基本的人権の中でも最も重要な内心の自由および表現の自由にかかわるものであるから、処遇法六十七条および六十八条の制限は、施設の規律・秩序の維持その他施設の管理運営に「明白かつ現在の危険」がある場合における「必要かつ最低限度」のものでなければならない。

(三)　被収容者の法的地位と制限

処遇法は、被収容者の法的地位の違いに応じて、異なる処遇原則を規定している。

受刑者については、「その者の資質及び環境に応じ、その自覚に訴え、改善更生の意欲の喚起及び社会生活に適応する能力の育成を図る」（同三十条）こととし、未決被拘禁者については、「未決の者としての地位を考慮し、その逃走及び罪証の隠滅の防止並びにその防御権の尊重に特に留意」（同三十一条）するものとしている。なお、警察留置施設に留置される者（同十五条一項）については、未決被拘禁者と同等の配慮するものとされている（同二百八十六条）。労役場留置者については、その性質に反しない限り、懲役受刑者に関する規定が準用され（同二百八十八条）、監置場留置者については、単独室の収容されている者と同様の処遇が原則となる（同二百八十九条）。

死刑確定者については、「その者が心情の安定を得られるようにすることに留意する」（同三十二条一項）ほか、必要に応じて、民間の篤志家の協力を求め、「その心情の安定に資すると認められる助言、講話その他の措置を執る」（同二項）として、特別の配慮をしている。監獄法の下では、死刑確定者については、死を控えたものへの「法の涙」であるとして、未決拘禁者に準ずる処遇が行われていた（監獄法九条）。ところが、処遇法では受刑者に準ずるものに変更され、いわば「降格」された感もある。しかし、宗教的支援については、これまで以上に手厚い配慮がなされていることから、本人の要望がある場合には、積極的にこれに応えることが求められる。(9) なお、死刑確定者の「心情の安定」については、この規定を入れるかどうかについて鋭く意見の対立があったところである。「心情の安定」を理由に死刑確定者の権利を制限するようなことがあってはならないのは当然であるが、施設側には、教誨に際しては、これまで以上に、積極的、かつ、きめの細かい配慮が求められる。

三　宗教教誨に関連する判例

㈠「特別権力関係」論から裁判の時代へ

日本の行刑をめぐる議論においては、刑罰を宣告された受刑者と刑務所との関係は、一般の市民と国家の関係とは異なり、権利制限における法律の留保、権利制限の実質的内容の明文化および司法による権利救済という法治国家の基本原則が妥当しない例外領域、すなわち、いわゆる「特別権力関係」[(10)]であるという見解が有力であり、昭和三十年代までは、法律家の間にも、受刑者の権利問題について、訴訟を提起して、その改善を求めるという発想はなかった。

被収容者の訴訟は、孫斗八という在日韓国人の死刑確定者の訴えからはじまった。拘置中の死刑確定者の文書図画閲覧閲読等禁止処分に対する不服事件において、一九五八（昭和三十三）年八月二十日、大阪地方裁判所は、「原告と被告の関係が特別権力関係に包摂されるからといつて、右特別権力関係に基く支配行為は絶対的なもので、これに対して司法救済の途がないということはできない[(11)]」として、原告の請求を一部認容した。

同判決は、信仰の自由についても、「信仰の自由は憲法の保障する基本的人権のうちでも最も尊重されなければならないものであり、右信仰の自由とは特定の宗教を信ずる自由または一般に宗教を信じない自由をいうものと考えられる。それに憲法は国およびその機関がいかなる宗教的活動を行なうことも厳禁している」。憲法第二十八条が厳禁する「宗教的活動一切[12]」には、「被告（刑事施設の長）において、収容者から特に個別的な要請（これは全く私人の信仰の発現である）がないのに、特定の宗教による教誨を行ったり、宗教的行事（宗教上の行為である礼拝、祈り、儀式のような宗教的活動）を催して収容者を参加させたり、また更に『特定の宗教によるもの』でなくても、宗教一般の社会生活上の機能を理解させる以上の宗教の信仰を導くための宗教教育を試みたりすることは、右憲法の条文に違反して許されないものと考える[13]」と判示した。

(1) 宗教教誨を強制することはできるか

東京地裁は、一九六一（昭和三十六）年九月六日、憲法が国およびその機関に対し厳しく禁止（厳禁）している宗教活動は、「宗教信仰の宣伝（一宗派の宣伝のみならず、宗教一般についてその信仰を宣伝する場合も含まれる。）を目的とする一切の活動」と解することができる。したがって、「宗教信仰の宣伝にならない程度で、国及びその機関が、必要な場合収容に関する一般的知識の理解、増進をはかることまで禁じられているものではない。人格の改善を主要な目的とする刑政の場においては、宗教信仰がこの目的達成のために、大きな役割を果たすことは明らかであるから、受刑者に対し、宗教の社会的機能について理解させることは必要なことといわなければならない」として、「宗教活動に関する録音テープを使用し、宗教家の講演を聴かせても、その内容が宗教の宣伝に亘らない限り憲法に違反するとはいえない」(14)と判示した。

宗教教誨は強制できないが、一般教誨は強制可能であるとしても、その区別は必ずしも明確ではない。初午《はつうま》、灌仏会（花まつり）、クリスマスなどの季節の行事も、その起源は宗教である。実施する場合には、事前にその趣旨を十分説明し、被収容者が参加を拒む場合には、参加を強制すべきでない(15)。宗教教誨か、一般教誨かではなく、当事者の意志に反して、教誨や教育を強制すること自体が問題である。なお、宗教家が、自らの所属する教宗派の教義などを題材として、一般教誨を実施する場合には、宗教信仰の宣伝とならないように配慮すべきである。

(2) 宗教的施設等の提供は許されるのか

特定の宗教宗派に所属する民間の篤志家に公金を支出し、あるいは国の施設・設備を使用させることが、憲法八十九条に抵触しないかが争われた、いわゆる「津市地鎮祭大法廷判決」において、一九七七（昭和五十二）年七月十三日、最高裁は、憲法に違反するか否かを判断するに当たっては、「当該宗教的施設の性格、当該土地が無償で当該施設の敷地としての用に供されるに至った経緯、当該無償提供の態様、これらに対する一般人の評価等、諸般の事情を考慮し、社会通念に照らして総合的に判断すべきものと解するのが相当である」(16)と判示した。

同判決は、傍論ではあるが、受刑者の信教の自由に言及している。「特定宗教と関係のある私立学校に対し一般の私立学校と同様な助成をしたり、文化財である神社、寺院の建築物や仏像等の維持保存のため国が宗教団体に補助金を支出したりすることも疑問とされるに至り、それが許されないということになれば、そこには、宗教との関係があることによる不利益な取扱い、すなわち宗教による差別が生ずることになりかねず、また例えば、刑務所等における教誨活動も、それがなんらかの宗教的色彩を帯びる限り一切許されないということになれば、かえつて受刑者の信教の自由は著しく制約される結果を招くことにもなりかねない」。

「これらの点にかんがみると、政教分離規定の保障の対象となる国家と宗教との分離にもおのずから一定の限界があることを免れず、政教分離原則が現実の国家制度として具現される場合には、それぞれの国の社会的・文化的諸条件に照らし、国家は実際上宗教とある程度のかかわり合いをもたざるをえないことを前提としたうえで、そのかかわり合いが、信教の自由の保障の確保という制度の根本目的との関係で、いかなる場合にいかなる限度で許されないこととなるかが、問題とならざるをえない」としている。

したがって、刑事施設においては、宗教的に中立でなければならないことは当然であるが、宗教活動等を一切禁ずるものではなく、宗教と関連する行為の目的と効果を検討し、そのかかわりが、具体的な諸条件に照らし、相当とされる限度を超えるものと認められる場合に、当該宗教行為は許さないことになる。

(3) 被収容者の信教の自由は、どこまで制限できるか

東京地方裁判所は、一九六四（昭和三十九）年八月十五日、旧監獄法施行規則第四十七条に基づき、保安上の理由で、独居拘禁に付されている受刑者を宗教行事等に出席させなかった措置について、「刑務所長は、受刑者に対する科学的な鑑別結果その他の資料に基づき、処遇上の専門的知識経験によって決定すべきものであって、その判断が合理的な基礎を欠き、または不当な配生んである慮のもとに行なわれる等、その妥当性を著しくそこなう事実の存しないかぎり違法となるものではない[17]」と判示した。

また、大阪地方裁判所は、一九七九（昭和五十四）年十月三十一日、余罪受刑者で病気のため長期休養者として独居拘禁に付されている受刑者を講話等の受講対象から外した措置につい

て、宗教行事等が多数の受刑者を一堂に集めて実施するものであるというだけで行事から除外することはできないが、本件の場合に措置を講じることが極めて困難であることは推測に難くないので、現状の人的物的設備のもとにおいて原告を除外した施設長の処分を「直ちに著しく平等原則に違反した処分であるとはいえない[18]」と判示している。

身体の移動の自由を奪われている被収容者の信教の自由の保障は、一般国民に対するような、公の権力が制限しない、強制しないという消極的な保障だけでは不十分である。「身体的行動の自由を剥奪されている被収容者が、その信仰し、又は信仰しようとする宗教宗派の宗教家に接し、個別に宗教教誨を受け、又は宗教行事に参加するためには、刑事施設がその機会を設けるよう積極的に活動しなければならない[19]」。

実務においては、被収容者の希望に応じるため、規律および秩序の維持または管理運営上支障がない限り、宗教家に宗教教誨や宗教的行事の実施を依頼し、刑事施設内に宗教教誨等の実施に必要な礼拝堂や仏壇を設備して、その利用に供している。

(4) 違憲性審査の基準

一般に、国やその機関が、個人の権利を制約することが、憲法に違反しないかどうかを審査する際の基準については、人権の種類と制限目的・規制目的により、緩やかな基準と厳格な審査基準に大別される。

緩やかな基準には、法律が著しく不合理であることが明白でない限り合憲とする「明白性の原則」と法律の目的・手段が著しく不合理でない限り合憲とする「合理性の基準」があり、これは経済的自由権や生活保護等の社会権が問題となる場合に適用される。

これに対し、他の緩やかな規制では立法目的を十分達成できないときに限り合憲とする「厳格な合理性の基準」がある。この基準では合憲性推定が排除される。当該規制立法の目的が真にやむを得ない目的（利益）であるか、手段（規制方法）が目的を達成するために必要最小限（必要不可欠）なものであるかどうかを判断基準とする表現の自由等の精神的自由権や職業選択の自由に適用される。これには、漠然性ゆえに無効の法理、過度に広汎ゆえに無効の法理、当該目的を達成するためにより制限的でない他の選びうる手段が存在しない場合に合憲とするＬＲＡ（Less Restrictive Alternative）基準、重大な害悪の発生が時間的に切迫しており、当該規制手段が害悪を避けるために必要不可欠である場合にのみ規制することができるとする「明白かつ現在の危険」の法理、得られる利益と失われる利益を比較衡量し、いずれが重大かによって決する利益衡量の基準などがある。厳格な審査基準では、やむにやまれぬ政府利益を達成するために、その取扱いが必要かつ不可欠か否かを厳格に問うことになる。

被収容者の信仰の自由は、自由権のうちでも最も重要な内心の自由であるから、制限する場合には、厳格な審査基準が適用されるべきである。

最高裁は、一九八三（昭和五十八）年六月二十二日、いわゆる「よど号ハイジャック記事抹消事件」、すなわち、未決勾留により拘禁されている者の新聞紙、図書等の閲読の自由を監獄内の規律および秩序維持のため制限する場合における旧監獄法第三十一条二項、監獄法施行規則第八十六条一項の各規定と憲法第十三条、十九条の関係が問題となり、拘置所長による新聞記事の抹消措置に違法はないとされた事例において、「未決勾留により拘禁されている者の新聞紙、図書等の閲読の自由を監獄内の規律及び秩序維持のため制限する場合においては、具体的事情のもとにおいて当該閲読を許すことにより右の規律及び秩序の維持上放置することのできない程度の障害が生ずる相当の蓋然性があると認められるときに限り、右の障害発生の防止のために必要かつ合理的な範囲においてのみ閲読の自由の制限を許す旨を定めたものであるとして、憲法十三条、十九条、二十一条に違反しない[20]」と判示した。

この基準に従えば、信教の自由との関係では、懲罰のために独居拘禁に付されていたり、行事への参加が禁止されていたりする場合であっても、一人でする宗教行為が禁じられてはならないことになるであろう。また、集団による儀式行事についても、刑事施設の規律および秩序の維持その他管理運営上支障を生ずる「具体的危険性」がなければ、参加を禁止・制限することはできないと解すべきである。内心の自由は絶対的に保障されなければならないと同時に、これを保障するための行動の自由についても、施設の管理運営に支障を及ぼす「明白かつ現在の危険」が存在しなければ、これを制限することができないと解すべきだからである。

四　政教分離と宗教教誨

(一)　信仰の自由

日本国憲法の保障する信教の自由には、信仰の自由（信仰する自由・信仰しない自由、信仰を表明または黙秘する自由、布教・宣教の自由、宗教教育の自由など）、宗教的行為の自由（宗教上の祝典・儀式・行事等への参加の自由、礼拝・祈祷の自由など）および宗教的結社の自由（宗教団体の設立の自由、団体への加入・離脱の自由、団体活動の自由など）が含まれる。

また、宗教団体に対する国家件局の介入を排斥するため、厳格な「政教分離」の原則を定めている（八十九条）。いかなる宗教団体も、国から特権を受け、または、政治上の権力を行使してはならず、何人も、宗教上の行為・祝典・儀式・行事に参加することを強制されず、国やその機関は、宗教教育その他いかなる宗教的活動もしてはならない。

(二) 黎明期の宗教教誨

前述のように、矯正においては、伝統的に宗教教誨は、被収容者の精神的救済と教化改善について重要な役割を果たすものとして、とりわけ、戦前は、受刑者に教誨を義務付け、行刑施設に公務員である教誨師が宗教教誨を行っていた。

明治政府による行刑法令の鏑矢は、一八七二（明治五）年、香港・マカオなどイギリス植民地の監獄を調査して帰国した小原重哉が起草した「明治五年監獄則」であった。しかし、そこに「教誨」の文字はない[21]。この監獄則は、廃藩置県直後に全国に配布されたが、財政的裏づけがなかったため、実施されることはなかった。これを改訂した一八八一年「明治十四年改訂監獄則」には、「已決囚及ヒ懲治人教誨ノタメ、教誨師ヲシテ悔過遷善ノ道ヲ講セシム」（第三十条）との明文があり、教誨・教誨師の文字を見ることができる。しかし、当時の教誨師は、宗教教誨と教科教育の二つを教える役割を担っていた。

一九〇三年に監獄官制が発布され、教誨師の職を置くことになったことから、宗教教誨は、一般教誨から明確に区別されることになった。しかし、当初、監獄費は地方自治体の支弁であったため、実際に教誨師を任用した監獄は数カ所に過ぎず、多くの府県は経費軽減のために各宗派に常駐の教誨師の派遣を依頼した。監獄則は、一八八九年に再改訂され「明治二十二年改定監獄則」となったが、小規模監獄では教誨師を配置できないところもあった。

監獄法の起草について中心的役割を果たした小河滋次郎は、多くの受刑者には信心がなく、「無窮の存在」を信じないことに犯罪者になる原因があると考え、教誨は宗教教誨でなければならないとした。[22] 教誨師は、他の監獄職員と同様、常勤職となったが、依然として各教宗派からの派遣であり、俸給も各教宗派が負担していた。各教宗派は、財政上の理由から、次第に教誨師の派遣を止めていったので、浄土真宗の本願寺派と大谷派の教誨師だけが残ることとなった。

(三) 監獄法下の宗教教誨

一九〇八年の監獄法は、「受刑者ニハ教誨ヲ施ス可シ其他ノ在監者教誨ヲ請フトキハ之ヲ許シコトヲ得」（二十九条）とし、受刑者に教誨を強制することが原則とされ、その他の在監者については請願がある場合には許可することができるものとし、監獄法施行規則で教誨の種類・方法などについて具体的に規定した。一八八九年二月十一日に制定された大日本帝国憲法は、

「日本臣民ハ安寧秩序ヲ妨ケス及臣民タルノ義務ニ背カサル限ニ於テ信教ノ自由ヲ有ス」と規定し、一定の制約の下ではあったが、国民に信教の自由を認めていた。しかし、受刑者には、この権利は認められなかった。

宗教教誨の宗派について明文規定は存在しなかったが、複数の宗派の教誨師を配置するより、一施設には一宗派が効果的であるという理由から[23]、監獄教誨における一宗派・強制主義の原則が確立し、ごく短期間のわずかな例外を除けば、教誨師の職を東西本願寺が独占することになった。

㈣　大日本帝国憲法と宗教教誨の義務化

一九〇八年に制定された『監獄法』は、受刑者には教誨を施すべしとした（第二十九条一項）。たしかに、在監者が教誨を請うときは、これを許すことができるとしてはいたが（同条二項）、基本的には、受刑者に宗教教誨を義務付けていた。同時に施行された「監獄法施行規則」は、教誨日については、原則として、休業日か、日曜日に実施し、例外的に、それ以外の日にもできるとした（第八十条）。病監または独居監房に拘禁されている受刑者と刑事被告人については、その居所で個人教誨をすることとしていた（同八十一条）。受刑者の父母の訃に接し、就業を免ぜられたときは教誨するものとし、本人の希望がある場合は、亡父母のために読経その他の行事をすることができる。また、その場合には、受刑者を独居拘禁することができるものとし、これを「遭喪教誨」と言った（同八十二条）。受刑者が死亡したときは本人と縁故のある受刑者を集めて棺前において教誨するものとし、これを「棺前教誨」と言った（同八十四条）。

監獄則は、第六章「教誨及ヒ教育」において、教育を行うべき受刑者については、毎日四時間以内適当な教育を行い、小学校または中学校の課程を修了させる者について特に必要のある場合には時間を超えて教科教育をできることなどを定めており（同八十五条）、教誨師は、宗教教誨のみならず教科教育も行うことが当然と考えられていた。

このように制定当時の立法者は、教誨は宗教教誨を意味すると考えていたが、宗教教誨と一般教誨を厳格に区別していなかった[24]。しかし、昭和に入り、「人の心を宗教的手段によって善化するのが宗教教誨であり、宗教によらず倫理的、教育学的、社会学的手段によるものが一般教誨である」する論者[25]や「一宗一派の教義によって行うものが宗教的教誨であり、特定の宗派、教義に偏することなく一般的宗教教育によるものが一般（的）教誨である」[26]とする論者が現れた。ただし、この区分は、いずれも受刑者に対して宗教教誨を強制することが許されることを前提とした相対的区別であり、教化方法の違いに着目しての議論であった。

(五) 戦後の宗教教誨

戦後は、憲法の要請である政教分離の原則の貫徹という観点から、教誨師を公務員とする制度は廃止された。しかし、監獄法二十九条の「受刑者ニハ教誨ヲ施ス可シ」という教誨を強制する文言は残った。厳格な政教分離原則が明確化された日本国憲法の下では、受刑者に対して宗教教誨を強制することができない以上、本来ならば監獄法二十九条は削除されてしかるべきであった。

しかし、この矛盾を隠蔽する弥縫策として、特定宗教（宗派）の教義または信仰に基づく教誨が宗教教誨であるとし、その内容が宗教的なものであっても、それが特定宗教の教義に基づかない一般的な講話、宗教的情操の涵養を目的とする講演や、客観的事実としての各宗派の教義、歴史等に関する解説などについては、これを一般教誨に含め、受刑者に強制し得ると解するようになった[27]。

これに対しては、宗教一般の知識を与え、または、宗教的情操の涵養を目的として行われる教誨であっても、これを受刑者に強制することは、信教の自由の原則に反するおそれがあるとの指摘があった[28]。現行憲法下にあって、たとえ教育的・改善的であったとしても、処遇を強制できるものかどうかの当否が問われなければならない[29]。

五　処遇や教誨を義務付けることはできるか～処遇の主体と客体～

(一) 処遇を義務付けることはできるか？

処遇法は、「一定の処遇を義務付けることを認めた」とする理解がある。たしかに、被収容者処遇法は、正当な理由なく、懲役受刑者（九十二条）もしくは禁錮受刑者等（同九十三条）が作業を怠り、または、執行開始時および釈放前の指導（同八十五条一項各号）、改善指導（同百三条）もしくは矯正処遇（同百四条）に規定する指導を拒まないことを遵守事項としている（同七十四条二項）。そして、施設長は、遵守事項違反に対しては懲罰を科すことができるので（同百五十条）、矯正処遇も義務付けることができるというのである[30]。

所定の作業については、刑法十二条二項が「懲役は、刑事施設に拘置して所定の作業を行わせる」と規定しているので、懲役刑の刑罰内容である移動の自由の禁止と所定の作業は強制することもできるであろう。しかし、改善指導および教科指導が「所定の作業」の概念に含まれると解するのであればともかく、刑罰の内容となっていない矯正処遇を根拠なく受刑者に義務付けることはできない。

「矯正処遇の義務付けは、自由刑が受刑者の改善更生を目的とすることに基づく行刑法独自のものであって、それが刑罰の内容になっているか否かとは直接の関係を持たない」とする見解がある。[31]また、「義務付けには賛成しつつも、それに従わない場合に懲罰を科すこと」に否定的な見解もある。[32]しかし、これに対しては、処遇の強制は、①受刑者の主体性を認めた受刑者処遇原則の「自覚に訴え」という規定に矛盾すること、②自由刑の純化という観点からは禁錮刑への単一化をめざすべきこと、および③受刑者の主体性を尊重しない処遇強制には処遇効果が期待できないこと、などを理由に「指導や教育というのは、対象者が自発的に応じてこそ意味があるものである[33]」として、そもそも、それを義務付けることに反対する有力な見解がある。

問題は、「矯正処遇」が施設側からの処遇の強制であることが前提とされており、改善更生の目的を矯正処遇によって達成するということは、とりもなおさず、処遇を強制することを意味している。改善更生を本人の意志で達成することを敢えて矯正処遇と呼ぶ必要はない。懲役受刑者の作業義務（同九十二条）と禁錮受刑者等の作業（同九十三条）とは、その義務付けの根拠が異なるのであって、前者にあっては、責任非難に法益剥奪の正当化根拠を見出すべきである。そうでなければ、懲役刑と禁錮刑を区別する刑法の趣旨との整合性が保てない。[34]

(二)　処遇を拒否できるか？

「新法のねらいは、改善指導や教科指導への参加を強力に働きかけることにより、受刑者をとりあえず参加させるという点にある」という。しかし、そうであろうか。[35] これまでの監獄法改正の歴史の到達点が、受刑者は矯正処遇の客体ではなく、社会復帰の主体であるという認識の共有にあるとすれば、今回の改善指導・教科指導の「義務付け」は、施設を処遇の主体とし、受刑者を客体とみなすものであるといわなければならない。受刑者は、法の主体である。法の主体であるから、犯罪をおかせば、刑法に規定する刑罰を受けることを包括的に承認しているものとみなすことができる。「所定の作業」として労働を提供することが義務付けられるのも、この承認があるからである。しかし、改善指導・教科指導は、刑事施設での服役という特殊な状況においてのみ提供される行政サービスであるから、これを受けることを承認するか否かは、十分な情報を提供された上での同意に基づかなければならない。これを一方的に強制する法的根拠はない。受刑者は、行刑の主体である。みずからに関する事柄については、同意が不可欠である。したがって、懲罰を背景にして行われる説明や説得は心理強制であり「あたかも犬に向かって杖を振り上げると同様であって、これによれば人間は名誉と自由を否定され、犬の如く待遇されることになる」[36]。

脅され、あるいは騙されてでも、処遇や治療を受けはじめ、良い結果が出れば、それで目的は達せられたとするのは、当事者の意思に反して手術しても、病気が治ればよいとするのに等しく、人間の尊厳を傷つける行為であるといわざるを得ない。

(三) 処遇を強制できるか？

このように、処遇法に改善指導や教科指導を強制する十分な法的根拠がない以上、これらの矯正処遇については遵守事項に掲げられているとしても、処遇法三十条の処遇原則に反する（自らの意志に反する）ものとして、処遇の強制を拒む「正当な理由」があるので、懲罰の対象とはならないものと解すべきである。

もし、このような処遇強制を許すというのが処遇法の趣旨であるとすれば、同法の関連規定に基づく行政処分は、「その意に反する苦役」（憲法第十八条）ないしは「公務員による拷問」（同三十六条）に当たるとともに、「適正な法律によらない自由の制約」（同三十一条）であるので、憲法に違反するといわなければならない。

むすび〜新しい「処遇法」と宗教教誨〜

大日本帝国憲法は、一般臣民には「安寧秩序を妨げず」かつ「臣民の義務に背かなり限りにおいて」、「信教の自由」を認めた（二十八条）。しかし、監獄法受刑者には、宗教の自由は認められず、監獄法は、受刑者に教誨を義務付け、在監者が希望する場合には教誨を許すことができるとした（二十九条）。その際の教誨には、宗教教誨だけでなく、一般教誨も含まれるものとした。宗派については、受刑者の多くは無宗教であることから、浄土真宗の一派でよいとした。その後、昭和に入ると宗教の意味も多様化し、他宗派の教誨にも寛容になっていったが、官職としての教誨師は浄土真宗二派が独占した。

敗戦後、日本国憲法は、信教の自由を手厚く保障し（二十条）、厳格な政教分離の原則（同八十九条）を打ち出したので、公務員としての教誨師の職は廃止され、宗教教誨を強制することもできなくなった。監獄法の解釈としては、教誨とは一般教誨を意味し、宗教教誨は教誨に含まれない、というこれまでとは全く逆の解釈がなされ、宗教教誨については、被収容者が希望する場合に限り、民間の篤志家である教誨師がこれに応ずることができるとされた。現実には、宗教家による教誨がなされていたが、その内容は、宗教に特化したものであってはならず、一般教養としての宗教の知識を提供するものであるから、一般教誨であるという実態とは異なる無理な解釈が通用することになった。

処遇法は、その第二編第二章「刑事施設における被収容者の処遇」第七節「宗教上の行為等」において、まず、一人で行う宗教上の行為について、「被収容者が一人で行う礼拝その他の宗教上の行為は、これを禁止し、又は制限してはならない。ただし、刑事施設の規律及び秩序の維持その他管理運営上支障を生ずるおそれがある場合は、この限りでない」（六十七条）と規定した。さらに、宗教上の儀式行事および教誨について、「①刑事施設の長は、被収容者が宗教家（民間の篤志家に限る。以下この項において同じ。）の行う宗教上の儀式行事に参加し、又は宗教家の行う宗教上の教誨を受けることができる機会を設けるように努めなければならない。②刑事施設の長は、刑事施設の規律及び秩序の維持その他管理運営上支障を生ずるおそれがある場合には、被収容者に前項に規定する儀式行事に参加させず、又は同項に規定する教誨を受けさせないことができる」（同六十八条）という明文を置いた。

このように処遇法は、「宗教家の行う宗教上の教誨」という明文を設け、行刑施設における宗教の存在を正面から認めている。これにより、被収容者の処遇における宗教教誨の役割は、これまで以上に重要なものとなった。もはや、宗教色を薄めることで、日本国憲法の厳格な政教分離のハードルをクリアすることはできない。さりとて、矯正処遇の名の下に宗教を改善のための手段として強制することも許されない。

新しい「処遇法」は、宗教家が、宗教を求める人の声に真摯に耳を傾け、とも不安や悩みを分ち合う人として、被収容者のための積極的宗教活動を展開することを求めている。

《註》

（1）処遇は、英語では treatment、ドイツ語では Behandlung である。広義における処遇とは、人間的取扱いを意味する（『被拘禁者最低基準原則』等）。これに対して、狭義における処遇とは、国や地方公共団体の改善更生のための働きかけを意味する。狭義の処遇は、施設内処遇と社会内処遇に大別される。矯正処遇は前者、保護観察は後者の典型例である。その中間形態には、週末拘禁のような自由、外部通勤・通学のような反自由がある。

（2）デジスタンスの初期の紹介として、守山正「欧米における『デシスタンス（desistance）』研究の状況——犯罪常習者が犯罪を止めるとき」（『犯罪と非行』第一五〇号、二〇〇六年）七五～九四頁。主唱者の一人であるシャッド・マルナの翻訳書として、津富宏＝河野荘了（監訳）『犯罪からの離脱と「人生のやり直し」——元犯罪者のナラティヴから学ぶ』（明石書店、二〇一三年）参照。中村正によれば、「この研究は、①犯罪をした人の更生とは、再犯をしない状況の持続であり、更生への肯定的な動機付けや自己効力感を持つことが重要であること、②犯罪をした人が犯罪について言い訳や正当化をすることは、一般に、更生の妨げになるとされていたが、更生を促進する側面があること、③言い訳や正当化には文化的な背景があること、の三点が論じられている。それぞれ常識とは異なるアプローチである。立ち直りには独自な日常生活の論理があるという。たとえば、アルコール依存症の人について、刑罰に対する恐怖、体調の悪化、家庭の崩壊、失職等を契機として断酒の決意をすることが通例だが、このような否定的な動機だけでは飲酒を止める決意を持続することは難しく、断酒の持続のためには、肯定的な人生の目標を持ち、成功体験を重ねることによって、動機付けをより高めていくことが不可欠であるという」。中村正「臨床社会学の方法（9）日常生活」（『対人援助学マガジン』第六巻一号、二〇一五年）一八～二六頁（二四頁）。

（3）教誨師は、英語ではchaplain、ドイツ語ではSeelsorgerである。

（4）篤志面接委員は、矯正施設内で、被収容者の悩み事の相談にのったり、また、矯正のために面談や講話を行ったりするボランティア。宗教教誨師、地域の有力者、元教員、刑事施設元職員などに多い。

（5）本来は、一度いなくなった人が帰ってくるという「甦（よみがえる）」ことを意味する。よく「更正」と書き間違えられるが、更正は、税の申告や登記の申請に際して、申告者・申請者の誤りを税務署や登記官が改めることを意味する法律用語である。このような誤用を避けるために「更生《こうせい》保護《ほご》」という語を用いることもある。

（6）教会・寺院に属さずに施設や組織で働く聖職者（牧師、神父、司祭、僧侶など）。宗教にかかわらず、ラビ、イマーム、僧侶など、従軍するあらゆる聖職者を意味する。このような聖職者がいる施設・組織としては、軍隊（従軍牧師・従軍神父等）、警察、消防、学校（宗教主事・宗教主任等）、病院、刑務所、結婚式場などがある。

（7）ドイツ語のSeelは「こころ」を意味し、古ゲルマン語のse(u)laがその語源とされ、英語のsoulと語源は同じである。

（8）二〇〇一年十二月に名古屋刑務所で起きた受刑者が放水により死亡した特別公務員暴行陵虐致死事件。名古屋刑務所事件については、拙稿「法律時評・日本の刑事司法の健康診断――刑務所における職員の暴行事件の教訓――」（『法律時報』第七八巻三号、二〇〇三年）一～四頁、同「受刑者処遇の抜本的改革～名古屋刑務所事件と行刑改革会議～」（『カウサ』第九号、二〇〇三年）四六～五〇頁など参照。

（9）死刑確定者の宗教教誨の実態については、堀川惠子『教誨師』（講談社、二〇一四年）参照。

（10）特別権力関係においては、一般的権力関係とは異なり、法治主義の排除（公権力は包括的な支配権（命令権、懲戒権）を有し、法律の根拠なくして私人を包括的に支配できる。）、人権保障の排除（公権力は私人の人権を法律の根拠なくして制限することができる。）および司法審査の排除（公権力の行為の適法性について、原則として司法審査に服さない。）が認められると解されていた。刑事施設の在監者についても、この関係が妥当すると考えられていた。

（11）「拘禁中の死刑囚と基本的人権～監獄法令意見に関する大阪地裁の判決全文（文書図画閲覧閲読等禁止処分に対する不服事件）～」大阪地裁判昭和三三年八月二〇日、判例時報第一五九号六頁。

（12）その解釈の手掛かりは、憲法第八十九条、教育基本法第九条第二項、同第一項、地方自治法第二百十二条などである。

（13）「死刑囚に対し、その不安定な心理状態を静め、刑の執行まで平穏な気持ちで拘禁生活を続けることができるようにするため、被告（刑事施設長）においていろいろの試みがなされることは刑政上からいって必要なことであるが、さりとて死刑囚に対しても、現憲法下においては、被告が国家機関として右説明した範囲を超える宗教的活動をすることは許されない」としたが、本件については、「証拠上被告が原告に対して右許容されている範囲を超えて宗教教育または宗教的活動をしたり、あるいは将来かかる宗教的活動をする虞があるとは認められないから、本訴は現実の必要性の認められないものというべく、従って確認の利益を欠く」（前掲、判時四四頁）とした。

（14）同判決は、受刑者の教化に際しても、教育基本法第十五条第一項「宗教に関する寛容の態度及び宗教の社会生活における地位は、教育上これを尊重しなければならない」（改正前の教育基本法第九条第一項）という基本姿勢を参考にすべきとしている。

（15）鴨下守孝『全訂新行刑法要論』（東京法令出版社、二〇〇六年）二〇三頁。

（16）最大判昭和五二年七月一三日民集三一巻四号五三三頁。これを「目的効果基準」という。すなわち、①問題となった国の行為が世俗的目的をもつものかどうか、②その行為の主要な効果が、宗教を振興し、または、抑圧するものかどうか、③その行為が、宗教との過度のかかわり合いを促すものかどうか、によって憲法適合性を判断する。

（17）東京地判昭和三九年八月一五日行政事件判例集一五巻八号一五九五頁。

（18）大阪地判一九七九（昭和五四）年一〇月三一日、矯裁集（二）五九八頁。

（19）鴨下前掲書二〇二頁。

（20）最大判昭和五八年六月二二日民集三七巻五号七九三頁。

（21）近藤哲城「宗教教誨の現状と課題——宗教教誨への理解を得るために」（『犯罪と非行』第一五六号、二〇〇八年）六七〜八四頁（六八頁）は、日本ではじめて法文上に教誨の文字が現れたのは、一八八一（明治十四）年三月の「傭人設置程度並ヒニ傭人分課例」であるという。

（22）小河滋次郎『監獄学』（警察監獄学会東京支会、一八八九年）八五七頁。

（23）「監獄ノ教誨ハ必ラス一種ノ宗派ニ限定スルヲ必要ナリト信ス何トナレハ今日ノ実況、罪因ノ最多数ハ幾ント皆、宗教者ナルカ故ニ実際之レニ向ツテ各宗派ヲ混用スルノ必要ナキヲ以テナリ若シ夫レ多少、異宗派ノ者アリトスルモ既ニ法禁ヲ犯シ刑辟ニ触ルル所ノ者之ヲ無宗教ノ徒ト看做スモ何ノ不可カ之レアラン」上掲書八六〇～八六一頁。一宗派・強制主義については、拙稿「宗教教誨における一宗派・強制主義について――プロイセン監獄学の日本監獄学への影響史の一断面――」（浅田和茂＝石塚伸一＝葛野尋之＝後藤昭＝福島至編『村井敏邦先生古稀記念論文集』日本評論社、二〇一一年）八七一～八九五頁所収参照。

(24) 小河前掲書二八一頁。

(25) 正木亮『行刑上の諸問題』（有斐閣、一九二九年）一六〇頁。

(26) 牧野英一他『行刑論集（刑政第五百号記念）』（刑務協会、一九三〇年）三五六頁。

(27) 小野清一郎＝朝倉京一『ポケット注釈全書・監獄法』（有斐閣、一九六五年）二五八頁。

(28) 佐藤功「憲法から見た宗教々誨の諸問題」（『刑政』第六六巻七号、一九五五年）八～一三頁（一四頁）。

(29) 拙稿「戦後監獄法改正史と被収容者処遇法――改革の到達点としての受刑者の主体性」（『法律時報』第八〇巻九号、二〇〇八年）五三～五七頁。

(30) 林眞琴＝北村篤＝名取俊也『逐条解説刑事収容施設法（改訂版）』（有斐閣、二〇一三年）二七七～二八七頁参照。受刑者処遇法について、名取俊也「刑事施設及び受刑者の処遇等に関する法律の概要」（『ジュリスト』第一二九八号、二〇〇五年）一一～二四頁参照。従来、生活指導や教科教育、処遇類型別指導等を受けることは法的な義務でなかったので、受刑者が任意に応じた場合に行うことができるにすぎず、そのため、これらの受講が必要な受刑者に対して、その受講を協力に働きかけることが困難であったという。名執雅子「刑事施設及び受刑者の処遇等に関する法律における改善指導等の充実について」（『法律のひろば』第五八巻八号、二〇〇五年）二四頁参照。

(31) 川出敏裕「監獄法改正の意義と今後の課題」（『ジュリスト』第一二九八号、二〇〇五年）二五

～三四頁〔二八頁〕。

(32) 日本弁護士連合会『「刑事施設及び受刑者の処遇等に関する法律案」についての日弁連の意見』（二〇〇五年三月十八日）指導の義務付けについて、「新法案の各種指導（改善指導と教科指導）も矯正処遇の内容として作業と同列に位置づけたことは画期的である。それを義務化することにも賛成する。しかし、改善指導と教科指導が、いずれも本人の意思と無関係に行うとされ、これに反するときは遵守事項違反として懲罰の対象とされている（処遇法第一〇五条、五一条二項九号）ことには問題がある。少なくとも、懲罰の対象とはすべきでない。処遇要領の制定に当たっては、受刑者の希望を参酌することとされている。矯正処遇が効果を上げるためには、本人の納得が何よりも大切である。指導を作業と同レベルの制度とする以上これを義務づけることが必要であるとしても、指導を行うかどうかのプログラムの策定の段階では、納得を得るための努力が欠かせないと言わなければならない。指導に応じないことを遵守事項違反として懲罰を科すことは行きすぎである」〔二八頁〕として、義務付けを肯定している。

(33) 土井政和「社会復帰のための処遇」（菊田幸一＝海渡雄一編著『刑務所システム再構築への指針』日本評論社、二〇〇七年）六九～九七頁所収〔八一頁〕、なお、同「受刑者処遇法にみる行刑改革の到達点と課題」（『自由と正義』第五六巻九号、二〇〇五年）二二～三一頁〔二六頁〕も参照。

(34) 川出前掲論文は、「作業の義務付けについても、それは、刑法において作業が刑罰の内容とされていることに由来するものであると同時に、受刑者の改善更生を目的とした義務付けとしての側面も有しており、後者の点では、改善指導や教科指導の義務付けと同様に位置づけられる」とする〔二八～二九頁〕。しかし、他方で、「新法は、あくまで、作業を刑罰の内容とする刑法の枠組みを前提としたものであるから、改善指導や教科指導は、作業と並行して行うことが限度であって、それに完全に代替させたり、そうでなくとも、処遇時間の大部分を作業以外のものが占めるというかたちで運用することは難しいと思われる。その意味では、将来的には刑法の見直しを含めた検討が不可避であろう」〔二九頁〕とする。
(35) 川出前掲論文は、「指導を受けることを拒否したからといって機械的に懲罰を科したりするような運用は、逆に、その者の更生意欲をそぐことになり、本来の制度趣旨に反する」。「職員の働きかけにどうしても応じない受刑者に懲罰をくり返すようなことをしても、意味がない」とする〔二九頁〕。また、名執雅子前掲論文二四〜三二頁は、「教育的処遇を受けることを拒んだ場合も、そのことをもって直ちに懲罰を科すのではなく、まず、これを受けるように促し、それでも受けないときに限り、懲罰を科すことを検討するなど、目的に沿った運用がなされるものと考える」〔二五頁〕とする。
(36) G・W・F・ヘーゲル〔速見啓二＝岡田隆平訳〕『〔ヘーゲル全集9〕法の哲学――自然及び国家学』（岩波書店、一九五〇年）一三九〜一四〇頁。
(37)「一人で行う宗教上の行為」とは、居室内一人で行う礼拝、祈祷、聖典の朗読、読経などであり、これらについては禁止または制限することができない。
(38)「規律および秩序の維持その他管理運営上支障を生ずるおそれ」については、「火を用いるもので火災の発生のおそれがあり、又は大きな声や騒音を発し、若しくは起居動作の時限に従わなかったりするもので他の被収容者の平穏な生活環境を妨げるおそれのある場合」であるとする見解がある〔鴨下前掲書、二〇六頁〕。宗教上の儀式と関連して火を用いることが必要である場合には、防火設備を施した居室でその種の行為をすることが認められるべきである。また、騒音等についても防音設備を施した居室であれば他の被収容者の平穏な生活環境を害することにならないであろう。禁止・制限は、平等でなければならないが、画一的になされるべきでなく、当該宗教の教義等をできるかぎり尊重し、平穏な共同生活を妨げる具体的な危険性がある場合に、禁止・制限行為を特定してなされるべきである。また、どのような場合に禁止・制限がなされたのかについての、事例集を作成し、被収容者がこれを閲覧できるようにすることが望ましい。

当然のことながら、権利である以上、「宗教上の行為を行うために必要とされる物品や書籍等の自弁・差入れも、また、禁止し、制限されることはない」（同二〇六頁）。さらに進んで、これらの物品や書籍等を施設の費用で配備することができるか、あるいは、積極的に配備しなければならないか、という問題がある。

第四章　宗教教誨と受刑者の社会復帰

我藤　諭
龍谷大学矯正・保護総合センター
リサーチアシスタント

一　問題意識

裁判員裁判がはじまり一般市民が刑事裁判に関わるようになったことを契機に、矯正施設の処遇や更生保護等の社会復帰に多くの注目が集まっている。もう一つの契機として考えられるのが、刑務所において高齢者や知的障がい者などいわゆる社会的弱者といわれる人々が多く収容されていることが明らかになってきたことであろう（山本譲司 二〇〇三年、浜井浩一 二〇〇六年）。これらの人々の多くは、家族親族との関係が希薄なり、身元引受人がいないことなどから帰住先を確保できずに仮釈放になりにくく、満期釈放となっている。知的障がいがある（あるいは疑われる）受刑者を対象にした調査では、再入者のうち前回の出所が仮釈放であった者が二〇パーセントで、その内帰住先が判明している者は五六・五パーセントで、家族親族のもとに帰住した者は二七パーセントあった（社会福祉法人南高愛隣会、二〇〇九年）。また、法務総合研究所（二〇一三年）によれば、知的障がいがある受刑者の罪名で最も多いのは窃盗（五二・七パーセント）であり、入所受刑者総数と比べて構成比が高い。一方、犯罪白書平成二十八年版によれば、高齢受刑者の罪名で最も多いのも窃盗である。また、高齢受刑者の仮釈放率は増加傾向にあるが、二〇一五年は四〇・一％で全体の仮釈放率と比べると常に低く、満期釈放者では十七・七パーセント（千七百二十七人）が六十五歳以上となっている。高齢犯罪者、知的障がいのある犯罪者のいずれも犯行動機には生活困窮が挙げられている（社会福祉法人南高愛隣会 二〇〇九年、犯罪白書平成二十年版）。また、知的障がいがある受刑者の多くは、社会福祉サービスを利用できるようになる療育手帳を持っていないことが明らかになっている[1]。

このような状況を改善するために、二〇〇九年から、法務省と厚生労働省が連携して、高齢受刑者または障がいがある受刑者で、かつ適当な帰住先がない者に対する特別調整が実施されている。また、刑事施設や少年院では、特別調整の実施体制を強化するために、社会福祉士を配置して、円滑な社会復帰に向けて関係機関からの依頼や受刑者の必要性に応じて、社会復帰に向けた帰住調整をおこなっている。(2)

このように高齢受刑者や知的障がいがある受刑者の問題が明らかになるなかで、犯罪白書平成十九年版において「再犯者の実態と対策」の特集が組まれている。これは、検察庁の一九四八年以降の確定裁判に関する犯歴データから百万人のデータを無作為抽出し、確定裁判後の再犯を調査したものである。その結果、百万人のうち再犯に至った者は二八・九パーセントであったが、この約三割弱の者が犯罪全体の五七・七パーセントを担っていたということがわかった。つまり、犯罪を減らすためには、再犯を防止することが重要であるということが明らかになったのである。そして、犯罪対策閣僚会議は、二〇〇八年に「犯罪に強い社会の実現のための行動計画二〇〇八」を策定し、その重点課題の一つして「犯罪者を生まない社会の構築」を掲げて、福祉による支援を必要とする刑務所出所者の地域生活定着支援の実施をすることで刑務所出所者の再犯防止を促進することとした。二〇一二年には「再犯防止に向けた総合対策」を策定し、住居の確保と就労の確保、つまり刑務所出所者などの社会での「居場所」と「出番」を作ることで、罪を犯した人の社会復帰を促進し、再犯防止することをめざしている。

このように住居と就労を確保することで再犯を防止する施策がなされるようになったことは

非常に大きな前進である。しかしながら、住居と就労が確保されるだけでは、社会復帰とは言えないのではないだろうか。例えば、高齢犯罪者の犯罪要因を分析した太田達也（二〇〇九年）によれば、高齢者による犯罪要因は経済的困窮だけではなく福祉的要因、ライフスタイル的要因が指摘されている。特にライフスタイル的要因をみると、一般の高齢者に比べて、犯罪に手を染めた高齢者は一人暮らしの割合が高く、世帯を別にする子との接触もほとんどないことが指摘されている。つまり、家族とも近隣住民とも接触のない社会的に孤立した状態になっているのである。社会生活における基盤となる住居、あるいは社会に参加する形式としての就労だけではなく、刑務所出所者が社会的なつながり、人と人とのつながりを、犯罪とは関係のない向社会的な関係を再び得られるような支援が必要であると考える。

では、受刑者自身は刑務所を出所した後のことをどのように考えているのであろうか。赤池一将ら（二〇一一年）の受刑者を対象とした調査によれば、受刑者の日ごろの不安や心配ごととして、「施設内での他の受刑者との人間関係」、「出所後の生活全般」が多く選ばれている。それ以外では、「家族や親族など施設外での人間関係」、「健康状態」、「被害者への慰謝・弁済など」、「出所後の就職」が選ばれていた。また、法務省が実施している釈放時アンケートでは、釈放を控えた受刑者に対して受刑生活で苦労したことをたずねており、十七項目から三つまで

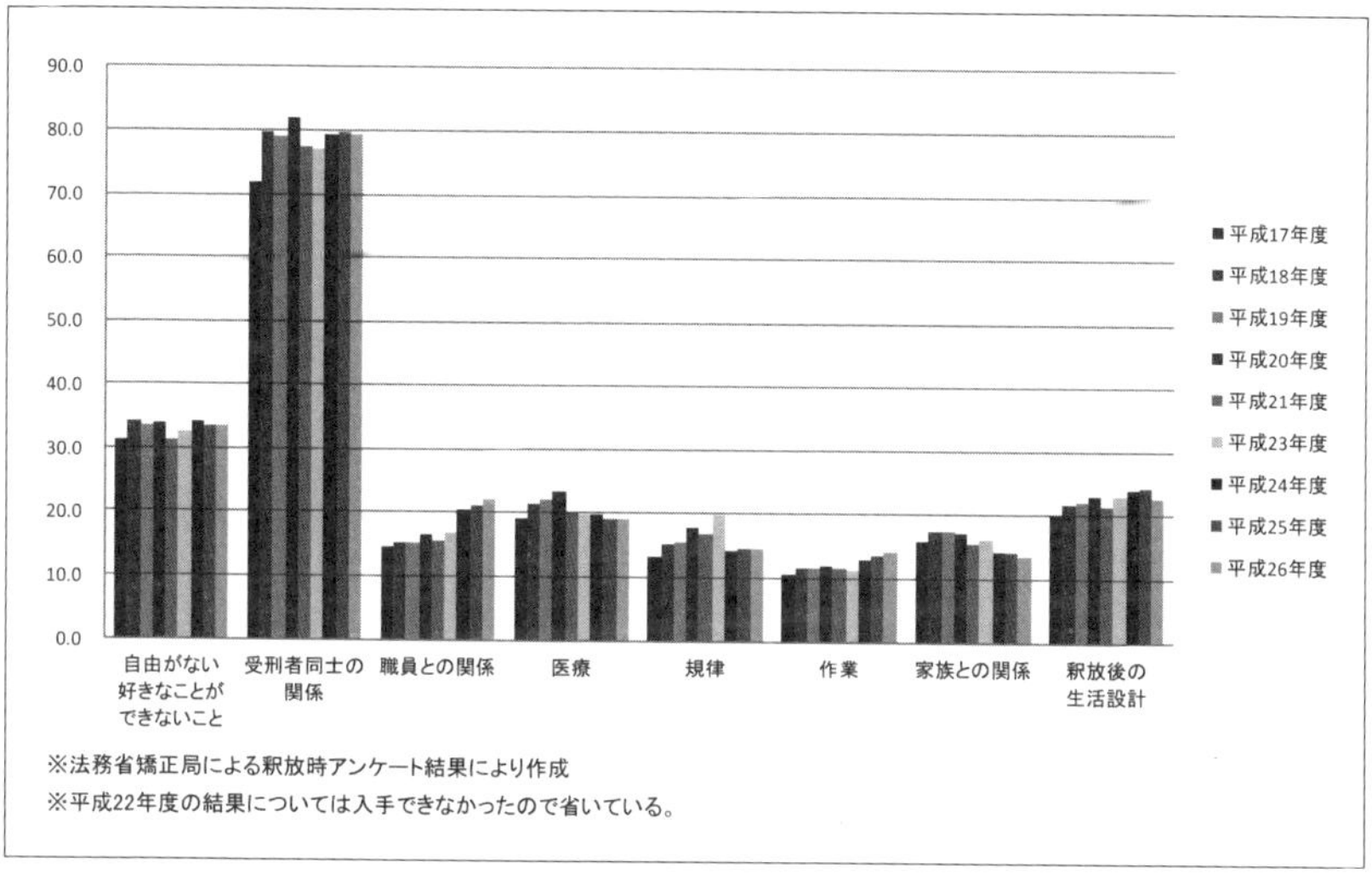

図1　釈放時アンケート「受刑生活で苦労したこと」

選択できることになっている。これまでの調査結果をまとめると、図1のようになる。

　このアンケート結果で、最も選択されているのは、「受刑者同士の関係」であり、各年度において七〇～八〇パーセントの受刑者が選択している。「自由がない・好きなことができないこと」という刑事施設に収容されていること自体に関する項目が、三一～三四パーセントであることを考えると、「受刑者同士の関係」に非常に苦労したことを示している可能性がある。また、「釈放後の生活設計」が二〇～二三パーセント、「家族との関係」が一五～一七パーセント、「職員との関係」が一四～二〇パーセントの受刑者が選択している。

　受刑者にとって、他の受刑者との人間関係や家族との人間関係、あるいは出所後の生活が悩みとなっている。これは、当たり前のことなのかもしれない。ただ、この当たり前のことではあるが、これらの悩みは誰に受け止められ、どのように解決されているのだろうか。刑務所内のことであれば、心理技官や刑務官が聞き手となっているであろう。また釈放後のことであれば、刑務所の担当者や近年であれば社会福祉士などが聞き手となっているであろう。そして、もう一方で、教誨師も、個人教誨を通して、受刑者の悩みの聞き手として関与していると考えられる。

そこで、本論では、全国教誨師連盟に所属する教誨師を対象とした調査のうち、個人教誨の相談内容に着目して分析を行い、その受け手としての教誨師の役割について議論を試みる。

二　個人教誨における相談内容の分析

(一) 調査内容と分析方法

分析の対象とするのは、二〇〇六年九月二十日から十月二十日まで、全国教誨師連盟に所属する教誨師千七百四十名に実施した調査のうち、個人教誨における受刑者からの相談内容に関する自由記述回答である。調査方法は、各教誨師に調査票を郵送し、回答した調査票を返送用封筒に入れて返送することとした。調査全体の回答者数は、千七百四十名中七百五十六名であった(3)。そのうち個人教誨の相談内容についての回答していた者は、四百十九名であった。

分析方法としては、各回答者の回答をIBM SPSS Text Analytics for Surveys 4.0を用いてキーワードによる出現頻度とキーワードによるカテゴリ間の関連性を分析した。具体的には、まず全回答からキーワードを抽出したうえで、出現頻度十回以上のキーワードについてカテゴリを作成した。次に、作成されたカテゴリの結合や定義を見直し、カテゴリを再構成した。最後に、webグラフのネットワークレイアウトを用いてカテゴリ間の関係を視覚化した。

(二) 個人教誨における相談内容の分析結果

表1　出現頻度10回以上の修正カテゴリ

カテゴリ	回答者数	構成比
社会復帰	163	38.9%
宗教関連	154	36.8%
家族	111	26.5%
受刑者	64	15.3%
不安	62	14.8%
被害者	53	12.6%
人間関係	47	11.2%
心	40	9.5%
施設	39	9.3%
生活	39	9.3%
就職	28	6.7%
謝罪	20	4.8%
生き方	20	4.8%
罪	17	4.1%
友人関係	14	3.3%
その他（未分化）	43	10.3%
全回答者数	419	

出現頻度(4)十以上のキーワードを基にしたカテゴリから、分析上意味をなさないキーワード（例:「つく」（出現頻度九十七）や「いる」（出現頻度三十五）等）に基づくカテゴリを削除し、関連性のあるカテゴリの結合や出現頻度二以上十未満のキーワードを作成されたカテゴリとの意味関

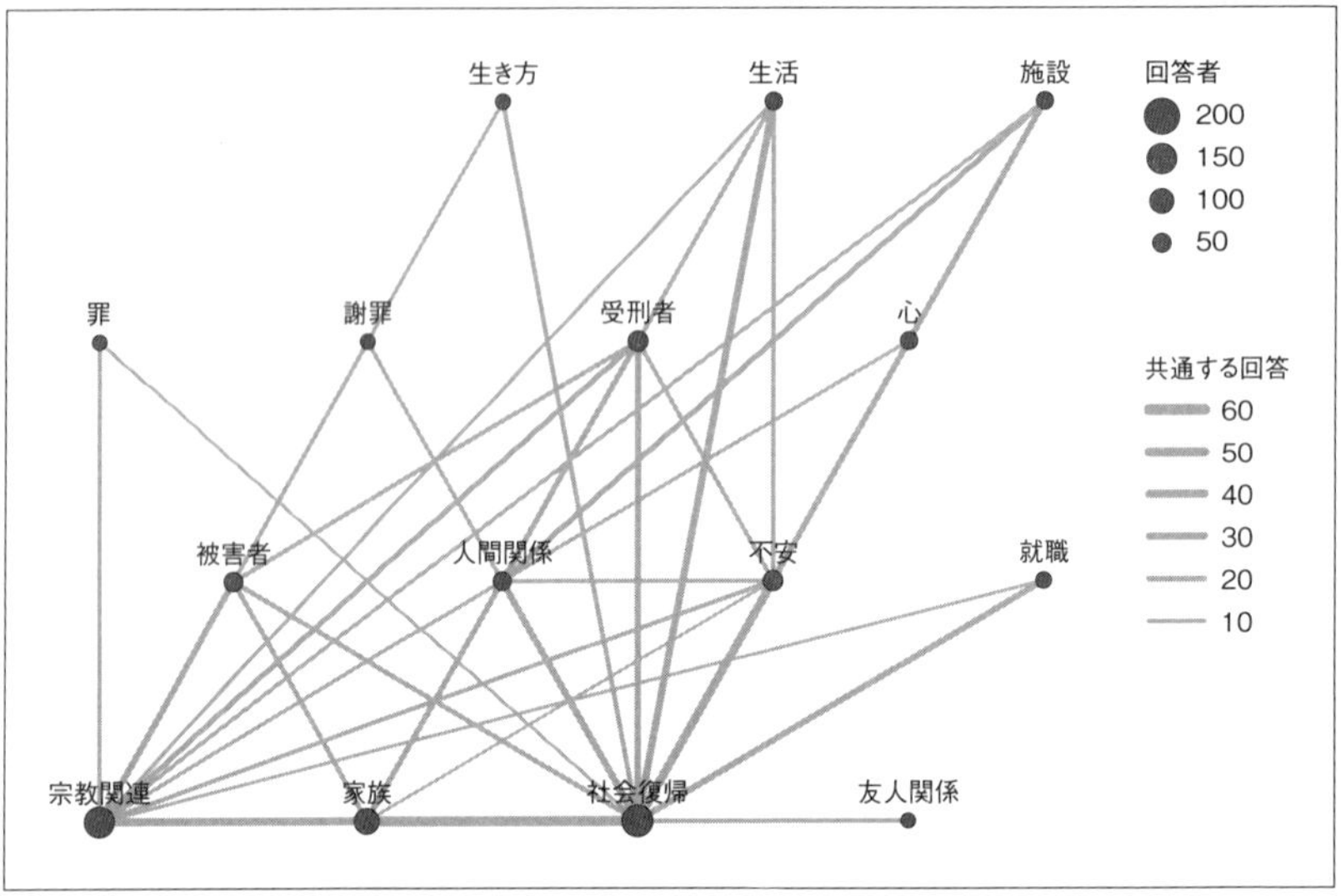

図2　各カテゴリの共通性

連を検討し、カテゴリを修正した。その結果、最も出現頻度が多かったのは、「出所後」（出現頻度七十四）、「出る」（出現頻度二十二）といったキーワードが含まれる『社会復帰』のカテゴリであった。次いで多かったのが、「供養」（出現頻度三十二）や「法話」（出現頻度九）が含まれる『宗教関連』や、「家族」（出現頻度五十二）や「親」（出現頻度十七）が含まれる『家族』であった（表1）。

各カテゴリの結びつき（共通する回答者数）を図2に示す。カテゴリ『社会復帰』と結びつきが強いカテゴリは、『家族』（回答者五十二）と『不安』（回答者四十三）で、やや強いカテゴリは『生活』（回答者三十三）、『人間関係』（回答者二十九）、『宗教関連』（回答者二十七）、『就職』（回答者二十六）であった。カテゴリ『宗教関連』と結びつきが強いカテゴリは『家族』（回答者三十九）であった。また、カテゴリ『被害者』と結びつきが強いカテゴリは『宗教関連』（回答者二十六）であり、カテゴリ『人間関係』と結びつきが強いカテゴリは『社会復帰』（回答者二十九）、『施設』（回答者二十）、『家族』（回答者十八）であった。

各カテゴリで、二つのカテゴリに含まれる回答者数を表2に示す。二つのカテゴリに関連する回答をしていたもののうち、最も多い回答者が含まれていた上位五つは、五十二名が回答していた『家族』と『社会復帰』、四十三名が回答していた『不安』と『社会復帰』、三十九名が回答していた『家族』と『宗教関連』、三十三名が回答していた『生活』と『社会復帰』、二十九名が回答していた『人間関係』と『社会復帰』であった。ここでは、カテゴリ『宗教関連』よりもカテゴリ『社会復帰』との結びつきがあることが示された。

表2　2つのカテゴリ含まれる回答者数
（回答者数 20 名以上）

回答者数	カテゴリ 1	カテゴリ 2
52	家族（111）	社会復帰（163）
43	不安（62）	社会復帰（163）
39	家族（111）	宗教関連（152）
33	生活（39）	社会復帰（163）
29	人間関係（47）	社会復帰（163）
27	宗教関連（152）	社会復帰（163）
26	宗教関連（152）	被害者（53）
26	社会復帰（163）	受刑者（64）
26	社会復帰（163）	就職（28）
24	施設（39）	社会復帰（163）
20	家族（111）	受刑者（64）
20	施設（39）	人間関係（47）

次に、これら二つのカテゴリ『社会復帰』や

表３　カテゴリ「社会復帰」と用いられているカテゴリ

カテゴリ名	回答者数	構成比
社会復帰	163	100.0%
家族	52	31.9%
不安	43	26.4%
生活	33	20.2%
宗教関連	29	17.8%
人間関係	29	17.8%
受刑者	26	16.0%
就職	26	16.0%
施設	24	14.7%
心	18	11.0%
被害者	15	9.2%
生き方	13	8.0%
友人関係	10	6.1%
謝罪	9	5.5%
罪	2	1.2%

※構成比は、カテゴリ「社会復帰」の回答者を 100%としている。

表４　カテゴリ「宗教関連」と用いられているカテゴリ

カテゴリ名	回答者数	構成比
宗教関連	154	100.0%
家族	39	25.3%
社会復帰	29	18.8%
被害者	26	16.9%
受刑者	19	12.3%
不安	11	7.1%
人間関係	9	5.8%
施設	8	5.2%
罪	8	5.2%
心	7	4.5%
生き方	6	3.9%
生活	6	3.9%
謝罪	5	3.2%
就職	3	1.9%
友人関係	2	1.3%

※構成比は、カテゴリ「宗教関連」の回答者を 100%としている。

『宗教関連』がそれぞれに含まれるキーワードがどのようなカテゴリといっしょに記述されているのかをみると、それぞれカテゴリと他のカテゴリでは少し結びつきは異なっている。カテゴリ『社会復帰』に含まれるキーワードを用いた回答者は、『家族』（三一・九パーセント）、『不安』（二六・四パーセント）、『生活』（二〇・二パーセント）のカテゴリに属するキーワードを多く用いている（表３）。一方で、カテゴリ『宗教関連』では、『家族』（二五・七パーセント）、『社会復帰』（一七・八パーセント）、『被害者』（一七・一パーセント）

のカテゴリに属するキーワードを多く用いている（表４）。

ここで、注目すべき点は両方のカテゴリと結びつきが強いカテゴリ『家族』である。表５の回答例1や16をみると、カテゴリ『社会復帰』と結びついている『家族』は生きている家族であり、受刑者からすれば出所後の家族との関係が悩みとなっている場合である。一方、回答例10や18のように、カテゴリ『宗教関連』と結びつく『家族』は亡くなっており、受刑者からすればどのように供養等をすればいいのかといった場合である。つまり、受刑者の家族の状況によって、個人教誨における相談内容も変わっていることがわかる。

また、回答例3や5のように、宗教に直接関連せずに社会復帰についての話をしている場合もあれば、回答例7や9、14のように被害者への弔いの仕方や償いのあり方について相談を受けている場合もある。カテゴリ『社会復帰』と『宗教関連』の両方のキーワードを用いている回答のなかには、回答例1や11のように、出所後にもお寺や教会に行きたいがどうすればいいのかといった回答もあった。

次に、各カテゴリ間の相関係数を示したものが表６である。多くのカテゴリと統計的に有意な相関関係がみられたのは、『社会復帰』と『宗教関連』の二つのカテゴリである。しかし、それぞれの相関関係は異なる。『社会復帰』では、『被害者』『謝罪』『心』『受刑者』以外のカ

表5　個人教誨内容の回答例

	回答例
1	疎遠となっている親に出所後どう接するか。出所後の生活や仕事（就業）への不安。出所後教会に行きたいがどうすればよいか。
2	出院後再度周りの人に迷惑をかけてしまうのではないかと心配や不安・悩みの相談
3	こちらから家族の事、出所後の事など聞き話し合う事のほうが多い
4	釈放後の生計について（家族が居ない）
5	60歳後半の年齢により、出所後の身の置所（家族とはほとんど離別しているため）
6	出院後の親との同居、今後の就業について、出院後の友人関係、自分の精神面の不安、彼女との関係・帰宅する家がないどうすればよいのか
7	被害者（殺人）にもうしわけない。本人（受刑者）の肉親の死を縁に自分の今が恥ずかしい。亡き人（被害者並びに家族）の心をしのび、人間の心に帰りたい。
8	犯してしまった罪に悔い苦しんでいるなど宗教に対する関心等相談を受ける
9	償いのあり方について、死亡した被害者の供養について
10	親の命日とか被害者の命日などで呼ばれることが多く、反省の弁等が多い。
11	出院後お寺へ行き話を聞いたり相談したいが、どこのお寺へ行って良いのやらわからない又行っても相手（住職）の人との人間関係が出来ていないので受け入れてもらえるか不安だ
12	被害者のための祈り。キリスト教教義を知りたい
13	宗教上の問題、心の平安を求める、有期刑者には社会復帰の更生の問題
14	相手やその家族に対して犯した罪の償い方。死んだ被害者に対する弔いの仕方
15	家庭への不安、子供のことが中心、進学就職等
16	親子の問題、妻との問題、子どもの教育問題
17	家庭の事情、夫婦間の問題、特に離婚について。宗教の教えについて
18	親族の命日にあわせた回向法要と法話、仏教教理についての質疑応答
19	出所後の信仰について、家族の供養について
20	家族（親、妻、子供たち）に心配をかけていること・家族の健康のこと。出所後の仕事、生活のこと

表６　カテゴリ間の相関係数

		生活	生き方	就職	被害者	罪	家族	謝罪	友人関係	心	施設	人間関係	不安	受刑者	社会復帰	宗教関連
生活	相関係数															
	有意確率(両側)															
生き方	相関係数	-.033														
	有意確率(両側)	.498														
就職	相関係数	.046	-.015													
	有意確率(両側)	.349	.758													
被害者	相関係数	.002	.016	-.073												
	有意確率(両側)	.973	.747	.135												
罪	相関係数	-.024	.011	-.055	.104*											
	有意確率(両側)	.621	.827	.261	.034											
家族	相関係数	-.006	-.084	.078	.016	-.041										
	有意確率(両側)	.900	.087	.113	.750	.400										
謝罪	相関係数	.005	.107*	.030	.285**	.124*	.018									
	有意確率(両側)	.913	.028	.544	.000	.011	.716									
友人関係	相関係数	.032	-.042	.216**	-.031	-.038	.009	-.042								
	有意確率(両側)	.516	.395	.000	.530	.435	.858	.395								
心	相関係数	.036	.042	-.022	.096*	-.026	-.103*	.118*	-.015							
	有意確率(両側)	.466	.396	.655	.049	.601	.035	.016	.756							
施設	相関係数	.124*	-.033	.079	-.048	-.024	.012	.005	.032	-.076						
	有意確率(両側)	.011	.498	.108	.329	.621	.800	.913	.516	.120						
人間関係	相関係数	.198**	-.044	.208**	-.022	-.035	.095	-.009	.186**	-.064	.407**					
	有意確率(両側)	.000	.368	.000	.661	.478	.052	.860	.000	.191	.000					
不安	相関係数	.121*	.064	.050	-.037	-.018	.009	.001	.035	-.067	.098*	.086				
	有意確率(両側)	.013	.189	.307	.447	.720	.858	.979	.478	.173	.045	.078				
受刑者	相関係数	-.022	.029	-.007	.078	.014	.046	-.064	-.042	-.002	.024	.017	.010			
	有意確率(両側)	.656	.548	.881	.111	.782	.350	.191	.391	.960	.627	.725	.840			
社会復帰	相関係数	.300**	.120*	.296**	-.083	-.114*	.098*	.028	.124*	.041	.149**	.166**	.260**	.015		
	有意確率(両側)	.000	.014	.000	.091	.019	.045	.568	.011	.407	.002	.001	.000	.759		
宗教関連	相関係数	-.142**	-.031	-.145**	.097*	.044	-.020	-.055	-.087	-.130**	-.108*	-.130**	-.164**	-.062	-.314**	
	有意確率(両側)	.004	.522	.003	.047	.369	.681	.265	.076	.008	.027	.008	.001	.204	.000	

※＊は５％水準で、＊＊は１％水準で有意（両側）であることを示す。

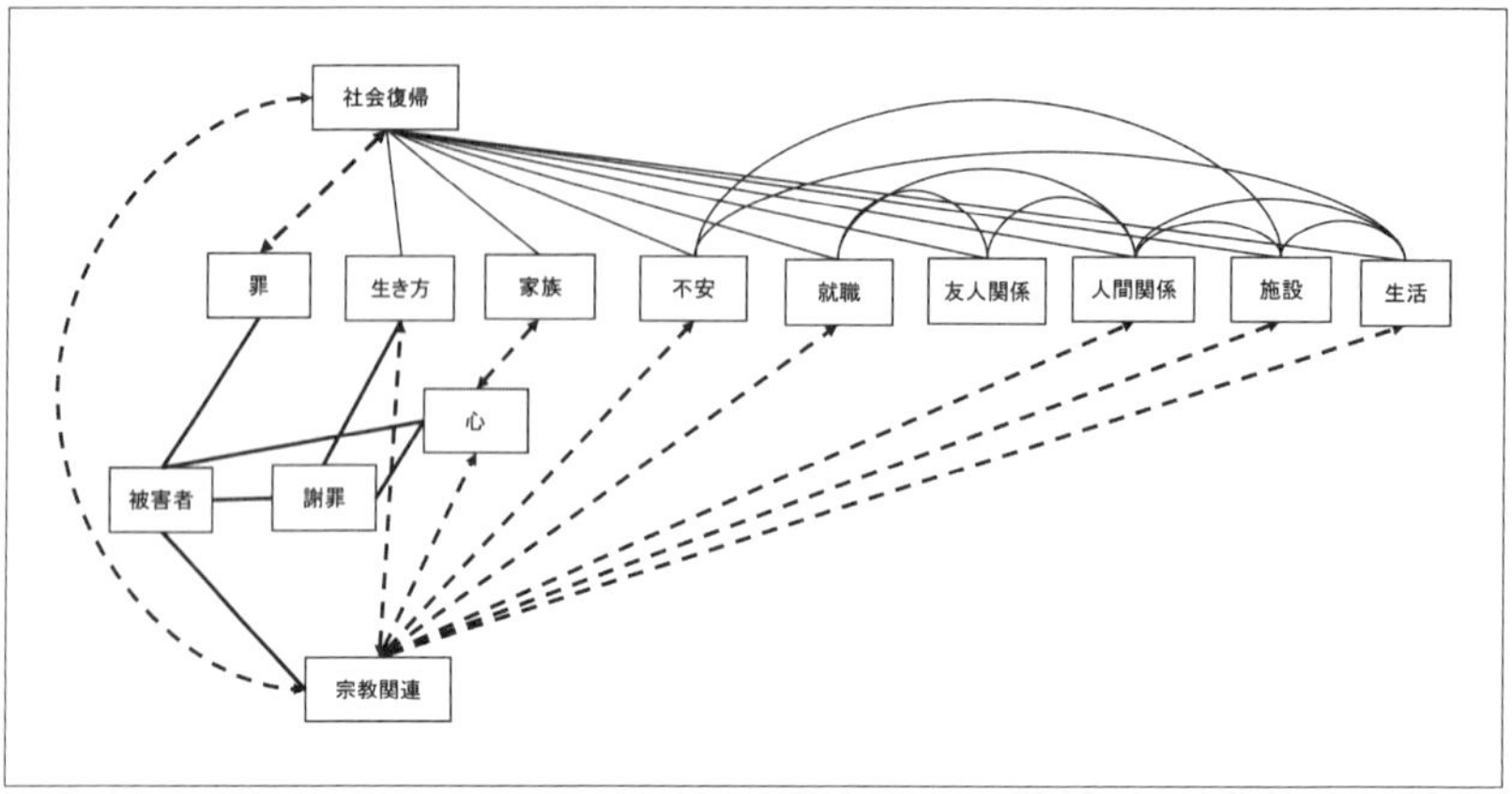

図３　カテゴリ間の相関関係（※実線は正の相関関係を表し、点線は負の相関関係を表す。）

テゴリと有意な正の相関関係があった。ただし、『罪』とは負の相関関係であった。これは、カテゴリ『社会復帰』に含まれるキーワードが記述されている場合にはカテゴリ『生活』や『就職』などに含まれるキーワードが記述されていることを示し、カテゴリ『罪』に含まれるキーワードは記述されていないことを示す。一方で、『宗教関連』は『生き方』『罪』『家族』『謝罪』『友人関係』『受刑者』以外のカテゴリと有意な相関関係が見いだせた。ただし、『被害者』以外のカテゴリとは負の相関関係であった。これは、カテゴリ『宗教関連』に含まれるキーワードが記述されている場合には、カテゴリ『被害者』に含まれるキーワードが記述されていることを示し、それ以外の有意な相関関係があったカテゴリのキーワードは記述されていないことを示す。

このようなカテゴリ『社会復帰』と『宗教関連』との相関関係を中心に模式的に表したのが図3である。カテゴリ『社会復帰』に含まれるキーワードを記述した回答者は、『生き方』『家族』『不安』『就職』等のカテゴリのキーワードも記述していることがわかる。一方で、カテゴリ『宗教関連』に含まれるキーワードを記述した回答者は、カテゴリ『社会復帰』に含まれるキーワードは記述しておらず、カテゴリ『被害者』に含まれるキーワードを記述している。カテゴリ『被害者』に含まれるキーワードを記述した回答者は『謝罪』『罪』『心』に含まれるキーワードを記述していた。この結果は、教誨師が個人教誨で相談内容として挙げたものが社会復帰に関するものと宗教に関係することの二つになることを示している。このこと自体はこれまでの記述内容の分類結果と一致するが、この二つの内容は並存していない可能性がある。つまり、宗教に関係することを挙げていた回答者は、宗教的なやりとりを通じて個人教誨の内容として被害者に対する謝罪や罪の意識を扱っており、社会復帰についてはあまり意識していない可能性が示唆される。一方で、社会復帰に関することを挙げていた回答者は、被害者に対することよりも出所後の就職や人間関係、刑務所内での人間関係といったことを意識している可能性が示唆された。

(三) 考察

本調査では、個人教誨における教誨師と受刑者のやりとりには、供養や祈りといった宗教そのものに関する相談がなされている場合と、社会復帰に関する相談がなされている場合の、大きく二つがあることが明らかになった。つまり、個人教誨の相談内容は、家族や被害者の供養や罪の償い方に関する「宗教的・心理的内容」と、出所した後の仕事や家族との関係などの「社会的内容」の二つの次元に位置づけられるということである。

個人教誨は、宗教教誨のもとで行われているのであるから、宗教に関連する内容は当然のことながら含まれる。宗教的な活動を通じて、家族や被害者への供養や罪の償い等が相談内容として示されていた。

このような個人教誨の相談内容である「宗教的・心理的内容」に対するアプローチは、受刑者の内的世界に向けられ、心理カウンセリングに似たものになる。現に、教誨師必携には個人教誨の方法として、カウンセリング理論が紹介されている。吉村昇洋（二〇〇二年）によれば、個人教誨は、「教誨師と被収容者が一対一の関係の中で、宗教を介在させて問題解決を図るというスタンスのもの」であり、心理カウンセリングと通じるところがあり、「教誨の現場は、心理臨床的な場としても捉えることが可能である」という。教誨師の役割は、受刑者の信教の自由を保障するものであり、また受刑者の心情の安定や精神的煩悶の解消、あるいは情操の涵養に資することである。このような役割は、カウンセリングの理論や技法を参考とすることで、よりいっそう個人教誨が充実していくと考えられる。

しかし、個人教誨の内容は、宗教に関連するものだけではなく、特に出所後の家族関係や生活に関する内容が多く挙げられていた。出所した後にどのように家族と付き合うのか、親子関係や夫婦関係のさまざまな不安、また就職などの生活自体をどのように組み立てなおしていくのかといった悩みも個人教誨の場で相談されている。「社会的内容」に対してアプローチを試みるのには、個人の内的世界だけの問題として捉えるのでは限界があり、外的世界さらには刑務所外の社会に向かわざるを得ない。つまり、出所後の就職や家族関係といった社会生活の問題を解決するには、カウンセリングのような心理的アプローチではなく、帰住先に関することやそれに伴う家族との関係などの社会的な調整を行うソーシャルワークのような方法を取り入れていかなければならないと考える。これらは教誨師の役割ではないと思われるが、受刑者の社会復帰を考えるのであれば、施設職員、あるいは近年刑務所にも配置されつつある社会福祉士等との情報交換や連携が重要であると考える。

三　受刑者の社会復帰に寄与する教誨師の可能性と課題

現在の教誨師活動やそれの根拠となる法令等を考慮すると、宗教的・心理的相談内容への具体的なアプローチはカウンセリング等の方法を参考にすることでより可能性は大きくなるだろうが、社会的内容への具体的アプローチは困難であろう。

身元引受人がなかなか決まらず仮釈放を受けられず満期出所してもその帰住先が決まっていない者が増加している昨今、教誨師は、宗教・心理的援助者としてだけはなく、受刑者の社会復帰を念頭に置いたつなぎ手となる社会的援助者としての役割を検討する必要があると考える。

例えば、受刑者の社会復帰に寄り添える教誨活動の展開の可能性である。上田紀行（二〇〇四年）によれば、日本の仏教は危機的状態にあるという。葬式仏教と言われて久しいように、一般的にいえば、日々の暮らしの中で何か問題が起こったとしてもお寺には行かないし、お寺に相談してても解決してもらえるとは思っていない。日本における宗教の位置が冠婚葬祭だけになっているとも考えられる。

しかし、小谷みどり（二〇〇九年）の調査によれば、寺院の役割は死者・先祖の供養や布教だけをおこなっていればいいとは考えられていない。介護や死の見取りなどの取り組み、一般の人々の悩み相談や自殺問題への取り組みなど社会的問題にかかわるような活動も期待されている。現在でも、上田が紹介するように、社会的な問題に取り組み、さまざまな支援を行っているお寺や宗教家の集団もある。また、東北大学や龍谷大学では、布教や伝道を目的とせず、医療や福祉の現場で宗教的ケアをする臨床宗教師の養成プログラムが開講されている。

欧米に目をうつせば、宗教団体が社会的弱者支援の一環として、元受刑者の支援を行っている。信仰に基づいた支援は、就労支援や薬物依存症への支援といっしょに行われるとよりいっそう社会復帰に結び付けられるという研究（McKean, L. and Ransford, C. 2004）や、教誨師の活動が出所後の生活に肯定的な影響を及ぼしているという研究がある（Sundt, J.L. et al. 2002）。また、イタリアでは地域のカトリック教会が母体となった社会協同組合がいくつもあり、障がい者や高齢者等はもちろんのこと元受刑者も社会的弱者として位置づけて雇用の場や生活の場を提供している（田中夏子、二〇〇五年）。イングランドでは、日本の教誨しにあたるprison chaplainと地域社会のなかで活動するcommunity chaplainとが連携して、切れ目なく受刑者の社会復帰を支援している（Philip Whitehead 2012）。

このような海外の支援の取り組みからも、日本においても元受刑者を社会的弱者として位置づけなおし、その社会復帰を支援する枠組みを検討していく必要性は十分にあるだろう。つまり、刑務所をはじめとする矯正施設で活躍する教誨師と地域のなかの寺院や臨床宗教師が連動しながら、矯正施設や保護観察所等の司法機関、地域生活定着支援センター、地域包括支援センター、地域若者サポートステーション等の社会福祉の機関、ホームレス支援や若者支援を行っている団体との連携を図り、受刑者に寄り添いながら社会復帰を支援する枠組みを構築することである。

しかし、現段階での調査資料だけでは十分ではない。本論で分析を行ったのは、個人教誨で相談を受けた教誨師がその経験や印象に残っている概要を記述したものであり、受刑者本人が記述したものを分析したものではない。また、すべての受刑者が個人教誨を受けているわけではないので、これらの回答を受刑者全ての意見としてみることはできない。ただ、本論の分析結果は一定の括弧つきではあるが、個人教誨の場において、これまで指摘されてきた宗教的な要素や心理的な要素だけではなく、社会的な要素を見出せた。今後、宗教教誨が受刑者の処遇や社会復帰に果たしている役割を検証し、宗教教誨の振興に関する施策の樹立のためにさらなる研究調査が必要である。

《註》

（1）社会福祉法人南高愛隣会（二〇〇九年）の調査では、全国の男子刑務所十五カ所の二〇〇六年十月三十一日時点で入所していた受刑者二万七千二十四人のうち知的障がいをもつと判定された受刑者は四百十人（約一・五パーセント）であった。そのうち、療育手帳所持者は二十六人（〇・六パーセント）であった。一方で、法務総合研究所（二〇一三年）では、全国七十七カ所の刑務所及び少年刑務所の受刑者五万六千三十九人のうち知的障がいをもつとされた受刑者は千二百七十四人（二・四パーセント）であった。そのうち、療育手帳保持者は三百五十一人（二七・六パーセント）であった。

（2）特別調整の実績は、二〇一五年度は七百三十人の特別調整が終結し、その内訳（重複計上による。）は高齢者三百八十九人、知的障がい者二百十四人、精神障がい者百九十六人、身体障がい者百七人であった。

（3）その他の結果については、赤池一将・石塚伸一編（二〇一一年）を参照のこと。

（4）出現頻度数は、キーワードを回答している人数を表す。

《参考文献》

・赤池一将・石塚伸一編『矯正施設における宗教意識・活動に関する研究　その現在と歴史』龍谷大学社会科学研究所叢書第九一巻　日本評論社、二〇一一年
・坂東知之・赤池一将・我藤諭・鴨下守孝・北村大・竹下賀子「矯正施設における宗教意識・活動に関する研究」『龍谷大学矯正・保護研究センター研究年報』第四号　六七～一四一頁、二〇〇七年
・我藤諭「刑事施設における宗教意識調査」『矯正講座』第三一号　四三～五七頁、二〇一一年

・浜井浩一『刑務所の風景――社会を見つめる刑務所モノグラフ』日本評論社、二〇〇六年
・浜井浩一「誰を何のために罰するのか――イタリアにおける触法精神障害者及び高齢犯罪者の処遇を通して日本の刑罰と更生について考える」『人権の刑事法学：村井敏邦古稀記念論文集』浅田和茂・石塚伸一編　日本評論社　八九六～九三〇頁、二〇一一年
・浜井浩一「法律家のための犯罪学入門　第10回地域や民間を基盤とするイタリアの犯罪者処遇」『季刊刑事弁護』六八号　一三四～一三九頁
・浜井浩一『罪を犯した人を排除しないイタリアの挑戦――隔離から地域での自立支援へ』　現代人文社、二〇一三年
・浜井浩一「高齢者・障がい者の犯罪をめぐる議論の変遷と課題」「法律のひろば」六七巻一二号四－一二頁、二〇一四年
・浜井浩一「厳罰から司法と福祉の連携による再犯防止へ――地域生活定着支援センターの誕生と課題――」「季刊刑事弁護」七九号　一九四～二〇一頁、二〇一四年
・法務総合研究所編、犯罪白書平成十九年版
・法務総合研究所編、犯罪白書平成二十年版
・法務総合研究所編、犯罪白書平成二十八年版
・法務総合研究所「知的障害を有する犯罪者の実態と処遇」研究部報告五二
受刑者に対する釈放時アンケート集計結果、二〇一三年
http://www.moj.go.jp/kyousei1/kyousei_kyouse26.html
・浄土真宗本願寺派矯正教化連盟『浄土真宗本願寺派教誨師必携（第四版）』、二〇一一年
・小谷みどり「寺院とのかかわり～寺院の今日的役割とは」「LifeDesign REPORT」Autumn　一八～三五頁、二〇〇九年

小谷みどり「わが国で臨床宗教師の活躍の場は広がるのか」『LIFEDESIGN REPORT』Autumn 五五～五八頁、二〇一四年
・McKean, L. and Ransford, C., 2004, 'Current Strategies for Reducing Recidivism,' Centre for Impact Research, Chicago., 2004
・田中夏子『イタリア社会的経済の地域展開』日本経済評論社、二〇〇五年
・太田達也「高齢犯罪者の実態と対策」『警察政策』第十一巻　一二六～一六一頁、二〇〇九年
・Philip Whitehead, "Ex-Prisoners Beyond the Gate:making a case for the development of community chaplaincy" *Prison Service Journal* No.204 23-26, 2012
・Sundt, J.L., Dammer, H.R. and Cullen, F.T., "The role of the Prison Chaplain in Rehabilitation", *Journal of Offender Rehabilitation*, 35, 3, 59-86, 2002
・社会福祉法人南高愛隣会『罪を犯した障がい者の地域生活支援に関する研究（二〇〇六―二〇〇八年度）』、二〇〇九年
・社会福祉法人南高愛隣会『触法・被疑者となった高齢・障害者への支援の研究（二〇〇九―二〇一一年度）』、二〇一二年
・上田紀行『がんばれ仏教！』ＮＨＫブックス、二〇〇四年
・八木宏美『しがらみ社会の人間力　現代イタリアからの提言』新曜社、二〇一一年
・山本譲司『獄窓記』新潮社、二〇〇三年
・吉村昇洋「矯正施設で活動する教誨師――アンケート調査を通して――」「駒沢大学大学院仏教学研究会年報」三五　一九三～二一六頁、二〇〇二年

第五章　宗教教誨と心の課題

Prison Chaplaincy and the 'Heart' Problem

アダム・ライオンズ
Adam LYONS
ハーバード大学大学院

一　論点としての矯正と心

現代社会において、宗教に何が求められているのか。この問いを念頭に置いて本論文では矯正制度における宗教の役割について考察する。具体的には、教誨師連盟と各宗派の教誨マニュアル、必携、事例集、機関紙などの文字資料の内容を検討したほか、二十七人の現役の教誨師へのインタビュー、教誨師の研修会と教誨師連盟の教誨マニュアル編纂委員会への参加、また教誨の現場（東京にある矯正施設）の参与観察などを行った。特に論じたいテーマは三つある。

⑴更生・矯正で教誨師や宗教に何が求められているのか。

⑵教誨師による矯正・更生の宗教的意味付け、またはその必要性。

⑶世俗的空間である刑務所での宗教教誨の役割でみえる世俗的空間と宗教的空間の関係。

論点は、教誨が世俗的な救済論として機能しているかという点である。以下に紹介する資料（矯正局の資料と教誨マニュアル）には、機能主義的な宗教観が明白である。例えば、次の中尾文策元法務省矯正局長の構造機能主義的な宗教解釈が代表的である。


信者がその信仰をはぐくみ育てることであって、再犯防止の結果を直接の目的とするものではない。無論信者がその信仰に生きる限りその結果としておのずから再犯防止の事実を生じるのであるが、それはどこまでも信仰の結果である。

（中尾文策、一九七六年、五頁）

「信仰の結果」という表現が示唆的である。これはまさに機能主義的な論理である。この論理を分析していきたい。

宗教と矯正の両者は心の問題を中心に据えている。矯正も宗教も人々の心に働き掛ける。上記の機能主義的な宗教観を理解するためには、矯正・教誨における心に関する言説を分析する必要がある。

刑法・犯罪学・矯正においては、内心的な「動機」の解釈が必要である。そのため、心の問題を避けなければならないとされる。この点を明らかにするため、以下の二つの場合について考えよう。

①「悪意を持って人を殺害してしまった」

②「交通事故で人を殺害してしまった」

これらの事例では、ある意味で、起きたことが同じである（人を殺害してしまった）。しかし、警察、司法制度（裁判）、矯正制度（刑務所）や教誨師（宗教的倫理）は、適切な刑罰・更生のプログラムを与えるために、「動機」を重視する。悪意（動機）を持って人を殺してしまった場合（①）は交通事故（動機なし）の場合（②）より刑罰が重くなる。

犯罪という社会現象をマネージするためには、犯罪を犯してしまった人間の一人一人の動機・意志・心についての解釈が必要となる。法的理性の原則としては、人間を合理的エージェントとして扱うという論理がある。これは法的理性の根本的な人間観だと言えるであろう。

しかし、現代の法制度は文化的な背景と無縁だとは言えない。ポール・カーンが指摘するように、法律は文化の一部である以上、文化的な現象として研究されるべきである（Kahn 1999: 1）。そのため、本論文では、矯正の現場でみえる動機・心についての言説を解釈し、文化的な価値観や道徳の輪郭がどうみえてくるのかを検討する。法律の専門家としてではなく、外国の宗教人類学者としての日本の矯正制度についての試論である。

また、日本の矯正の国際的な文脈について考える必要がある。西洋に生まれた「受刑者改善主義的な」刑法は明治時代に日本に受け入れられた。この近代的な刑法はプロテスタントの人間観を前提としている。犯罪は罪で、更生は宗教的な救済とつながっていた。日本の矯正史は西洋のそれと大きく異なるが、現代の矯正制度にも共通の論理が認められる。すなわち、構造的なレベルで世俗的な救済論が依然として残っていると言えるのである。したがって、矯正は人間の内心的な変化（改心）を目的としている。犯罪を犯す動機（悪意）のない人は犯罪を犯さないという論理もこれとつながる。

ある意味で当たり前のことであるようだが、本論文で注目したいのは、受刑者改善主義的な刑法における宗教的人間観（文化的な背景）の影響である。日本の教誨の現場では、犯罪を犯す動機が「心の問題」として解釈されているのである。それゆえ、教誨師は被収容者に心を清める戦略として宗教を教えていることになる。

矯正制度における機能主義的な宗教観の可能性と限界も明らかにしたいと考える。そこには、宗教教誨を更生に役立てるという大きな可能性が認められるからである。宗教と法律の関係を考えるために、この事実がとても有意義である。ある意味で、教誨の世俗的な機能は再犯防止になるのだが、矯正の世俗的な論理が再犯防止を「信仰の結果」として認めるのであれば、矯正の現場では、宗教的なるものと、そうではないものの区別は難しい。ミシェル・フーコーによると、そもそも更生・矯正の論理自体がプロテスタントの内面的な宗教観の論理の系譜を受けている（Foucault 1995）。そのため、矯正が「改心」や「内面的な変化」を目的としており、教誨の世俗的な目的（更生）が宗教的な目的（救済）と絡み合っているのである。

他方では、この機能主義的な論理にとっては、死刑囚がその限界状況を示すものとなる。国が更生の目的を放棄しているからである。しかし、教誨師にとって、宗教的な救済の可能性は依然として残されている。教誨の社会的な意味を理解するためには、死刑囚教誨の事実について考える必要がある。

最終的に、本稿において、教誨が、世俗的空間（または世俗的社会）における宗教の影響とその価値観を深く内包していることを示したい。法律と文化との関係を考える場合、世俗の法律とそこに生まれる矯正の実践は、その社会構造の基礎においてすでに宗教の影響を受けているると考えられるからである。

二　チャプレンと教誨師

(一) 米国におけるチャプレン活動

日本の教誨師の国際的な文脈について考えるために、まず、アメリカとの比較を行いたい。現在、アメリカにはチャプレン活動がいろいろな形で行われているが、「スピリチュアル・ヘルス」や「スピリチュアリティ」に重きが置かれている。このスピリチュアリティ的な論理は日本の矯正における心の論理に似ているが、とりあえずアメリカのチャプレンシーを紹介する。

軍隊や多くの病院と刑務所において、チャプレンが国家公務員として雇われている。全体的な統計が存在しないため、チャプレンの人数を図ることが非常に困難である。刑務所に限ってみるとしても、アメリカの刑務所チャプレン連盟（American Correctional Chaplains Assocation: ACCA）の公式サイトにでも、チャプレンの人数に関する統計が掲載されていない。（これに対して、日本の全国教誨師連盟の公式サイトには、人数などに関する統計が一般公開されている）。

しかし、二〇一二年に、米国の刑務所チャプレンに関する調査を行ったPew Research

Center（研究機関・財団法人）によると、アメリカの刑務所のチャプレンの人数が千七百名と想定されている（Pew Forum Website 参照）。これに比べれば、日本の教誨師の人数は千八百六十二名であり、アメリカよりおおよそ九パーセント多くなる（全国教誨師連盟公式サイト参照）。この対比を被収容者の人口の比較で考える必要がある。二〇一四年末にアメリカの刑務所の人口は二百二十二万三百名（千百施設に収容）で、日本は八万千二百五十五人（六十八施設に収容）とされる［Bureau of Justice Statistics Website ／法務省公式サイト犯罪白書参照］。さらに分析すると、日本では教誨師一人あたり、四三・六人の被収容者がおり、アメリカの刑務所チャプレンの一人あたりに、千三百六人の被収容者がいることになる。

日本の教誨師の人数がアメリカの刑務所チャプレンの人数より多いということは意外であるが、それは、基本的には刑務所におけるチャプレン活動と教誨活動のあり方が異なる点に関係している。アメリカにおいては、多くのチャプレンが国家公務員で、（税金からの）給料をもらい、刑務官と一緒に、企業の正社員のような存在として刑務所に勤めている。アメリカにでも無償でボランティアとして刑務所で布教活動を行っている宗教家もいるのだが、それは公務員のチャプレンの外に位置している。

次に、アメリカの刑務所チャプレンの組織や仕事の内容について触れておきたい。日本の全国教誨師連盟に当たる存在として指摘するのがアメリカの刑務所チャプレン連盟である。ＡＣＣＡと別に、American Protestant Correctional Chaplains Association（ＡＰＣＣＡ）やAmerican Catholic Correctional Chaplains Assocation（ＡＣＣＣＡ）や他の宗派の連盟もある。チャプレンの五〇パーセント以上がプロテスタント系である。比較的少数ではあるが、ユダヤ教系のチャプレン、イスラーム教系のチャプレンや仏教系のチャプレンもいる。（アラバマ州の刑務所で上座部仏教系の仏教徒が被収容者と座禅（Vipassana）を組んでおり、Dhamma Brothersというドキュメンタリー映画の主題となった。）ＡＣＣＡとＡＰＣＣＡの両方がAmerican Correctional Assocation（ＡＣＡ＝矯正協会）と密接的につながっており、毎年の全国的な研修会を一緒に行う。

ＡＣＣＡのサイトには、ＡＣＣＡの倫理規定が掲載されている。この資料を参照し、米国の刑務所チャプレンの目的や責任を次にみてみよう。

　ＡＣＣＡのメンバーが以下の分野で助成する。①相手のスピリチュアルな資質をみつけて、それを活用させようとする。②相手のスピリチュアルな価値観と調和する道徳的基準を明らかにし、行動を導く。③自尊心を深めるための導きをする。④相手が信じる神様と

の、家族との、社会との関係を改善するための導きを提供する。（ACCAサイト参照）

ここでみえるように、その関心はスピリチュアル・ケア及び宗教的配慮（spiritual care or pastoral care）が中心的となる。それに、チャプレンによるスピリチュアル・ケアを受ける相手は被収容者のみならず、刑務官や（許される場合に）被収容者の家族に及ぶこともある。チャプレンの責任の範囲は宗教的配慮（カウンセリング、結婚相談、グリーフ・ワークなど）、宗派の儀式を行うこと、刑務所における宗教的プログラム（読書会など）をマネージすること、ボランティアの宗教家・篤志家の募集やマネージメント、施設の管理の助成や公な場で矯正の世界を代表することも含まれている。

チャプレンは以上のすべての役割を果たしている。しかし、何よりも、社会復帰を支援することが第一の目的にちがいない。ワシントン州矯正局の刑務所部長の言葉がACCAのサイトに掲載されている。

チャプレンの矯正施設での重要性は、被収容者の刑務官、周りの皆や自分に対する、健全なる態度の育成を補い、社会復帰に役に立てる被収容者の個人としての積極的な宗教観やスピリチュアルな成長を補うということである。

このように、再犯防止が信仰の結果として認められている。すでに、中尾文策元法務省矯正局長の言葉を紹介したが、このワシントン州の刑務所部長の宗教観と中尾文策氏の宗教観が似ている。再犯防止を信仰の結果、すなわち宗教の機能とみる解釈とは、社会学的に言えば、機能主義的な解釈ということになる。

なお、矯正における機能主義的な宗教解釈の論理には長い歴史がある。ここでアメリカの矯正制度の変遷について述べる余裕はないが、宗教と矯正が昔から密接につながっているという重要な点を明らかにするため、日本の『教誨マニュアル』の「海外における宗教教誨事情」を引くことにしよう。

一八七〇年、オハイオ州シンシナティにおいて全米監獄会議が開かれ、有名な「行刑原則宣言」（The Declaration of Principles）が採択された。宣言は三十七項目から成り、一言でいえば、受刑者改善主義を標榜したものである。その第九項は、次のようにいう。「あらゆる改善手段の中で、最も重要なものは宗教である。人間の精神と生活に対する働きかけにおいて最も強力なのは宗教だからである」

（『教誨マニュアル』全国教誨師連盟出版、一九九三年）

この資料で明らかなように、中世の刑法の体罰主義とは違って、近代的な刑法においては受刑者改善主義の影響が大きい。人間の改善を狙うことそのものも宗教的な側面を持ち、受刑者改善主義の思想はもともと神学的な思想として現れてきた。歴史的にみれば、近代的な矯正学が神学の思想と宗教の実践から生まれたと言える。

ここまでアメリカの刑務所チャプレンの事情を紹介してきた。統計も、組織のあり方も、チャプレンの目的や責任も、再犯防止への結果についての（矯正局の）考え方も以上に紹介した。この第一部の最後に、もう一度注目したいのはスピリチュアル・ケア（宗教的配慮）というテーマである。アメリカの矯正制度において、宗教にスピリチュアル・ケアや再犯防止の助成が求められていると言えるようである。これは日本の矯正における「心」の取り扱い方に似ていると言えよう。では、チャプレン活動においては、現代社会における宗教の位置がどう反映されているのであろうか、また、日本の教誨師はアメリカのチャプレンとどう違うのであろうか。アメリカのチャプレンに関する宗教学研究の成果を紹介しながら、そのチャプレン研究の視点から、日本の教誨師の現状について、次に考えることにしたい。

(二) 世俗化論と宗教・法律・チャプレン研究について

本稿は、西洋における Chaplain と Prison Religion の研究にみられる世俗化論批判の問題設定をベースとしている。まず、簡単にその研究の特質を紹介したい。その批判の中心は、端的に、世俗的空間と宗教的空間を分けるのが法律の力だが、法そのものが必ず宗教の力（例：正当性を与える神話、儀式、道徳）を借りているので、宗教なき法律は存在しないし、法律なき宗教も存在しないのではないかという基本的な疑問を出発点とするものである。

現在活動しているウェーバー系の社会学者のホセ・カサノヴァの言葉を借りると、ウェーバー以来の世俗化論は三つの相互に関連する論点から構成されている。

(1)進みつつある構造的分化による宗教的空間は世俗的空間（政治的空間、科学的空間や経済的空間）から分離されていく。

(2)宗教がますます私事的になっていく。

(3)社会における宗教の教義、団体やそれらへの関与の重要性が減少していく。

近年、世俗化、世俗的空間、世俗主義や世俗法がタラル・アサド、ジェムス・ベクフォード、ホセ・カサノヴァ、ウィニフレド・サリヴァンやチャールズ・ティラーといった代表的な学者により再考されてきている。当然、それぞれの研究方法や視点の違いがあるのだが、彼らの研究の共通点は、このすべてが伝統的な世俗化定理を批判している点である。カサノヴァは以上の(1)と(3)を認めるのだが、(2)を否定し、アメリカやカトリックの世界にみえる宗教が私事的に構成されおらず、「公共宗教」として政治的な活動を行っていると論じている。最近、カサノヴァの研究との違う方針からの世俗化論への批判がチャプレン研究等の研究に認められる。以下、宗教学者がいかに西洋におけるチャプレン活動を解釈しているのかを検討してみよう。

ベクフォード等による『Muslims in Prison』やサリヴァンの『Prison Religion』や『Ministry of Presence』等の文献は法律と宗教の関係を論じている。ごく大まかに言えば、これらは世俗的空間とされている場における宗教や宗教者の役割を論じながら、世俗化論(1)の「構造的分化説」への批判を行っている。

本稿のテーマは教誨師であるから、特にサリヴァンのチャプレン研究に注目することにする。現在、「チャプレン」が「教誨師」の訳語として使われるのだが、その相違点と共通点について検討する。

サリヴァンの解釈（二〇一四年）によると、チャプレンは世俗的空間の神父（代表的な宗教者）

である。この不思議な定義を理解するために、まずは「チャプレン」、「世俗的空間」と「チャプレンの世俗的空間における機能」について考える必要がある。

米国のチャプレンとは何か。宗教的空間である教会にてではなく、国または企業が運営する「施設」（病院、大学、軍隊、刑務所、空港、国立公園など）において、そこに来る者（顧客）の「宗教的なニーズ」に答えるため、または「スピリチュアル・ヘルス」をサポートするために、各宗教から派遣されているのが、米国のチャプレンである。

チャプレンが対象者のスピリチュアル・ヘルスに働きかけるという論理である。これもまた機能主義的な宗教解釈に立っている。端的に、チャプレンとチャペルは marketplace of religions（宗教市場）や spirituality（スピリチュアリティ）の現代宗教の個人主義的な傾向を現し、現代の代表的な宗教現象の一つである。その意味で、チャプレンは世俗的空間の神父としてみることが可能である。

しかし、「世俗的空間の神父」という表現自体が、世俗的空間と宗教的空間の対立を曖昧にしてしまうのではないか。この点で、チャプレンという言葉の由来を考える必要がでてくる。英：Chaplain, 仏：chapelain, 独：Seelsorge はラテン語の cappelani に由来があるとされている（Sullivan 2014）。それはもともと中世のカトリック・キリスト教の文化圏の軍隊の宗教

（儀式など）を担当する職名を指す名詞で、宗教と政府の力が両立しているところに立つのがcappelaniというわけである。

現在、アメリカのチャプレンの仕事chaplaincy（チャプレンシー、チャプレン活動）は実際のところで、法律によっていろいろなレベルで束縛されながら、形成されてきている。サリヴァンによると、アメリカの憲法にあるFreedom of Religion Clause（「信教の自由を保障する」条）を取り上げる裁判の現場をみると、実践のレベルで政府の代表者（裁判官など）に宗教の定義づけをする力が委ねられている。信教の自由を取り上げる裁判の現場を観察すると、法律が必然的に神学や宗教の領域（宗教的空間）に入って、色々な判断を行うわけである。ここで、どの団体や活動が宗教として認められるのか、または誰がそれを決めるのか、という二つの側面の課題が登場する。すなわち、宗教という現象に法律的な束縛を加えるかぎりには、完全に中立性を持つsecular law（世俗法）は想定しがたい。それに、色々な局面で、法律は必ず宗教の力（シンボルや神話やレトリクなど）を頼っているので、完全に「世俗的」（宗教と無縁な）な世俗法もまた想定しがたいのである。サリヴァンのチャプレン研究がアメリカの宗教・法の関係の複雑さを証明しながら、世俗化説(1)の「構造的分化説」への批判を行っていると言える。

さて、日本の場合はどうか。日本では、この同じ事実が「津市地鎮祭大法廷判決」の傍論で指摘されたのではないかと思われる。

「現実の国家制度として、国家と宗教との完全な分離を実現することは、実際上不可能に近いものといわなければならない」、「それぞれの国の社会的・文化的諸条件に照らし、国家は実際上宗教とある程度のかかわり合いをもたざるをえないことを前提としたうえで、そのかかわり合いが、信教の自由の保障の確保という制度の根本目的との関係で、いかなる場合にいかなる限度で許されないこととなるかが、問題とならざるをえないのである」（津地鎮祭訴訟[1]）

ここでは、政府・法律・世俗的な施設が宗教の力を頼らざるを得ない場合もある点が言及され、他ならぬ教誨師の活動がその例としてあげられている点が重要である。結局、世俗的空間と宗教的空間、または宗教法と世俗法の境が簡単に付けられないという基本的な困難はアメリカにも、日本にもあることが理解されよう。

米国のチャプレンと日本の教誨師とを比較すれば、当然その性格を異にする部分は多い。日本で教誨師は刑務所のみに限定されているし、「教誨」もそもそも仏教用語である。しかし、教誨師がチャプレンと同じく「そこに来る者（顧客）の「宗教的なニーズ」に答えるため、各宗教から派遣されている」と言えるのではないか。または、世俗的で機能主義的な宗教解釈がもう一つの共通点であるにちがいない。この傾向は、アメリカにおけるスピリチュアル・ヘルスの論理にも、日本の更生における心に関する問題の論理にもみえると言えよう。ここでは、教誨師の特質とその文脈の国際的な比較が求められている。

㈢　仏教経典における「教誨」

現在、「教誨師」という語彙が「チャプレン」の訳語であるという常識があるようである。[2]しかし、以上でみたように、チャプレンという語彙はキリスト教用語で、キリスト教の歴史と密接的につながっている。ここで「教誨師」や「教誨」の由来と特質を考える必要がある。「教誨」とは仏教用語で、経典には、仏教の救済論と道徳と深くつながっている。中村元の『仏教語大事典』（一九八五年）によると、教誨の意味は「教え諭す」ということだが、誰に何を教え諭すのかということが大事だと言える。

近代の歴史をここで述べることはできないが、指摘しておきたいのは教誨師が宣教師・教導職と並べて、大教宣布運動に現れると伝えられているということである（『教誨百年』一九七三年）。そして、明治時代に、浄土真宗僧侶（島地黙雷など）が「教誨」という言葉を使っていた（『島地黙雷全集第二巻、一九七三年）。黙雷らが知っていた「教誨」とは「西洋の教誨」ではなく、仏教用語としての教誨にちがいない。ここで簡単に経典にみえる「教誨」を紹介するため、浄土真宗が重視する『大無量寿経』（下巻、五悪段）をみることにする。『教誨マニュアル』にある読み下し（そのまま）を乗せる。まずは、親が子に教誨するという事例が出ている。

父母、教誨すれば、目を瞋らし怒りて譍《こた》ふ。言令和らかならず。違戻し反逆すること、たとへば怨家の如し。

次に、仏教徒が教外人に教誨する。

慈心をもって教誨して、それをして善を念ぜしめ、生死・善悪の趣、自然にこれあることを開示すれども、しかもあえてこれを信ぜず。心を苦《くだ》きてともに語れども、その人に益なし。

最後に、仏が「主上」（支配者）に「その下」を善に導いて、仏の教誨を無視させてはいけないという忠告をするところがみえる。論理的に、これは必然的に仏教徒が「主上」に教誨する権利を持つということになると考えられる。

主上善をなして、その下を率化してうたたあひ勅令し、おのおのみづから端《ただ》しく守り、聖（者）を尊び、善（人）を敬ひ、仁慈博愛にして、仏語の教誨あへて虧《き》負《ぶ》することなかれ。まさに度世を求めて生死衆悪の本を抜断すべし。

『大無量寿経』でみえる「教誨」という仏教用語が、邪見を信じ込んでいる人に正見を教えてあげるという意味を持っている。正と邪が仏教の基本的な対立であり、善と悪の区別をつける論理として機能している（日本仏教学会編『仏教における正と邪』平楽寺書店、一九八三年参照）。大蔵経データベースで「教誨」を検索すると、九百十二回出てくるのだが、「邪見」と一緒に出てきているのが六百九十回である。教理的に、八正道の第一条が「正見」で、「正見」がないと悟りができないという基本的な教えがある。邪見には、様々な種類があるのだが、「因果応報」や「業」の法則（とそれを包括する輪廻転生の形而上学）を信じないという代表的な邪見が以上の事例に出た（「生死・善悪の趣、自然にこれあることを開示すれども、しかもあえてこれを信ぜず」）。後にまた触れるが、ここで指摘したいのは、この「因果応報」という教義が明治期から現在に至るまで、仏教の宗教教誨の一つの大きなテーマである。そのため、現代の教誨が経典に現れる教誨の系譜と論理的に、または教義的につながっている。

教誨という仏教用語が近代日本では、被収容者の道徳的な導きに重要な役割を担ってくる。その後、ある種の世俗化によって、この仏教用語が一般的に使われるようになって、現在「キリスト教の宗教教誨」、「天理教の宗教教誨」があるのだが、これはまさにアメリカでみえる、キリスト教用語の「chaplain」の変身（「Jewish chaplain」や「humanist chaplain」など）のようなことだと考えられるであろう。以上を鑑みて、経典でみる限りには、「教誨」が仏教の救済論（正見・邪見、因果応報）と深くつながっているようである。

そして、本論文のテーマに戻るが、正見と邪見の葛藤とは、最終的に心の問題である。高崎直道は上座仏教の目的をこう語る。

戒律を守って悪行をつつしみ、善業を積み、すすんで定慧の修行によって心を浄めよと教えられている。心を浄めることは最終的に苦を滅するに至るので、心を浄めること自体が仏道修行の目的であると言っても良いであろう。

浄土系仏教と上座仏教は当然異質が多いが、とりあえず、仏法通論のレベルで、内心的な成長（「信心」もそうだと言えよう）が目的である。高崎の言う「仏道の目的」と中尾文作の矯正の目的（再犯防止）の共通点はどこまでなのか。

三　教誨の内容と目的：更生と救済

(一) 教材にみえる「教誨の目的」

教誨師の育成のため、施設側で作る資料に、研修会の資料、各教団の教材、と全国教誨師連盟の教材がある。法務省矯正局と各施設（刑務所など）も各教誨師連盟・会に資料を提供するので、情報交換ネットワークができている。この教材では、一番重要なものは「マニュアル」や「必携」の形になる。教誨マニュアルというジャンルを読むと、すべてが似たようなものだが、ここで全国教誨師連盟の『教誨マニュアル』（教誨の通論と言ってもいい）の目次を代表として紹介する。まずは序論で、大谷光照総裁・浄土真宗本願寺派門主（当時）、法務省矯正局長、矯正協会会長と、不思議なことに、大島渚監督（「犯罪と動議」というタイトルの短い論文）などからの助言の形になる。それから本文に入り、三部に分けられている（理論編、実践編と資料編）である。理論編には、「宗教教誨の理念」「宗教教誨の歴史」と「宗教教誨の課題と展望」

の三章がある。実践編は矯正制度の概要や実践の方法（講話、座談会、作文指導、カウンセリングなど）からなる。最後に資料編では矯正や教誨活動の現状についての統計や海外における宗教教誨事情、「教誨師（chaplain）の任命と当時の監獄事情」などといった情報がある。

山ほどの情報があり、全体的に宗教学的に興味深い資料が多いわけだが、ここで「教誨の理念」の箇所に注目したい。すべての教団の教誨マニュアル・必携の「理念編」に当たるところには、「教誨の目的」が重要なテーマとして論じられている。ある教誨師から聞いた言葉をかりて、この課題を「教誨論」と呼ぶことにする。

これから教誨論の特質を分析していきたい。ここで、いくつかの教誨マニュアルの「教誨論」を載せる。注目したいテーマは、①宗教の更生への結果についての発言（機能主義的な論理）、②更生の宗教的意味づけ、そして、③教誨活動そのものへの宗教的意味づけである。最終的に、以下のマニュアルは「宗教が心へ良い影響を与え、それで再犯防止に役に立てる」という論理を共有している。

資料①　金光教の『ともに心を開いて：教誨師必携』

一般の調査[3]によれば、被収容者に信仰が内面化され、更生・救済に導かれていくにはその契機となるものがあるという。それは、・正しい宗教認識への転換を促すもの・神仏への畏敬の念を生み出すもの・生命を大切にする意識を育てるもの・いたわり、思いやり、哀れみの心を醸成するもの・宗教的人生観、価値観を寄与するものと報告されている。これは、宗教教誨によって、更生・救済された被収容者の事態調査から、明らかにされたものと思われる。（一〇頁）

資料② 真宗大谷派の『真宗の教誨』

日々、私たちは、犯罪を、そして犯罪によって引き起こされるさまざまな悲劇を見聞する。そして、時にはみずからの現実として体験しなくてはならない。私たちの人生にとって犯罪とか罪悪とはどのような意味をもち、またどのようにかかわっていけばよいのだろうか。犯罪は、それが個人によるものであれ、ある集団・共同体によるものであれ、国家によるものであっても、折にふれて私たち人間のあり方を根底から問い直す機運になってきた。思うに、罪とか悪とかは、人間のなしうる行為の一つというよりも、むしろ人間であることの本質と深く結びついている。（四七頁）

資料③　天理教の『教誨師の手引き』

神さまのお話に、「この世は、因縁納消の道」と、教えられます。本教としての矯正教育の目的は、犯罪という過去を納消して、転じてよき「よふぼく」となり、人を助けることによって社会に貢献する人を養成することにあります。」

（五〇頁）

資料④　浄土真宗本願寺派の『教誨師必携』

被収容者は違法行為により科せられた処遇であるが、教誨師は彼等の心情に慈愛をもって接するとともに、懺悔贖罪の心に目覚めしめるように努めることが肝要である。信心の人として更生し、幾分なりとも奉仕の精神を身につけて社会に復帰する被収容者を育成するために、絶えざる教学の研鑽と教誨の施策の研修に精励せねばならない。

（六九頁）

資料⑤　全国教誨師連盟『教誨マニュアル』

教誨師が改過遷善に導く仕業は、生き甲斐のある仕事であり、最も業の深い難しい教育である。教誨しているうちに、被収容者が人間回復を自覚に立った時、教誨師の感激は終生忘れることができない。その時、教誨師は施設の門を出るとき、門前に立って、教誨の勝縁に対し、感謝

で胸一杯に満ち、深く頭が下がることがある。教誨師になった喜びが実に大きい。（中略）
ところが、社会が、こういう更生された者を暖かく迎えてくれるならば幸せであるが、決して、そうばかりとはいえない。彼らの中には、社会に出ると、以前にいた組織から、出所と同時にその身を囲まれて自由にならず、再び組織で暮らすことになる者もある。そして彼らは、やがて再犯し、さらにたびたび累入する運命をたどる。これは極めて悲しむべきことであるが、この現実はどうすることも出来ない。これは教誨師を務める者としての終生の悩みであり、深刻なる課題である。
教誨師の中には、彼らを出所と同時に、自分の社寺や教会の施設に住まわせて護った御苦労もあるが、組織に関係があると、どんなに頑張っても、組織からの働きかけに、最後はどうしてやりようもない。この点、胸ふさがる思いで一杯である。甚だ痛ましい。
しかし、そういう彼らは、組織の中に入られても、教誨を受けた感激は決して捨てていない。永遠のいのちを深く味わっている。神仏の救いをうけても、その人の業縁があるならば、どんな業もおこる。そこに深い悲しみをおぼえるものである。

（八五〜八六頁）

㈡ 教誨論と神義論：教誨論の解釈へ

このすべての教材にみえるように、教誨論では更生と宗教が結びついている。序論で紹介した中尾文策元矯正局長の発言にも、以上の教団と教誨師連盟のマニュアルにも、再犯防止が「信仰の結果」の一つだとされている。この機能主義的な論理が矯正局にも、教団の神学にも、深く定着しているようである。しかし、戦後日本においては、教誨を受けるかどうかということが本人の、憲法に保障されている信教の自由の範囲に入ることなので、再犯防止への影響が大きいと思われていても、宗教教誨を受ける被収容者は希望者のみである。

各教団の「教誨論」にて、更生のプロセスには、それぞれの宗教的な意味が与えられている。したがって、更生が救済とつながっている。以上のテキストでみえる、「更生・救済」、「悪が人間の本質と結びついている」、「因縁納消」、「信心」といった表現は教義的な意味を持っているにちがいない。ただし、「再犯防止」という機能が同じにせよ、教義上の救済についての解釈が宗教によって違ってくる。それに、「教誨師が改過遷善に導く仕業は、生き甲斐のある仕事」や「教誨の勝縁」という表現は、教誨活動そのものに宗教的な意味を見出しているのだが、これは教団が作った教材ではなく、全国教誨師連盟の責任で作られたテキストだと指摘しておく必要がある。

ここまではテキストを分析してきたのだが、さらに一歩進めば、総合的な解釈ができるであろう。宗教社会学的な解釈を試みれば、このすべての教団の資料における「宗教的な意味づけ」の共通の教義上のテーマは、ピーター・バーガー（Peter Berger）の言葉を借りて言えば、神義論・悪の問題（theodicy）だと考えられるのではないか(4)。

ライプニッツ（Leibniz）にみえる「悪の問題」（神義論、独：Théodicée）の伝統的な問題意識は「絶対的な神様がいるのに、なんで悪が存在するのか」という問いへの解説になるのだが、バーガーの社会学的な解釈は違う。ある社会の共通で定着している価値観や人間観（あるいはそれを包括する思想体制・宗教・「the Sacred Canopy」）の存続が「悪」（社会問題・苦の到来・震災・死など）によって脅かされたら、社会そのものが、この共通の価値観の崩壊による混沌とした状態（アノミー、anomy＝「without law」）に落ちる恐れがある。アノミーを防ぐため、個人や団体は思想体制の枠組の内在的な論理で悪の存在を合理化しようとする。合理化することができなければ、社会の秩序を守る価値観や思想が信用されなくなり、人間は新しい考え方をみつけないといけなくなるとバーガーは想定する。バーガーはこの「悪」の合理化のプロセスを「神義論」という。因果応保・業・輪廻転生（karma/samsara の形而上学）も、神学的な二元論（宇宙を善対悪の戦争とみるマニ教の形而上学）も、バーガーの説で神義論となるわけである。バーガーの定理全体としては、もちろん疑える余裕があるのだが、ヒューリスティックとしては、教誨論における「悪」の解釈も神義論として解釈することができる。

以上で『大無量寿経』における「教誨」の意味を分析したところに、因果応報を信じないという代表的な「邪見」を対象とする事例を紹介した（「生死・善悪の趣、自然にこれあることを開示すれども……」）。この経典では、「教誨」が因果応報説を擁護することになるので、神義論に当たるわけである。

教誨師の教材に出る教義的な問題をみれば、バーガーの論じる神義論に近いような内容が多い。人はなぜ犯罪を犯してしまうのか、教義でどうやって犯罪と刑罰（罪と罰）を合理化するのか、実践の現場で、どうやって犯罪から更生へ人を導けるのか、そして、特に犯罪と救済とはどんな関係を持っているのか、という基本的な問題を論じられているわけである。「因果応報」と「業」も現代の教誨でよく論じられているのである。

それに、以上に紹介した全国教誨師連盟のマニュアルに、なぜ教誨を受ける者が累入してくるのか、という問いには、犯罪学的な説明（「組織の働きかけ」）と一般宗教観・一般仏教通論による説明（神義論的な説明）が加えられている（「業縁」）。それぞれの神義論によって、各教団の「教誨論」は犯罪と更生のプロセスに実存的な意味をあたえようとしているという共通点がある。全国教誨師連盟の教材にも同じプロセスがみえる。

教団や教誨師連盟の資料はこの実存的な意味を大切にするのだが、教誨師に頼っている施設は、更生や矯正の意味についてのこと、それに被収容者の苦しみや、最悪の場合に、死に関連する問題を教誨師に任せることができるという側面も指摘しておく必要があろう[5]。

世俗化論というテーマに戻るが、いわゆる世俗的の矯正・更生論にでも、「改心」、「内面的な変化」という、プロテスタントの神学の響きのある言葉がよく使われている。しかし、それを充実化する内容（どんな内面的な変化なのか等）は、宗教家たる教誨師に任せられている。これは一種の役割分担になっているのだが、矯正論の基本的な人間観はプロテスタントの神学の系譜に由来がある故に（Foucault 1995）、世俗的空間である矯正施設には宗教家が必要となり、宗教家が世俗的空間の足りないところを補足していると言えるであろう。

三　死刑囚教誨：矯正と救済の緊張関係

以上に紹介した教誨論とは「改過遷善」を狙う教誨なのだが[6]、一種の被収容者は改悛不可能な人間だとされ、死刑囚となる。死刑囚教誨は特種であり、法律上に定めた目的が死刑囚の「心情の安定」を提供することである。刑事施設法案（昭和六十二年）の百二十条に、刑事施設の長は、死刑確定者に対し、必要に応じ民間の篤志家の協力と援助を求め、相談助言、講和の実施その他その心情の安定に資するため適当と認められる措置を執るものとする。

ここにある「篤志家」とは教誨師のことである。この法令の論理に見る限りには、「心情の安定」という結果を生じることが目的だと思われるのである。ある意味で、ここにも宗教の心への影響が法律で認められていると言える。しかし、死刑囚教誨の場合には、国が更生という目的を放棄した。それにしても、教誨師にとっては、宗教的な目的・救済がまだ残る。ここで宗教法と世俗法の関係における潜在的な緊張が明白になる。というのは、教誨論が完全に世俗的な矯正制度の機能主義的な論理に服従されているとは言えない。

死刑囚教誨は最近までタブーな課題で、情報は非常に限られているのだが、教誨師は死刑をどう考えてきているのだろうか。東西本願寺が出版した『教誨百年』には、宗教者たる死刑囚教誨師の苦労や立場の難しさを表す示唆的なセリフがある。

近角常観教誨師は、自分の手がけた誨悟せる死刑囚の執行には立ち会いするに忍びない、全く人間に復帰した者を殺す職にはつくことができないといって教誨師の職を辞している。このように、教誨師の死刑確定者に対する接し方は、仏教観、とくに親鸞の御同朋御同行の信念から慈悲そのものの姿を具現した態度であった。国の法上死刑は定められているが、それは当然のことが当然のこととして行われるものであるという管理的事務的観念でなく、国の法として定められたがゆえに死刑に処せられていく彼らに涙とともに語り涙とともに泣き、ともにともに罪業の深さをみつめながら死刑に処せられていく姿を見送る教誨師の姿こそは、まこと菩薩そのものの姿ともいえよう。明治末期に刑法改正が行われんとする頃の教誨師の死刑確定者に対する接し方、また、国の法律として死刑がある以上その教誨に全力をつくしながらも、できうれば死刑を廃止すべしという論陣を、堂々と展開したという積極的な意欲は、今日死刑廃止論の出ているとき、再度見直すべきと言わねばならない。

（『教誨百年』上巻一九六七年）

ここでみえるように、死刑囚を担当している教誨師の被収容者に対する責任感が重いし、死刑があるかぎりには、死刑囚の宗教的支えを提供していくことが菩薩の修行として教義的に解釈されている。

教誨師マニュアルや事例集には死刑があまり論じられていないようだが、ジャーナリストの堀川惠子氏の『教誨師』（講談社、二〇一四年）の出版以来には、死刑囚教誨が話題となった。堀川氏の本は元全国教誨師連盟の理事長だった渡辺普相教誨師へのインタビューを集めたノンフィクション書で、教誨師と死刑囚の関係や死刑の現場まで描かれている。

ここで、教誨師の死刑の現場での役割のところだけを紹介しておく。引用が長いが、宗教学者にとっては、死刑が関心を持つべき問題（死生観、国家の儀式、人権などのすべてと関わること）である。以下のシーンは、渡辺教誨師が、訓練のため、先輩の篠田教誨師が担当している死刑の現場で初めて立ち会いするところである。

時間がきた。桜井の名が、呼ばれた。歩を進めるその足を小さく震えている。篠田がすかさず桜井の背に手を添える。

扉一枚開くと、仏壇が安置された四畳半ほどの部屋が現れた。すでに拘置所長と総務部長が着席している。（中略）

篠田の先導に従って居合わせた全員で経を唱え、焼香した。焼香とは本来、亡き人のために行うもの。それを今、生きている、しかし数分後には死んでしまう者のために行っている。渡辺にとっても初めてのことで、どこか奇妙な感じがした。

読経が終わると同時に、勢いよくシャッと乾いた音がした。隣の処刑部屋との間を仕切っていた濃い紫色のカーテンが開かれたのだ。いつの間にか、桜井の両手は後ろ手で縛られ、身体の自由を失っている。数人の刑務官に囲まれるようにして、隣の部屋へジリジリ移動した。白い線で囲まれた正方形の枠の上に、桜井の身体が立てられた。もはや桜井の身体は、彼のものであってかれのものではなくなっている。刑務官たちは、事前に何度も繰り返し練習した通り、天井から垂れた太い絞縄を手際よく首にかけようとした、まさにその時。

青白い顔をした桜井がクルッと上半身だけをねじるようにして身体をこちら側に反転させ、必死の形相で篠田に向かって叫んだ。

「先生！私に引導を渡してください！」

刑務官たちの手が止まった。皆が篠田の顔一点を凝視した。渡辺は焦った。浄土真宗に「引導」などない、どうする。すると篠田は迷いなくスッと前に進み出た。そして桜井に正面から向きあった。互いの鼻がくっつくほど間合いを詰め、桜井の両肩を鷲掴みにして、しゃがれた野太い声に腹から力を込めた。

「よおっし！　桜井さん、いきますぞ！　死ぬるんじゃないぞ、生まれ変わるのだぞ！

喝ーっ！」

桜井の蒼白な顔から、スッと恐怖の色だけが抜けたようにみえた。

「そうかっ、先生、死ぬんじゃなくて、お浄土に生まれ変わるんですね。」

「そうだ、桜井君！あんたが少し先に行くけれども、わしも後から行きますぞ！」

潤んだ両の目に、ほんの少しだけ笑みが浮かんだと思った途端、その笑みは白い布で隠された。そこからは、わずか数秒のことだった。

（『教誨師』一九四～一九六頁）

以上にみるように、死刑囚教誨を担当している教誨師が、死刑の日に立ち会いする。そして、教材に死刑囚教誨についての説明が書いていなくても、渡辺教誨師が以上のシーンに篠田教誨師の死刑立ち会い教誨に招待され、それで一種の訓練を受けたようであるので、死刑囚教誨のインフォーマルな教育方法があると推定できる。死刑が執行する日に、教誨師が死刑囚の唯一の支えになるのである。しかし、その前から長い間、教誨の面会で死刑囚との人間関係を作ることになるので、堀川氏の本に描かれているように、大変な精神的な負担になる。

教誨の更生への宗教的意味づけを論じていたのだが、「更生」という目的がないため、死刑囚の場合は特殊である。しかし、それにしても死刑そのものに実存的な意味を与えようとすることは以上のシーンにもみえる（「生まれ変わるのだぞ！」）。もう一度バーガーの説に触れると、神義論の一つの大切な課題が、恐怖を防止するため、「死」という普遍的な現象（一種の悪）の説明を提供することだとされている。

教誨師の支えが「心情の安定」に役に立てるという機能主義的な解釈ができるであろうが、それだけの説明では死刑囚教誨の重要性を見失うと思う。世間から見放された死刑囚にとっては、彼らの人間性を認める唯一の話し相手になることが多い。誰もこの役を自ら選ばないであろうが、インタビューでわかったのは、死刑囚を担当している教誨師は対象者に対して重い責任を感じているということである。これもまた教誨師の「立場」の複雑さを表していると言える。連盟・教団・施設・被収容者のすべてのレベルで重要な責任を持つのである。

教誨には守秘義務のあることも当然であるのだが、死刑囚教誨の守秘義務が特に厳しい。しかし、堀川氏の本が出版されてから、教誨師が注目を浴びるようになった。例えば二〇一五年に人気の警察ドラマの「相棒」に教誨師が登場したことが指摘できる。[7] 死刑囚教誨が注目を浴びることによって、長い間公共にあまり取り上げられなかった死刑についての議論がまた論じられるようになってきている。

二〇一四年の七月十一日に、龍谷大学にて、龍谷大学矯正・保護総合センターが教誨についてのシンポジウム、「宗教教誨の現在と未来――日本人の宗教意識――」を開いた。堀川恵子氏、人権学者の石塚伸一教授（龍谷大学）、赤松徹眞学長（龍谷大学）、平川宗信名誉教授（名古屋大学）、平野俊興前全国教誨師連盟理事長（死刑囚の教誨師）と大谷光真前門主・全国教誨師連盟総裁を含めて討論を行った。この時の大谷前門主のまとめのご発言は死刑囚教誨に触れていたので、以下に載せる。

立場上非常に言いにくいので、問題提起として聞いていただきたいのです。死刑制度というのは善い人は殺したらいけないけれど、悪い人は殺してもいいという非常に相対的なものの考え方でありまして、「良い・悪い」の境目が非常にあいまいであるという感じがいたします。

方、仏教の中には、先ほどご紹介のあった「殺してはならない」「殺さしめてはならない」というお釈迦様の一般論がありますが、一つは戒律ということで規範があります。これは悟りをひらくための修行の条件という意味が根本ですので、仏教徒でない人に押し付ける言葉ではないと思いますが、それでも、在家信者向きに五戒、五つの戒律があります。その一番目が不殺生戒といわれますが、経典を見ますと脱人命戒、人のいのちを奪う戒めという表現も出てきます。そこでは、誰を殺してはいけないかという相手のことは経典には出てきません。相手が善人悪人ということではなくて、人のいのちを奪ってはいけない、奪うという悪業を絶つ、そういう戒めと私は解釈いたしました。仏教徒としてはこれを現実にどこまで守れるか大きな課題を与えられていると感じたところであります。非常に難しいことを申しました。(8)

全国教誨師連盟の総裁である大谷前門主が、立場の難しさを断りながら、仏教の経典に現れる倫理の立場から、現代の国家権力による死刑制度の問題提起をしているということである。以上に『大無量寿経』（下巻、五悪段）における「教誨」を紹介したところに、仏教徒が「主上」に教誨する権利を持つという解釈が論理的に正しいと指摘したのだが、その意味では、大谷前門主の言葉が一種の（経典の意味での）教誨としてみることも可能である。

死刑廃止論にとっての教誨の意義を考える必要がある。宗教法と世俗法（刑法・矯正制度）における心についての解釈が一〇〇パーセント同じとは言えない。国が「改悛不可能」な死刑囚の場合に更生の目的を放棄したとしても、教誨論では、宗教的な救済の可能性はまだある。その意味で、刑法が認める「心の可能性」と宗教法（教義）が認める「心の可能性」の間に差異がある。

四　施設訪問：教誨の現場

以上に教誨師の育成のために使われている教誨マニュアルと死刑廃止論における教誨の意義について論じてきた。世俗的空間である刑務所における宗教の役割を考えると、矯正も宗教も人間の心（の可能性）についての解釈になり立っていると論じている。本論文の中心的なテーマは矯正・教誨における心の課題なので、教誨の現場でこのテーマが中心的だと証明するため、二つのケース・スタディを提供する。刑務所内で録音はしなかったが、ノートを書き、後で教誨師にインタビューし、それを「教誨日記」（教誨師が作る教誨記録）の真似でまとめてみた。

事例①　立川拘置所　宗教教誨・集合教誨　神社本庁

二〇一六年の夏に神社本庁の教誨師の集合教誨を見学する予定だった。しかし、神道系教誨を受けている被収容者の一人が別の施設に移動されたため、今回の集合教誨を受ける相手は一人しか残っていなかった。

教誨師は拘置所に到着し、教育科の控え室で白衣・白袴に着替え、立川拘置所の教誨室に移動した。教誨室には三つの宗教のシンボル（神道・仏教・キリスト教）に適用できる祭壇が備えてある。今回は神棚が中心にあった。

教誨師は神棚の前の小さな机に向かって椅子に座り、私と二人の刑務官が壁際の椅子に座っていた。被収容者が部屋に入ったら教誨師と簡単な挨拶を交わした。それから被収容者は教誨師の机に向かって椅子に座った。教誨師は講話を始めた。

「前回は一月で、初めての教誨でしたね。今日は二回目です。まずはお参りの仕方についてお話ししたいと思います。神社のお参りの仕方は二拝、二拍手、一拝です。覚えていますか？」

被収容者は練習した。

「いいですね。そして拍手の後に、心の中で願って、一礼をします。覚えましたか？

今日は前回（正月をはじめ年中行事と神道のかかわり）の話の続きをしたいと思います。この施設には神道系の教誨は神社本庁と天理教の教誨師が居ます。私は神社本庁の教誨師ですから、まず神社神道について話をします。

この漢字を読めますか？」『神道』と書いてあるカードを出した。

「シントウですね。そう剣道や柔道の言葉にも道がありますね。また、仏教とキリスト教と神道は日本の三大宗教になりますが、神道は神のミチ（道）であり、神のオシエ（教え）ではありません。ミチとオシエとは、どう違うのかについて説明したいと思います。

神道には神社神道のほかに幾つかの教派があります。天理教も金光教も神道ですが、幕末頃から大きくなった教派神道です。そして、皇室の神道（宮中における祭祀）もあります。そして、明治時代からは国家神道という国の宗教の時代もありましたが、戦後に占領軍によって国家神道が解体されて、神社神道として新しくスタートしました。今日では皇室神道、教派神道、神社神道がありますが、神社神道の特徴は何でしょう？

まず、神社神道の神社とは、地元の神々様を祀るところです。神社は一神教ではなく、多神教です。八百万の神様の宗教です。この点は仏教とキリスト教と大きく違いますね。もう一つ大きな違いがあります。仏教には経典があります。キリスト教には聖書があります。しかし、神道には中心となる教本はありません。でも、私たちを導く教えがあります。

先ほど神道は、オシエの字ではなく、ミチという字になっていると言いました。剣道・柔道にもミチがつきますね。そして書道・茶道・華道にもミチという字がつきます。この道は、自分で歩いて行く、自分で理解していくことです。

少し難しいですが、つまり道（ミチ）とは、人の歩むべき姿、在り様のことであり、心の中で考え行動することで神道の本義を理解していくことができます。

教誨師はもう一つのカードを出した。『まごころ・まことの心』と書いてあった。

「これを読んで下さい。どういう意味でしょうか?」

男:「精神ですか?」

「そうですね。人間本来の心。持ってほしい心です。」

次のカードを出した。『浄明正直《じょうめいしょうじき》』。

「これはまごころです。浄《きよ》く、明るく、正しく、直《すぐ》き心を表しています。浄は清らかで濁りのないすがすがしい心。明は明るく晴れやかな気分を表し、正しいはうそ偽りのない公明正大な心です。直はまっすぐで、どちらにも偏らない心を意味します。このような心がまごころと言えます。

これは本などに書いてある教義ではなく、神道の教えです。

ところで私たちは神職になるために勉強して資格、階位をとりますが、下位から、直階《ちょっかい》、権正階《ごんせいかい》、明階《めいかい》そして浄階《じょうかい》があります。明階までは学んで習得できましたが、浄階は功績のあった人しかもらえません。

この浄明正直の階位の名称は、大昔に天武天皇が定めた律令制の階位「明・浄・正・直・勤・務・追・進」の用語に由来するものです。因みに、勤は他人のためにも社会のためにもつくす活動であり、務は今日なすべきことは今日のうちになし、追は他人に遅れまい、時代に遅れないよう修業することで、進むは他人より先に、時代の先へと修業に励むことを意味します。神道には教えがないと言われますが、この『まごころ』を大切にします。どうですか。あなたは今このまごころをお持ちですか?」

男：「葛藤しているところです。できると思う時もあれば、できないと思う時もあります」

「そのとおりですね。人間ですから。これは理想ですね。目標とも言えます」

次のカード：『明心・赤心』

「アカキココロと読みます。これは良い心の意味です。良い心の反対はどうでしょうか」

次のカード：『濁心・黒心』

「キタナキココロです。これは悪い心ですね。日頃人間はこの良い心と悪い心が戦い、葛藤していいます。皆もそうですね。

貴方は今、この施設に入って、葛藤していると伺いましたが、このキタナキココロに負けてはいけないのですよ。アカキココロが勝つことを願って、頑張らないといけないのです」。

最後のカード：『言霊』を掲げて

「コトダマと読みます。昔から人々は、言葉には特別な霊力が宿ると考えてきました。言葉には魂があるのです。良き言葉は良き方向に、悪しき言葉は悪い方向に物事が運ぶと考えられていました。このアカキココロの意味を持つ言葉を使うと、この心が大きくなります。逆に、キタナキココロの意味を持つ言葉を使うと、その心が大きくなります。

現代でもお葬式では、重なる言葉やおめでたい言葉は使えません。結婚式でも別れるとか、切れるの言葉はだめでしょう。言葉には力があるからタブーなのです。

実は、この施設の日常生活にでも言葉に力があると考えられます。ありがとうございますという感謝を表す言葉もありますし、謝る時のすみませんという言葉もあります。これらの感謝の意を表す言葉や反省の意を表す言葉には言霊の力があります。言葉遣いで心が変わります。言葉の力でまごころを育てることができるのです。努力してください。

時間がきましたので、今日の話は終わります。次回は伊勢の神宮についてお話します。最後に神棚に向かってお参りをしましょう。まごころを持ちながらお祈りしてください」

教誨師は神棚を開けた。光っている鏡がみえてきました。皆が立ち上がり、刑務官は机を動かした。教誨師は箪笥から大麻《オオヌサ》を出し、神棚の前に備え、祓詞を唱えた。それから二拝二拍手一拝し、大麻を取り皆の上に振り祓った。

被収容者は神棚の前に進んだ。

「お祓いをしましたので、これからお参りをしましょう。二拝、二拍手、願いそして一拝。少し下がって一礼です。

今日もお参りを致しました。気持ちはいかがですか？その清々しい気持ちを大切にしてください。神道の教えは心の中にあると言えます。ですから、真心。まことの心を忘れずに日々のお勤めに励んで下さい」

それで教誨のセッションは終わった。

事例⑦　東京拘置所　宗教教誨・集合教誨　日蓮宗

被収容者四名が教誨室（教室のような部屋）で待っていた。教誨師が部屋に入ると、刑務官は「礼！直れ！」といい、被収容者がお辞儀をしました。そして、教誨師は丁寧に「合掌」という仏教の印相（梵語：mudra）の仕草で挨拶を返した。

「こんにちは皆様。本日の教誨にご参加をいただき、ありがとうございます。仏教についてのビデオとお経本を持ってきましたので、図書室から貸し出しができるようにします。仏教の経典、仏の教えがどうやってインドから日本に伝わってきたのかについての映像です。是非ご覧ください。

本日のテーマをなんで教誨を受けるかということにしたいと思います。私は日蓮宗のお坊さんですので、日蓮宗の教義についても説明します。

前回は合掌の意味についてお話ししました。

教誨師は「合掌」の仕草をもう一度みせてくれた。

「これで挨拶をしますが、この合掌が仏教では大切な意味を持っています。この簡単な仕草でお互いに対する尊敬の意を表すことができます」

合掌という漢字を白板に書いた。

「さて、尊敬の意を表すということは仏教の教えを反映していると言いましたが、仏教の教えについても少し深く考えたいと思います。

前回の感想文（出席表）で『初めて南無妙法蓮華経の意味がわかりました』と書いた人がいました。仏教では、これは非常に大事なセリフです。なので、最初にこのセリフの意味についてお話ししたいと思います」

白板で「南無妙法蓮華経」を書いた。

「ご覧のように、法という漢字があります。ここでは仏教という意味ですよ。そして、蓮華があります。蓮華とは花の名前ですが、蓮華をご覧になったことはありませんか?インドまで行かなくてもみえますよ。不忍池に蓮華の花がたくさんあります。

この蓮華の花とはどの特徴を持っているでしょうか。まずは泥海から生えていますよね。実は、その汚い水とは我々の人生を比喩しています。なので、この泥海とは人生のメタファーです。そして、蓮華の花そのものの意味とはなんでしょうか。二つの大切なことを象徴していま す。愛と真理の象徴です」

白板に愛、真理、慈悲、徳目と書いた。

「愛と真理とは仏教の教えの特徴ですので、蓮華の花とは仏法そのものを表していると言えるでしょう。次に、南無の意味についてお話ししたいと思います」

帰命と帰依を白板に書いた。

「南無とは帰命という意味です。南無妙法蓮華経という文章における南無とは動詞ですので、帰命する、帰依するという意味です。南無という動詞の対象とは妙法蓮華経ですので、南無妙法蓮華経とは妙法蓮華経に帰命するという意味になります。そうすると、仏法に帰命するという意味です。

ここまでは南無妙法蓮華経の意味について説明しました。しかし、今日の本題を教誨の意義にしますので、南無妙法蓮華経の話と教誨の意義との関係とはなんでしょうか？

刑務所とは規律を身につけるための教育施設です。その規律の方法の一つとしては仏教の教えがあると考えれば良いのではないか。南無妙法蓮華経という仏教の教え、あるいは仏教の修行も規律を身につけるために大切です。それに、国民に対する感謝の気持ちを修養することも一つの方法であります。

たまに釈放される人にこの話をします。『正業に従事、善業に保持』というセリフがあります。どんな意味でしょうか？　皆さまは日本の国籍を持っていますよね。実は、市民権には責任がついてきます。働くこと、税金を払うこと、コミュニティに参加をすることなど。これらの全ては我々の市民としての責任です。このセリフ、正業に従事、善業に保持が我々の責任を表現しています。

皆知っている反社会的な組織がありますけれども、これらは正業や善業とは全く関係ないですよ。国民としての責任を果たすためには、こういう悪い組織と絶縁しないといけないのです。こういう悪い組織がダメですが、社会の中でどうやって国民としての責任を果たせるのでしょうか。

仏教徒としては、南無妙法蓮華経というセリフを唱えるという修行も『正業に従事、善業に保持』という目的に役に立てると考えております。なぜかというと、善業を行うためにはどうしてもエネルギーが必要となります。南無妙法蓮華経を唱えることによって、善業を行うためのエネルギーを身に着けることができると考えております。仏教の修行の方法です。仏教とは社会の中でどうやって生きるべきなのかということを教えてくれる力をもっていると私は考えております。

本日のように、教誨師のお話を聞きに来ると、皆さまのそれぞれの人生には将来があるということに目覚めてもらいたいです。皆には間違いがありますけれども、それで終わりということはないです。失敗の時の悪いエネルギーをまた良い力に変えることができると思います。ちゃんと反省すれば、成長ができます。誰もそうです。失敗が成長の機会となりえるに違いないです。この考えも仏教の教義に深くつながっている」

無常、無我、涅槃と三法印を白板に書いた。

「仏教用語ですが、どんな意味でしょうか？無常とは不変なものはないという意味です」変化を白板に書いた。「これはポジティブな意味を持っている時もあるし、ネガティブな側面を持つ時もあります。例えば、人が変えられます。皆にはこの事例をみたことがあると思います。『十年前、彼は馬鹿な奴だったんだけど、今はしっかりしている！』という人は見たことがあるでしょう」

この無常という概念は無我とつながっている。不変な自我がないという意味です。自我が変えられるものです。そして、最後に涅槃という言葉があります。これはサンスクリット語（梵語）の言葉ですよ。これは人間の心の可能性についての言葉です。その可能性は無限だという意味ですよ。我々の希望です。仏教の理想です。我々の人生には素晴らしいチャンスが来るという意味も持っています。自分の人生をより良い方向に向かせることができるというニュアンスです。この人生を輝く命にするチャンスはここにあります。

私は日蓮宗のお坊さんですが、日蓮上人が日蓮という名前を選んだ理由はご存じですか？太陽の日と蓮華の蓮からなっているので、ポジティブなエネルギーを表しています。太陽のエネルギーと蓮華のエネルギーです。日蓮上人は毎朝、朝日に向かって、南無妙法蓮華経を唱えて、修行していました。どんな気持ちだったのでしょうか？修行によって、大宇宙の真理に調和をしていました」

因果法則を白板に書いた。

「因果法則とは大宇宙の真理です。仏教の基本的な教えの一つであります。天道とは天のミチという意味ですが、この道に生きると、大宇宙の真理に従って生きていくことができます。言霊というセリフはご存知です？言葉には特別な力があるという意味です。なんで言葉に力があると言えるのでしょうか。言葉は心に響くから力があるのです。言葉の力で私たちの現実を変えることができるという意味です。実は、南無妙法蓮華経というセリフがこんな力を持っています。

盗難のような犯罪行為を犯す前に南無妙法蓮華経を唱えたらうまくいけるかもしれないという意味ではないですよ。それは全く違います。逆に、おそらく犯罪を犯す前に仏教の修行を行ったとしたらさらうまくいかないのではないかとも思えるかもしれません。パチンコで唱える人がいるという噂は聞いた事がありますが、そのための修行ではないですよ。単なる現世利益の手段ではないですよ。物理的な欲望を果たすための手段ではありません。自分の心を変えるための修行だ、人生をより善い方向に行かせるための修行だと信じてもらいたいです。そして、自分の心を変えることによって、人生が大きく変わると思います」

開運を白板に書いた。

「日蓮宗では運命ということがあると教えられています」

白板に図を書いた。

過去	現在	未来
自分	自力 （浄心）	運命 （天命）
人間関係	他力 （神仏）	知恵 （愛と心理）

「過去、現在、未来がつながっている。例えば、過去で行ったことは現在に影響を与えている。釈迦尊の教えでは、これを因果と言います。真理に違反する行動をすれば、悪いことが起こるという意味です。この図でみえるように、過去と現在の自分の行動を自力と言います。それに他力という、神様や仏様の力もあります。しかし、自力で努力をしない人にはこの他力の助けはもらえませんので、自力について考えていきたいと思います」

善念を白板に書いた。

「南無妙法蓮華経を唱えることによって善念をすることもできます。この善念をは心を変えられると思います。これで、自力で運命を変えること、開運をすることができるというふうに考えております。

ただいまは皆様が右にも左にも刑務官がいらっしゃいます。しかし、釈放されたらどうなりますか。一人ですべてを決めなくてはいけなくなります。それでどういうふうに行動しますか。この図でみえるように、悪い行動をすれば、その悪い因果の結果が出るということが分かります。他方では、浄心をすれば、例えば南無妙法蓮華経を唱えるという修行で浄心をすれば、過去の悪い行動の悪い因果を清めることができると思います。浄心をすることによって、人生が変えられるのです。南無妙法蓮華経を唱えるという修行によって、浄心の結果を生じることができます。なので、ぜひご自分で、朝に唱えてみてください。

三月にお彼岸の季節に入ります。お彼岸とは先祖とのご縁を考える季節になりますが、同時に自分の人生を変える季節にすることもできます。ご先祖さまへの感謝の気持ちを持ち、そして周りの皆さま、刑務官や職人にも感謝の気持を持ち、毎朝南無妙法蓮華経を唱え、そしてこれからの人生の方向について考えてもらいたいです。ぜひ頑張ってみてください。

本日は法華経の意味、教誨を受けることの意義、と日蓮宗の教義についてお話ししました。最後に、合掌で締めましょう。合掌とは、心の中に感謝の気持ちを持つこととまたつながります。

皆さまにはご自分の人生を変える力があります。先輩の中で、釈放されて、しっかりしている人もたくさんいますよ。皆さまも社会復帰ができると思います。来てくれてありがとうございます。本日はここまでにします」

教誨師と被収容者は合掌を交わし、セッションが終わりました。

五　結　論：教誨の宗教学的解釈の試論

現代社会においては、宗教に何が求められているのか？宗教がどの役割を果たしているのか？矯正の現場では、法務所・矯正局だけではなく、教誨を受ける被収容者も更生のプロセスで教誨師に期待しているということが指摘されている。

それに、死刑囚の場合には、教誨師が「心情の安定」を援助していると法令にはあるのだが、最終的に死刑の現場で立ち会いしているということはそれだけで簡単に解釈することができないように思われる。堀川氏の本には、渡邉普相教誨師が刑務官と死刑囚以外に誰も見ていない死刑の事実の証言者でもある。この本の出版以来、大谷前門主も仏教の倫理の立場から改善の必要を公共に提唱し、これからの日本での死刑に関する議論においては教誨師が重要な役割を果たすと想定できるであろう。今までの矯正制度の改善運動にも教誨師が明治期以来に関わってきているので、これからもその役割も果たされていくであろう。

世俗的空間である刑務所における教誨についても、例えば教誨の手引きに「社会通念上の宗教一般の教化」や「一般常識を基礎として道徳的価値判断をさせ」とあるが、現場では両者の区別が難しい時もある。前述したように、そもそも「改心」を目的とする矯正そのものが宗教的な系譜を引き継いでおり(9)、刑務所において宗教家の存在が求められているということは、ある意味で当然でもあるのである。

他方、近代国家における矯正制度の発展が、各教団に神学的・教義的な反省をせまった面もある。例えば「犯罪」という社会問題をどう把握するのか?宗教家は人々の「心」を取り扱い、「こころなおし」を行うと社会的に承認されている一方で、矯正制度は犯罪の原因を個人の「心」に求める傾向がある。このような状況において、各教団は犯罪と更生に宗教的な意味を見出し、これを悪の問題・神義論として教義解釈に組み込み、かつそれを教誨マニュアルや教材において説くことで宗教家たる教誨師の育成を試みてきている。これで、各教団に救済と更生をつながる「教誨論」が現れた。このように見るならば、信仰による内面の変化と、道徳的な行動・徳性がつなげられており、それはまた現行の矯正制度において宗教的背景を持つ教誨師が要請されていることにつながっている。

謝辞

国際交流基金 Japan Foundation、早稲田大学、ハーバード大学の Reischauer Institute と Religion and Diversity Project のご支援のもとにこの論文を作成した。感謝の意を申し上げたい。それにたくさんの方からの協力とアドバイスをいただいたお陰でこの論文を完成させることができた。教誨師の皆様、教誨師連盟の皆様、府中刑務所のスタッフの皆様、東京拘置所のスタッフの皆様、立川拘置所のスタッフの皆様、川越少年刑務所のスタッフの皆様、立川拘置所教誨師会、天理教教誨師連盟の皆様、天理教福祉課の石前修様、真言宗教誨師連盟、日蓮宗教誨師連盟、金光教教誨師連盟、そして石塚伸一先生と龍谷大学矯正・保護総合センターの皆様、星野靖二先生、橋爪大三郎先生、安丸良夫先生、梅森直之先生、小川隆先生、弓山達也先生、Charles Mueller 先生、堀川惠子様、繁田真爾様、大澤絢子様、文化庁の大澤広嗣様と私の指導教官の Helen Hardacre 先生にお礼を申し上げたい。

《註》

（1）津地鎮祭訴訟の全文：http://www.cc.kyoto-su.ac.jp/~suga/hanrei/25-3.html
（2）国史大事典の「監獄教誨」のところに、「維新前後にも栗本鋤雲の『匏庵十種』その他に欧米の教誨の紹介がある」とあるのだが、「欧米の教誨」というのはチャプレンのことにちがいない。

(3) 引用の由来の資料は書かれていない。

(4) "The anomic phenomena must not only be lived through, they must be explained…(such an explanation) in terms of religious legitimations, of whatever degree of theoretical sophistication, may be called a theodicy." (Berger 1967: 56)

(5) Sullivan 2014: 195 参照："The chaplain allows the host institution to outsource questions of meaning and purpose [...] and to deal with suffering and death."

(6) 一八八一年の『監獄則』に「教誨師」の名称が確認され、第九十二条に「已決囚及ヒ懲治人教誨ノ為メ教誨師ヲシテ改過遷善ノ道ヲ講セシム」とある。［全国教誨師連盟 1993: 81 参照：または堀川 2014: 79 参照］。「改過遷善」という言葉は現在、教誨マニュアルに使われている。

(7) 二〇一五年十月十四日に放送された『相棒』（初回）のあらすじ。教誨師が出る。

(8) 本書九六頁参照。

(9) 一九世紀の西洋の矯正・更生にはキリスト教の宗教色が今日よりも強かった。日本がドイツの矯正学を導入した明治期には、ドイツのすべての刑務所にはルテラン教会の Seelsorge（チャプレン）がいた。［赤池・石塚 2011: 123-147］。

《参考文献》

・赤池一将・石塚伸一編『矯正施設における宗教意識・活動に関する研究：その現在と歴史』日本評論社、二〇一一年。
・浄土真宗本願寺派・真宗大谷派『教誨百年』一九七三年。
・矯正局編『矯正の現状』法務所矯正局、二〇一四年。

・刑務教誨司法保護事業研究所編『教誨研究』一九二六～一九三九年。
・刑務教誨司法保護事業研究所編『教誨と保護』一九三九～一九四三年。
・金光教教誨師連盟編『ともに心を開いて：教誨師必携』二〇〇五年。
・『真宗の教誨』編纂委員会編『真宗の教誨』真宗大谷派宗務所、二〇一一年。
・神社本庁教誨師研究会編『教誨の手引』神社本庁、一九九九年。
・浄土真宗本願寺派総合研究所編『浄土真宗聖典（註釈版）』本願寺出版社、二〇一三年。
・浄土真宗本願寺社会部『浄土真宗本願寺派　教誨師必携』二〇〇五年。
・浄土宗教誨師会編『浄土宗のおつとめ』浄土宗社会国際曲出版、二〇〇六年。
・全国教誨師連盟編『歩みつづける宗教教誨』全国教誨師連盟出版、二〇〇六年。
・全国教誨師連盟編『教誨マニュアル』全国教誨師連盟出版、一九九三年。
・高崎直道『仏教入門』東京大学出版会、一九八八年。
・『天理教教誨の手引き』天理時報社、一九九三年。
・徳岡秀雄『宗教教誨と浄土真宗　その歴史と現代への視座』本願寺出版社、二〇〇六年。
・殿平善彦「転向と仏教思想」『戦時下の仏教』中濃教篤編（講座日本近代と仏教６）国書刊行会、一九七七年。
・日本仏教学会編『仏教における正と邪』平楽寺書店、一九八三年。
・中尾文策「慈眼悲心：序にかえて」「刑政」八七（九）、一九七六年。
・中村元『佛教語大辞典』東京書籍、一九九五年。
・花山信勝『巣鴨の生と死』中公文庫、一九九五年。
・北海道教誨師連盟編『開道百年　北海道宗教教誨少史』全国教誨師連盟出版、一九六八年。
・二葉憲香編『島地黙雷全集』二巻　日本仏教布教会、一九七三年。

・堀川惠子『教誨師』講談社、二〇一四年。
・『日本監獄教誨史』浄土真宗本願寺派本願寺・真宗大谷派本願寺、一九二七年。
・吉田久一『日本近代仏教社会史研究』改訂増補版　二巻　川島書店、一九九一年。
・Asad, Talal *Formations of the Secular* Stanford University Press, 2003.
・Beckford, James A., Danièle Joly and Farhad Khosrokhavar *Muslimes in Prison: Challenge and Change in Britain and France*. Palgrave Macmillan 2005.
・Berger, Peter L. *The Sacred Canopy: Elements of a Sociological Theory of Religion*. Anchor books ed. Garden City, N.Y.: Doubleday 1967.
・Casanova, José *Public Religions in the Modern World*. Chicago: University of Chicago Press 1994.
・Foucault, Michel, *Discipline and Punish : The Birth of the Prison*. 2nd Vintage Books ed. New York: Vintage Books 1995.
・Kahn, Paul *The Cultural Study of Law: Reconstructing Legal Scholarship*. University of Chicago Press 1999.
・Sullivan, Winnifred Fallers, *A Ministry of Presence : Chaplaincy, Spiritual Care, and the Law*. The University of Chicago Press 2014. / *The Impossibility of Religious Freedom*. Princeton University Press 2005.
・Weber, Max, and Richard Swedberg. *The Protestant Ethic and the Spirit of Capitalism: The Talcott Parsons Translation Interpretations*. 1st ed. New York: W.W. Norton & Co 2009.

《ウェブサイト》
『大祓詞』Wikisource（https://ja.wikisource.org/wiki/大祓詞）2016-12-30.

『仏説無量寿経』（大無量寿経）大蔵経データベース（http://21dzk.l.u-tokyo.ac.jp/SAT/ddb-bdk-sat2.php?lang=en）2016-12-30.

全国教誨師連盟公式ウェブサイト（http://kyoukaishi.server-shared.com）2016-12-30.

津地鎮祭訴訟（オンライン）（http://www.cc.kyoto-su.ac.jp/~suga/hanrei/25-3.html）2016-12-30.

法務省公式サイト：犯罪白書（http://hakusyo1.moj.go.jp/jp/61/nfm/n61_2_2_4_1_1.html）2016-12-30.

American Correctional Chaplains Association（http://www.correctionalchaplains.org）2016-12-30.

Bureau of Justice Statistics Website（http://www.bjs.gov/content/pub/pdf/p14_Summary.pdf）2016-12-30.

Pew Forum Survey of American Prison Chaplains（http://www.pewforum.org/2012/03/22/prison-chaplains-exec/）2016-12-30.

第六章　韓国の矯正施設における被収容者に対する宗教教誨

李　昌　培
同志社大学大学院

一　韓国の矯正施設の概要

㈠　矯正本部及び全国の矯正施設

(1)矯正本部は、矯正行政を総括する中央機構であり、法務部所属となっている。また、受刑者が刑務作業、教育・教化活動及び職業訓練などを受けて出所後、社会で成功的に定着できるように、様々な社会復帰プログラムを開発して、現場の矯正施設の運営の支援と管理・監督が行われている。

⑵矯正本部長を補佐し、現場の矯正施設の業務執行の指揮監督を管掌する中間監督機関として、四つ（ソウル、大邱（テグ）、大田（テジョン）、光州（クァンジュ））の地方矯正庁がある。そして、現場の矯正施設の数は、二〇一六年九月現在、刑務所（三十八カ所）・拘置所（十一カ所）・支所（三カ所）・民営刑務所（一カ所）など合わせて五十三カ所である。

⑶矯正公務員及び収容人員の現況

①矯正公務員（二〇一六年三月）：一万五千八百八十七名

②収容人員（二〇一五年基準、一日平均収容人員）：五万三千八百九十二名（既決囚：三万四千六百二十五名、未決囚：一万九千二百六十七名）

㈡受刑者処遇の原則及び目的

⑴受刑者は「刑の執行及び被収容者の処遇に関する法律」第五十九条の分類審査の結果によってそれに適合した矯正施設に収容され、個別の処遇計画によってその特性にふさわしい処遇を受ける。

⑵受刑者に対しては、教育・教化プログラム、作業、職業訓練などを通じて矯正教化を図って、社会生活に適応する能力を涵養するように処遇している。

二　矯正施設における教誨師の概要

韓国の矯正施設で、教誨師の用語が初めて登場するようになった時期は一九〇〇年代の初めであり、日本による植民地統治時期に矯正施設で僧侶が教誨師として仏教教化活動を開始した。一九〇八年、日本による統監府の刑務所官制が施行された後に同管制中に専任の教誨師が正式に任用されており、刑務所に僧侶が教誨師として配置され、仏教教誨活動が始まった。一九四五年八月十五日の解放後、第一共和国（自由党政府一九四八年八月～一九六〇年六月）の時代には、各矯正施設において教務課長職にプロテスタントの牧師を採用し、宗教教誨が行われた。第二共和国（民主党政府一九六〇年六月～一九六一年五月）に入ってプロテスタントの牧師によって専担された政府の教化政策は一九六一年に廃止された。なぜならば、宗教の自由が保障された民主主義国家では、特定の宗教の聖職者を刑務所の教務課長職として任命して宗教教誨を担当させるのは不当であるからである。しかし、一九六二年、第三共和国政府は、被収容者の精神教育と教化に宗教的な学習の必要性があることを改めて認識して、プロテスタント・仏教・カトリックなど宗教ごとに刑務所側の招聘形式で宗教教誨が民間ボランティアとして行われるようになった。以後、プロテスタント・仏教・カトリックなどの各宗教の宗教教誨は、民間ボランティアとして矯正施設の宗教教誨に参加して今日に至っている。ただし、今日、矯正施設に職員として勤務している牧師・僧侶・神父などはなく、宗教教誨のために矯正施設に出入りする宗教団体の牧師・僧侶・神父なども教誨師と呼ばず、一般民間社会のように牧師・僧侶・神父などで呼ばれている。

一九七三年からは矯正施設に教誨師を刑務官として採用した。この時期に教誨職公務員として採用された教誨師は、各矯正施設の社会復帰課に所属され、私服刑務官として勤務した。主な業務は矯正施設で思想犯のような公安関連犯罪を対象に矯正教化や相談などである。その他、公安関連犯罪と関連した業務以外に一般受刑者を対象とする教育・教化・相談指導・宗教関連業務なども担当した。しかし、二〇一二年「公務員任用令」（大統領令第二三五五五号）の改正で、二〇一二年七月一日から私服刑務官である教誨職・分類職公務員は制服刑務官である矯正職公務員に吸収・統合された。これによって教誨師をはじめとした教誨職公務員は制服刑務官としてその名称が変わって呼ばれるようになり、矯正施設で制服刑務官と循環勤務の形で変更されることとなった。したがって、今日、矯正施設で教誨師の名称は存在しない。矯正職公務員の統合によって、既存の教誨師は制服刑務官の矯監に名称が変更され、担当業務も専門性を持った業務ではない循環補職で変わされ総務課、保安課、職業訓練課などで勤務することになった。ちなみに、二〇一二年の教誨師をはじめとした教誨職公務員が制服刑務官に統合されて、教誨師の名称が消える前までの教誨師の役割と具体的な業務内容は次のようなものである。

㈠ 韓国における教誨師の定義と役割

・斗山百科辞典

①教誨師は刑務所の被収容者を悔い改めるよう教育する人（prison chaplain）で、刑務所では、受刑者の精神教育を強化するために矯正委員と社会に著名な方を委嘱して遵法精神、健全な価値観の確立などの教誨を定期的に、または随時実施する。受刑者の本人が信奉している宗派の教理による特別教誨を請願するときは、刑務所の所長は、その宗派に委嘱して、教誨をすることができるので、実際に各刑務所では、信仰生活を通して、教誨が行われるように週一回、プロテスタント・仏教・カトリックなど、宗教ごとに聖職者を招聘して、その宗教の集会をもつ。

②教誨は所長が必要と認めるときを除いては、休業日にする。しかし、所長は、作業が免除された受刑者には頻繁に教誨をしなければならない。病室または独居室に収容された受刑者の教誨はその居室で行う。所長は赦免や仮釈放をしたり、賞状などを授与する時は、受

刑者の全部または一部を集合させた後、教誨をしたり、受刑者が死亡した時、教誨をすることができる。

・韓国職業辞典

①教誨師は、拘置所や刑務所の被収容者を対象に、教育及び教化プログラムを運営して被収容者の教化改善を促進し、正常な社会復帰をサポートする業務を担当する。

②被収容者の健全な人格形成と心身鍛錬を図る一方、収容生活と社会復帰に必要な基本的な姿勢を習得するように、教育プログラムを運営する。正規の学校教育を修了していない受刑者を対象に学力を取得するための学科の教育、国際化時代の社会環境に能動的に対処できるように外国語教育、漢字教育などのプログラムを運営している。知識情報産業社会での適応能力培養のための情報化教育を運営する。

③被収容者の家族関係を維持すると絆の強化、生活の安定を図るための家族の出会いの日の行事など教化プログラムを運営している。被収容者の情緒浄化と教養育成のために本を購入及び交付、特別班運営、各種執筆業務、社会復帰に必要な情報と知識を習得させるために教化放送や新聞閲覧などの業務を行い、被収容者の信仰による教化の改善を促進するために、宗教関連の指導活動をする。

(二) 教誨師を含む教誨職公務員の概念

矯正職列公務員の中、教誨職公務員（教誨監（四級）、教誨官（五級）、教誨師（六級）、教誨師補（七級）など）は、一般的な制服刑務官とは異なり、私服を着用して矯正施設の社会復帰課に所属している私服刑務官である。また、受刑者の矯正教育、教化を担当する刑務官として社会学、心理学、教育学の専門知識が要求される公務員であり、主な業務は、以下の通りである。

①小学校・中学校・高等学校・大学を卒業していない受刑者を対象とする学科教育

学科教育は、教誨職公務員が直接実施するかまたは外部学校の教諭を招いて教育を行う。

②受刑者の人格教育、薬物違反者に対する薬物治療プログラムによる教育、性暴力犯罪者に対する教育など人格教育、薬物違反者に対する教育、性暴力犯罪者に対する教育は、教誨職公務員が直接実施または外部の専門家を招聘して教育を実施する。

③被収容者を対象とするテレビ視聴やラジオ聴取、新聞などの閲覧業務

④被収容者の対応と書籍の管理に関する事項

⑤被収容者の宗教的な生活関連業務と相談に関しては、日本の矯正施設における教誨師は、刑務所から直接、宗派ごとに宗教教誨を直接主管しているが、韓国の矯正施設における教誨師は刑務所の職員で、外部のプロテスタントの牧師、カトリックの神父（司祭）、仏教

の僧侶などを招いて、宗教教誨を実施するなどの調整業務を担当している。

⑥音楽、美術などの文化芸術プログラムの実施と教化行事に関しては、合唱、美術、笑い治療、園芸、演劇など被収容者が直接体験できる多様な文化芸術プログラムを実施して自我尊重と情緒的な安定に役に立つようにする。

⑦被収容者の相談、生活指導、教化に関する事項

⑧受刑者の社会見学、家族との出会いの日、帰休、出所予定受刑者の就職斡旋などに関する事項

(三) 教誨職担当業務に関連する規定

「刑務官執務規則」（法務部令第六七九号、二〇〇九・十一・九、一部改正）では、私服刑務官である教誨職公務員の職務に関する事項を次のように規定している。

第五十九条（教誨職刑務官の職務）①教誨職刑務官は次の各号の事務を担当する。

1．被収容者の信書・執筆

2．被収容者の宗教・文化

3．受刑者の教育と教化プログラム

4．受刑者の帰休、社会見学、家族ふれあいの家、家族の出会いの日の行事
5．受刑者の社会復帰サポート
6．その他、矯正行政に関する事項
②教誨職刑務官は、職務を遂行するために必要な場合には、被収容者を同行・戒護することができる。
第六十条（教育課程の開設計画と実施）　教誨職刑務官は受刑者の学力伸長に必要な教育課程の開設計画を立て、所長に報告し、所長の指示を受けて教育をしなければならない。

第六十一条（教化プログラムの運営）　教誨職刑務官は受刑者の情緒涵養などのために、心理療法・文化・芸術・体育プログラム、その他の教化プログラムの運営計画を立てて所長に報告し、所長の指示を受け、教化プログラムを施行しなければならない。

第六十二条（宗教）　教誨職刑務官は、被収容者が、自分の信奉する宗教的な儀式や宗教行事に参加することを希望する場合には、特別な事情がなければ、許さなければならない。ただし、被収容者が信奉する宗教、またはそれに伴う活動が法第四十五条第三項各号に該当する場合には、所長に報告し、所長の指示を受け、適正な措置を講じなければならない。

第六十三条（教化相談）①教誨職刑務官は受刑者のうち、患者、独居室の被収容者と懲罰をうけている受刑者に対して処遇上必要と認める場合には、頻繁に教化相談をしなければならない。ただし、当該受刑者が患者である場合には、医療職刑務官（公衆衛生のを含む）の意見を聴かなければならない。

②教誨職刑務官は、新入受刑者と教化相談をしなければならない。ただし、他の矯正施設から移送されてきた受刑者は、必要と認められる場合に行うことができる。

③教誨職刑務官は、死刑確定者又は死刑宣告を受けた人の心理的な安定のために頻繁に相談をしなければならず、必要と認める場合には、外部関係者を招聘して収容生活が安定するようにしなければならない。

④教誨職刑務官は、第一項から第三項までの規定に該当しない受刑者に対しても、次の各号のいずれかに該当する場合には、適切な教化相談をしなければならない。

a　性格形成過程の欠陥により心理的な矯正が必要な場合

b　対人関係が円満できず、常習的に規律に違反した場合

c　家族の離散、財産の損失などで家庭に問題があるとき

d　家族など縁故者がいない場合

c　本人の収容生活で家族の生計が非常に困難である場合

⑤教誨職刑務官が第一項から第四項までの規定による教化相談をするときは、あらかじめ、その被収容者の罪質、犯罪経歴、教育程度、職業、年齢、環境、その他の身上を把握して活用しなければならない。

第六十四条（帰休など対象者の報告）　教誨職刑務官は受刑者が帰休などの要件に該当し、帰休などを許可する必要があると認める場合には、その事実を上司に報告しなければならない。

第六十五条（社会復帰支援）　教誨職刑務官は、受刑者の社会復帰に必要な知識と情報を提供して、釈放後円滑な社会への適応のための相談をしなければならず、公共機関・団体などと連携して、社会定着に必要な支援することができる。

三　矯正施設における宗教教誨

(一)　宗教教誨の意義と目的

矯正施設で被収容者の収容生活の中で宗教生活を最大限に維持・保障し、心を浄化させ、心に平静を持たせるようにする。そして、出所後、健全な社会人として復帰させる事が目的である。

(二) 宗教教誨の歴史

韓国の刑務所で宗教教誨が始まった時期は、一八〇〇年代末から一九〇〇年代初め頃である。当時の漢城監獄は、外部の宣教師と交友をもっていた。特に、培材（ベジェ）学堂の教師としてあったバンカー（Bunker）宣教師は、獄中の受刑者に対する宣教の熱意をもって、監獄をよく訪問し、キリスト教を伝道した。

(三) 宗教教誨関連規定

(1)「大韓民国憲法」（憲法第一〇号、一九八七・十・二十九、全部改正）

第十一条　①すべての国民は、法の前に平等である。誰もが性別・宗教又は社会的身分により、政治的・経済的・社会的・文化的生活のすべての領域において差別を受けない。

第二十条　①すべての国民は、宗教の自由を有する。

(2)「刑の執行及び被収容者の処遇に関する法律」（法律第一三七二一号、二〇一六・一・六、一部改正）

第四十五条（宗教行事の参加など）①被収容者は、矯正施設の中で実施する宗教儀式や行事に参加することができ、個々の宗教相談を受けることができる。

②被収容者は、自分の信仰生活に必要な書籍や物品を所持することができる。
③所長は、次の各号のいずれかに該当する事由がある場合は、第1項及び第2項に規定している事項を制限することができる。
a　受刑者の教化や健全な社会復帰のために必要なとき
b　施設の安全と秩序の維持のために必要なとき
④宗教行事の種類・参加対象・方法、宗教相談の対象・方法及び宗教的な本・物品の所持範囲などに関して必要な事項は、法務部令で定める。
(3)「刑の執行及び被収容者の処遇に関する法律施行規則」（法務部令第八七〇号、二〇一六・六・二十八、一部改正）
第三十条（宗教行事の種類）「刑の執行及び被収容者の処遇に関する法律」（以下「法」という）
第四十五条の規定による宗教行事の種類は、次の各号のとおりである。
a　宗教集会：礼拝、法会、ミサなど
b　儀式：洗礼、受戒など
c　教理教育とカウンセリング

d　その他、法務部長官が定める宗教行事

第三十一条（宗教行事の方法）①所長は、矯正施設の安全と秩序を害しない範囲で、宗教団体が主管する宗教行事を実施する。

第三十二条（宗教行事の参加対象）被収容者は、自分が信奉する宗教行事に参加することができる。ただし、所長は、次の各号のいずれかに該当するときは、被収容者の宗教行事に出席を制限することができる。

a　宗教行事のために施設の不足など、条件が十分でないとき

b　被収容者が宗教行事場所を許可なく離れたり、他人と連絡をとるとき

c　被収容者が継続して大きな音を出したり、騒いで宗教行事を妨害したとき

d　被収容者が宗教伝道を言い訳に、他の被収容者の平穏な信仰生活を妨害したとき

e　その他、他の法令に基づいて共同行事の参加が制限されるとき

第三十三条（宗教相談）所長は、被収容者が宗教の相談を申請したり、被収容者に宗教相談が必要な場合は、その宗教を信奉する刑務官又は矯正参加ボランティア（法第一三〇条の矯正委員、その他の矯正行政に参加している社会の各分野の人の中で学識と経験が豊富な者をいう）に相談に応じるようにすることができる。

(4)「刑務官の職務規則」（法務部令第八三八号、二〇一五・一・三十、一部改正）

第六十二条（宗教）　社会復帰業務を担当している刑務官は、被収容者が、自分の信奉する宗教的な儀式や宗教行事に参加することを希望する場合には、特別な事情がなければ、許さなければならない。ただし、被収容者が信奉する宗教またはそれに伴う活動が法第四十五条第三項各号のいずれかに該当する場合には、所長に報告し、所長の指示を受け、適正な措置を講じなければならない。

(四) 矯正委員制度と宗教委員

(1) 矯正委員制度

イ、矯正委員制度の目的

矯正委員制度は、被収容者の矯正・教化業務を効率的に遂行するために、民間ボランティアを通じて被収容者教化活動に参加させることで、矯正公務員による施設内処遇の限界を克服し、矯正の社会化を図る目的として行われている。

ロ、矯正委員の概要

矯正委員は、法務部長官の委嘱を受け、被収容者の教育、教化、宗教、医療分野、就業・創業分野に参加する民間ボランティアをいう。また、矯正委員は教育委員、教化委員、宗教委員、医療委員、就業委員に分けて分類しており、二〇一六年現在、全国矯正施設で四千七百人余りの矯正委員が活動している。

ハ、矯正参加ボランティア

刑務所・拘置所・支所の長である所長の承認を受けて被収容者の教育・教化活動などに参加している民間ボランティアとして準矯正委員ともいう。特に、宗教の分野で集合教誨、個人教誨、宗教集会、教理指導、姉妹結縁相談などのボランティアとして活動している矯正参加ボランティアは矯正委員より多く、様々な分野で活動している。

(2)矯正委員の資格と委嘱

イ、資格

①教化分野に参加する矯正委員は、地域社会での信頼が厚く、学識と経験が豊富な者として、被収容者の矯正教化事業に献身的に奉仕することができる資質と能力を備えなければならない。

②宗教の分野に参加する矯正委員は、プロテスタント・仏教・カトリックなど韓国の国民情緒

に反しない限り、宗教団体に所属している者として、被収容者の宗教教誨に献身的に奉仕することができる資質と能力を備えなければならない。

③教育分野に参加する矯正委員は、被収容者の学科教育及び各種専門教育などの科目を担当して導くことができる専門知識をもって、被収容者の教育に献身的に奉仕することができる資質と能力を備えなければならない。

④医療分野に参加する矯正委員は、被収容者の医療相談や診療などをサポートすることができる専門知識をもっている被収容者の医療処遇に献身的に奉仕することができる資質と能力を備えなければならない。

⑤就業・創業分野に参加する矯正委員は、被収容者の職業訓練、就職、創業を支援することができる専門知識を持って、被収容者の就業及び創業支援に献身的に奉仕することができる資質と能力を備えなければならない。

ロ、委　嘱

各矯正施設（刑務所・拘置所・支所）の所長が矯正委員として推薦しようとするときは、刑務官会議を経て、毎年二月と八月末までに、地方矯正庁長に推薦しなければならない。地方矯正庁長は、検討・審査して適格者を法務部長官に上申しなければならず、法務部長官の委嘱を受け、矯正委員として活動する。委嘱期間は三年とし、活動実績などに応じて、三年ごとに再委嘱することができる。

(3)矯正委員制度の関連規定

「矯正委員運営指針」（法務部例規第一一〇四号、二〇一六・一・四、一部改正）

(4)全国の矯正施設で活動している宗教委員の現況

（法務研修院（二〇一五）「犯罪白書」による）

二〇一四年十二月三十一日基準

区分	プロテスタント	仏　教	カトリック	その他の宗教
人員	九〇〇名（四六・七%）	六六〇名（三四・三%）	三三二名（一七・二%）	三四名（一・八%）

右記の表で示しているように、宗教委員は二〇一四年十二月三十一日現在、全体で千九百二十六名、このうちプロテスタントが約半数近く占めており最も多く、その次が仏教、カトリックの順である。

⑸矯正委員による教化活動の対象

矯正施設で民間ボランティアによる教化活動の対象は受刑者であり、未決囚は、本人の申請があったり、処遇上必要と認められる場合に限る。ただし、宗教集会（礼拝・法要・ミサ）の場合は、未決囚も参加ができる。

⑹宗教委員の役割

民間篤志訪問委員という名称で実施されてきたが、一九八三年から宗教委員制度が別途に規定されて施行された。法務部は、社会で尊敬を受けている牧師・僧侶・神父などを宗教委員に委嘱し、各矯正施設で被収容者を対象にして宗教教誨を主管するようにした。宗教委員は信仰相談、教理指導、宗教儀式、宗教行事などの個人教誨、集合教誨を通じて、受刑者の信仰指導と心の浄化に多くの影響を与えている。また、このような宗教教誨は被収容者が矯正施設で収容されている期間だけでなく、出所後も、信仰生活が維持されることができるよう配慮している。

(五) 矯正施設で被収容者の宗教的な生活と各宗教の宗教教誨

(1) 矯正施設で被収容者の宗教的な生活

矯正行政は矯正施設内で被収容者が収容生活の中にも、自分の信じている宗教の信仰生活ができるように牧師・僧侶・神父などを委嘱し、集合教誨、個人教誨、宗教集会、教理指導、信仰相談など、多様な宗教教誨を実施している。一方、一定期間の教理教育を受けた受刑者は、プロテスタント・カトリックで行う洗礼、仏教で行う受戒を受けることができる。また、信仰生活に必要な宗教的な本や物は、規定により許可を受けて所持したり、使用することができ、本人の希望、収容生活と信仰生活態度などを考慮して、指定された宗教居室で生活することができる。

一般的に宗教教誨は、被収容者に刑務所で収容生活への適応と規則の遵守に肯定的な影響を与えることが示されている。このような結果は、受刑者の宗教活動が自己反省と省察、社会への復帰を控えて不安や克服し、社会適応に役に立っている。

矯正行政は受刑者の健全な社会復帰と再犯防止に究極的な目標をもっている。このため矯正施設に収容されている受刑者に受刑期間中、刑務作業、職業訓練、学科教育及び矯正教化など、さまざまな処遇プログラムを実施している。また、このような処遇プログラムのほか、受刑者の内面的な心の変化のために受刑者を対象としている宗教教誨にも多くの関心をもっている。

現在、韓国の矯正施設では、受刑者たちの宗教活動が活発に行われている。ほとんどの受刑者が宗教をもっており、これらのほとんどが、プロテスタント・仏教・カトリック信者として施設内での宗教集会（礼拝・法要・ミサ）、教理指導、または外部の宗教委員との姉妹結縁相談など、様々な形で宗教活動に参加している。また、受刑者の宗教的な生活は、心を浄化させ、心に平静を持たせて、出所後、健全な社会人として復帰するのに役に立っている。この故に、全国の矯正施設では、牧師・僧侶・神父などの聖職者や社会的に評判の宗教人を招いて、集合教誨、個人教誨、宗教集会、信仰相談、姉妹結縁など行っている。

※受刑者の宗教別状況（法務研修院（二〇一五）「犯罪白書」の資料）

二〇一四年十二月三十一日基準

区分	プロテスタント	仏教	カトリック	その他の宗教	無宗教
人員	一二、九五四名（三七・九％）	八、二七九名（二四・二％）	四、一六三名（一二・二％）	一、二六九名（三・七％）	七、五一三名（二二・〇％）

⑵各宗教別の宗教教誨

現在、韓国の刑務所・拘置所・支所では、韓国の代表的な宗教であるプロテスタント・仏教・カトリックの聖職者を招聘して、宗教教誨を行っている。被収容者は、プロテスタント・仏教・カトリックの割合が多い。民営刑務所である所望（ソマン）刑務所を除いて、全国のすべての刑務所・拘置所・支所で各宗教別に週一回の宗教集会を許可している。また、これらのプロテスタント・仏教・カトリックは、宗教集会に加えて教理指導、信仰相談、貧しい受刑者の領置金支援など多様な活動している。特に、最近では、矯正施設に収容されている未決囚の自殺など矯正事故が増加するにつれ、宗教相談・教化相談などを通じて、矯正事故を防止しようとする活動にも積極的に参加しているなど、より多くの活動領域を広げている。

一方、韓国の代表的な宗教である三大宗教以外の少数宗教としては、円仏教・エホバの証人・ユダヤ教・イスラム教などがあるが、円仏教・エホバの証人は、いくつかの矯正施設でのみ宗教集会、教理指導、姉妹結縁相談、信仰相談の宗教教誨を許可しており、それ以外の少数宗教の宗教教誨は矯正施設で許可していない。このように矯正施設で宗教的少数派の宗教教誨を許可するのが難しい理由は、その宗教を信じている被収容者の人数が少なく、宗教儀式などの行事を行う施設や刑務官の不足と受容秩序の維持のためなどである。

イ、プロテスタント

矯正施設で被収容者にキリスト教の信仰を広めることが始まったのは、日本による植民地統治時代からである。

日本による植民地時代には、刑務所に収容されたキリスト教の信仰をもっている受刑者が、キリスト教の信仰をもっていない他の受刑者たちにキリスト教の信仰を伝道することが多かった。その時、刑務所からの宗教教誨は主に牧師によって行われた。一九四五年、解放後、第一共和国（自由党政府一九四八年八月～一九六〇年六月）の時期は、牧師が各矯正施設の教務課長職を務めており、これらの牧師によって宗教教誨が行われた。しかし、このような制度は一九六　年、政府によって廃止され、以後のプロテスタントの宗教教誨は、民間ボランティアとして矯正施設の宗教委員として委嘱されたり、矯正参加ボランティアとして活動することになった。

今日、プロテスタントの長老教会・メソジスト教会・聖公会・バプティスト教会・純福音教会などの宗派は、矯正施設に収容されている被収容者に対する宗教教誨において、他の宗教よりも活発に活動している。このような宗教教誨は宗教集会、集合教誨、個人教誨、教理指導、信仰相談、姉妹結縁相談、洗礼式をはじめとする様々な宗教行事など多様である。また、プロ

所望（ソマン）刑務所

テスタントの宗教団体による宗教教誨は、被収容者にキリスト教福音を伝えるだけでなく、貧乏な受刑者に対する領置金の支援や生活が困難な受刑者の家族まで支援するなど、幅広く活動している。プロテスタントの宗派の中、最も活発に活動している団体の代表的な例として、一九六八年に設立された「キリスト教世進（セジン）会」を挙げることができる。キリスト教世進会は韓国最初の法務部から認可された矯正福祉専門機関である「世進」は、受刑者を変化させ、世界に向けて新たに進む意味を込めている。キリスト教世進会は再犯防止、被害者と加害者の和解、地域社会の安全網の構築などを目的とし、様々な活動をしている。このために、全国矯正施設の被収容者のための集会、危機カウンセリング、小グループでの支援、集団カウンセリングなどの教化プログラムを行っている。その他、受刑者とその家族が回復し、治療できる様々なプログラムを実施している。

　プロテスタントの宗教教誨の第二の例として、プロテスタントが連合し、財団法人アガペーを設立し、二〇一〇年十二月一日に開所された所望刑務所を挙げることができる。韓国最初の民営刑務所である、所望刑務所は京畿道驪州に位置しており、最大収容人数は三百六十人で、刑務所運営の被収容者の管理は、プロテスタント団体である財団法人アガペーが担当している。キリスト教の信仰に基づいて運営されている所望刑務所は、様々なキリスト教の矯正プログラムを通じて被収容者を教化している。主なプログラムとしては、聖書の勉強を通じた信仰の訓練、宗教集会、人格教育、内側の癒しのプログラム、品性啓発プログラム、音楽・美術・読書治療プログラム、家族関係の改善プログラム、対人関係のトレーニング、個人やグループカウンセリング、被害者と加害者仲裁プログラム、性暴力予防教育、家族愛キャンプ、職業訓練、学科教育、受刑者家族の刑務所参観プログラム、被害者の刑務所参観プログラム、受刑者の子供の管理、出所後の就職と創業斡旋を通じた社会定着支援などである。キリスト教の精神に立脚したこのような努力の結果としては、まだ集めたデータの期間は短いが、出所者の再犯率が約四パーセントにとどまっている。ただし、入所を希望する受刑者は、特定の宗教を選択するしかないという限界もある。

ロ、仏　教

矯正施設で被収容者に仏教教誨を始めた時期は、日本による植民地時代からである。一九〇八年の日本による統監府刑務所管制が施行された後、刑務所に僧侶が教誨師に配置されて仏教教誨を開始した。矯正施設の仏教教誨が始まったのは、日本による植民地統治時代であるが、仏教の宗教教誨が活発に展開されたのは一九七〇年代からである。この中、代表的な僧侶として三中（サムズン）僧侶を挙げることができる。三中僧侶は一九六七年から大邱刑務所手始めに受刑者教化活動を開始した。今までの五十年間、矯正施設で宗教教誨をしてきた。また、主に死刑囚と無期囚を対象に、宗教教誨をしてきた仏教の代表的な僧侶である。その他にも多くの僧侶たちが矯正施設の被収容者のために活動している。現在、矯正施設には、主に、韓国の代表的な仏教宗派である曹溪宗・天台宗・太古宗所属の僧侶たちが宗教委員に委嘱されて宗教教誨をしている。矯正施設に活動している代表的な団体では、一九八八年に、これらの宗教委員が主体になって作った「全国教化協議会を仏教連合会」を挙げることができる。この団体は、矯正施設の被収容者のための法会、仏教の教理指導、受戒式行事、法務教化新聞の発刊、矯正施設慰問公演などを行っている。次に、一九八九年十二月十三日、法務部長官から法人の許可を受けた法務部社団法人「韓国仏教教化福祉先導会」を挙げることができる。この団体は、矯正施設に収容された被収容者に仏の真理を伝え、慈悲の精神で自我を見つけ、改過遷善して社会に復帰できるように物心両面で援助する。そして、再犯がない、明るい浄土を建設するのに寄与することを目的とする。そのために矯正施設に収容されている被収容者のための法会、教理指導、受戒式行事、受刑者の教育と職業訓練活動の支援、家族がない受刑者との姉妹結縁を通じた相談や領置金支援、出所後の就職斡旋と貧乏な受刑者の家族支援などの活動している。しかし、このように仏教が矯正施設で被収容者のために様々な形で宗教教誨も活動しているが、仏教の矯正施設での宗教教誨はプロテスタントとカトリックと比べて相対的に財政が劣悪で、宗教教誨に参加している仏教の聖職者の人員が不足している現状がある。

ハ、カトリック

韓国カトリックの矯正施設の宗教教誨は、一八八〇年代カトリック信者が刑務所に投獄されて殉教してから始まった。以後、開港、日本による植民地統治時代、韓国戦争などを経て宗教的自由は、むしろ退化して宗教教誨も個別的で散発的に行われ、非常に低調であった。矯正施設で本格的に宗教教誨が行われ始めた時期は、一九六二年の第三共和国の時期で、政府による矯正施設の宗教政策の変化に、各矯正施設でプロテスタント・仏教・カトリックの宗教団体に宗教教誨を要請することによって、この時からカトリックの宗教教誨は本格的に行われるようになった。

矯正施設でカトリックの宗教教誨は、全国の各地域に所属され、宗教教誨をしている神父などの聖職者が同時に「カトリック社会矯正司牧委員会」にも所属して活動している。「カトリック社会矯正司牧委員会」の歴史を見てみると、一九六〇年から刑務所後援会が設立され、各地域別に別に存在してきたが、一九七〇年四月二日、ソウルの明洞聖堂で創立総会が開催され、「カトリック刑務所後援会」が設立された。刑務所後援会は、その後、一九七九年に刑務司牧のより幅広い活動の推進のために「刑務司牧後援」に改称され、一九八〇年二月刑務司牧の行政業務を担当する本部と刑務司牧後援会に二元化されていた刑務司牧の機構を一元化させ、その名称も「ソウル大教区刑務司牧会」に改称した。そして、一九九五年一月に、ソウル大教区内に社会司牧部が新設され、「刑務司牧委員会」に改称されたが、一九九五年の四月、再び「社会矯正司牧委員会」に改称された。二〇〇三年五月、法務部から社団法人が許可されて、現在「社団法人カトリック社会矯正司牧委員会」を公式名称として使っている。カトリック社会矯正司牧委員会の目的は、矯正施設の被収容者と前科者に対してキリスト教の精神に立脚した宗教的配慮と社会参加能力を育てていくことにより、社会の福音化と疎外された人々のために光と塩の役割を果たす事である。このため、全国の各教区内のカトリック教会との協力を通じた宗教教誨活動をしながら、矯正施設内の宗教集会、集合教誨、個人教誨、教理指導、信仰相談、姉妹結縁相談、貧乏な受刑者領置金支援、その他の受刑者を対象とした洗礼式など、様々な宗教行事を実施している。また、受刑者の出所後の社会生活定着を支援するための生活指導や信仰指導及び前科者の家を運営しており、生活が困難な受刑者の家族や犯罪からの被害を受けた被害者を支援するなど、活発に活動しているなどキリスト教の福音精神にと社会福音を実現するために努力している。

二、円仏教

一九一六年に朴重彬（バクジュンビン）が韓国の全羅北道益山市に総本社を置いて立てた宗教で、仏教の近代化、生活化、大衆化を唱えて各自の職業に従事して教化事業をする。円仏教は矯正施設内の宗教教誨は円仏教信仰をもっている被収容者の人員が少ないため、一部の矯正施設のみ許可されており、宗教集会、教理指導、姉妹結縁相談などで構成されている。

ホ、エホバの証人

韓国でエホバの証人は一九一二年に伝えられた。韓国では、兵役法上兵役拒否者に対して懲役刑罰にしており、一九五〇年に韓国戦争当時から今日に至るまで、兵役を拒否したエホバの証人一万八千人以上が懲役刑を宣告された。また、二〇一六年四月現在、全国の矯正施設には、四百九十五人のエホバの証人が、良心的兵役拒否のために収容されている。矯正施設内の宗教教誨もその信仰をもっている被収容者の人員が少ないため、一部の矯正施設のみ許可されており、宗教集会、姉妹結縁相談などで構成されている。

四　おわりに

韓国の矯正施設では、プロテスタント・仏教・カトリックなどの宗教団体が被収容者を対象に、集合教誨、個人教誨、宗教集会、姉妹結縁相談、各種教化行事などの形式で宗教教誨を行っており、受刑者の宗教活動も活発である。矯正施設では、このような宗教教誨と受刑者の宗教的な生活を通じた内面的な心の変化に加え、心の浄化と道徳性を涵養させ、健全な生活を志向するようにするなど肯定的な効果に強い関心をもっている。また、自分の犯罪行動に対する反省と収容生活にうまく適応して矯正事故を防止し、将来への希望と新しい人生の意志をもつようにすることで、出所後、再犯を犯さずに社会に安定的に定着するように役立つために受刑者の宗教活動を重視している。近年、矯正施設で行っている宗教団体の宗教教誨は矯正施設での被収容者の宗教教誨だけでなく、出所後の社会定着支援、被害者・被害者の家族支援など、範囲を広げて活動している。このように、一八〇〇年代末から始まった刑務所で被収容者を対象に行っている宗教教誨は一九四五年の解放を経て、今まで量的に多くの発展をしてきた。

しかし、ほとんどの宗教教誨は、単に矯正施設内での集合教誨、個人教誨、宗教行事などに留まっているというのが現実である。また、矯正施設に収容期間中は多くの受刑者は宗教団体が行う宗教行事に積極的に参加しているが、出所した後まで継続して宗教的な生活をしている場合は多くない。もちろん、宗教教誨が受刑者の信仰生活に強要することはできない。しかし、受刑者の出所後、健全な社会復帰のためにも、単純な宗教行事中心の宗教教誨にとどまらず、真の信仰生活と精神的治療を強化する必要性があると考える。このため、宗教教誨の質的な発展がより重要視されなければならないと考える。そして、矯正施設内での宗教教誨だけでなく、出所した後も関心と支援を高める必要があると考える。

《参考文献》

・法務部「法務年鑑」、二〇一六年
・法務部の矯正本部（https://www.corrections.go.kr）
・法務研修院「犯罪白書」、二〇一五年
・法制処（http://www.law.go.kr）
・統計庁（http://www.index.go.kr）
・Kim Ansik「受刑者たちの宗教活動、果たして効果あるかな?」、「月刊矯正」、二〇一〇年
・全北大学法学研究所、社会科研究第六集「行刑法上の教育教誨に関する考察」、一九七二年
・Donga-news（http://news.donga.com/3/all/20160615/78675967/1）
・Naver 国語辞典（http://krdic.naver.com/）
・Gospel-serve『教会用語辞典』生命の言葉社、二〇一三年

・社団法人、キリスト教世進会（http://www.sejin.org/）
・所望刑務所（http://somangcorrection.org/）
・社団法人、韓国仏教教化福祉先導会「仏教矯正社会事業の活動の現状や動向」
・社団法人、韓国仏教教化福祉先導会（http://kbca.kr/bbs/content.php?co_id=cor&me_code=2010）
・社団法人、カトリック社会矯正司牧委員会（http://org.catholic.or.kr/sakyo/main.htm）
・カトリックソウル大教区社会司牧局、社会矯正司牧委員会（http://www.catholic-correction.co.kr/intro）
・エホバの証人（https://www.jw.org/ko/）

第七章　台湾における宗教教誨の歴史と現状

林　政佑
京都大学大学院

一　序言

本論文においては、台湾の監獄宗教教誨の制度及び運用実態を時代ごとに分析した。清帝国統治時代の台湾には、大清律例に則して、笞、杖、流、徒、死刑の五種類の刑罰が存在した。その中の徒刑は、現在の自由刑である有期徒刑や無期徒刑と用語としては同じであるが、実際の刑罰の内容は、受刑者を労働させることであったから、近代的自由刑と同じ意味であるとは言えない。近代的監獄制度は日本統治時代に導入された。(1) それと同時に、体系的監獄教誨制度も導入された。一九四五年の日本敗戦後、中国大陸からやってきた国民党政府が中華民国を国号として台湾を統治した。中華民国の下で監獄法制は清末から日本の法制を継受していたから、二つの政権は断裂性があるものの、監獄法制は連続していた。こうした変化の中で宗教教誨は、どのように受容されてきたのか、そして、宗教教誨の運用実態はどのように行われているのであろうか。

以下においては、日本統治時代から続く監獄宗教教誨の歴史を概観し、その後に、宗教教誨の現状及び問題を考察する。

二　日本統治時代の監獄教誨

(一) 教誨師制度の形成

一八九五年、日本は台湾を統治し、陸軍法官部の所属として軍民混同の仮監獄である台北監獄を設置し、同年十一月には台湾監獄令を発布した。近代的監獄制度は、植民地統治とともに始まった。監獄署という名の監獄は、当時の日本内地で府県に属していたように、地方治理の一環として、地方政府によって管轄されていた。一八九七年発布の訓令第四十九号は、監獄署には教誨師、授業手、女監取締及び押丁《おうてい》を置くことと規定していた。同時、「監獄教誨師授業手女監取締及押丁分掌例」を発布し、監獄教誨師の職務を明らかにした。この規定に基づき監獄の教誨師は、監獄署長の指揮を受け、囚人や懲治人の教誨に従事し、また懲治人及び十六歳未満の囚人に読書、習字、算数等の科目を教授すべきであるとされた。[2]同規定によれば、教誨の事業は、教誨と教育に分かれていたが、教誨師や授業手に対する俸給の額については「適宜」と定められていた。これに対して、女監取締及び押丁に対する俸給の額は明文で定められていた。[3]このことから、教誨や作業は、あまり重視されていなかったものと考えられる。更に、他の資料と合わせて見ると、その時の教誨師は常勤ではなく、監獄雇員とされていた。教誨師には、監獄に来た回数に基づいて、監獄から手当金を支払われた。教誨師は、一カ月に台北に八回、台中、台南、鳳山及び嘉義にそれぞれは六回、他の監獄には三回ずつ訪問し、一回の手当金は予算一円とされていた。[4]このように、教誨は、枢要な職務と見なされておらず、十分な待遇は保証されていなかった。

地方長官の監獄の管理は、囚人の待遇、行刑の方法や吏員の監督等各地方により異なり、統一性を欠いた。これは治獄の発達を直接あるいは間接的に妨げると考えられていた。[5]故に、日本内地の監獄管轄が中央へ移転したように、一九〇〇年、台湾全島の監獄の管轄も総督府に移った。台湾総督府は植民地台湾の監獄を直接的に管理でき、このため、台湾総督府は監獄官制を制定し発布した。その中で、各監獄に典獄、監吏、通訳等を置いていたが、教誨師は置かなかった。一年後、監獄の衛生に配慮するために、専任の医員を新設したが、教誨師を増設することはまだ視野に入れていなかった。(6)恐らくこのように教誨師を重要視していなかったため、初期の監獄の教誨師の平均在職時間は長くなかったのではないか。

一九〇五年、四年を経て、ようやく総督府は教誨師を治獄の発達に枢要な職務とし相当な待遇をしなければならないと考えた一方で、台湾本島の収容者人数の増減に伴って、教誨師の定員を定め、また獄舎の構造や役業の種類を省みて定める必要に迫られたことが認められる。(7)同年、勅令第二五二号をもって台湾総督府監獄教誨師俸給令を発布し、翌年四月から施行した。監獄教誨師の俸給は内地の教誨師と同じになった。(8)

一九一一年、教誨師の待遇は向上した。監獄官制改正によって、元々教誨師は判任官の待遇とされていたが、判任官或は奏任官の待遇とされるようになった。(9)この法改正に応じて、教誨師を含めた奏任及判任待遇監獄職員職務規程を定めた。この規程を見ると、教誨師の職務がうかがえる。この規定の第三十九条以下は、教誨師は典獄の指揮を受け、在監者に対する徳性涵養の任務に従事し、受刑者の罪質、犯数、性情、教育等他身上に関する諸般の状況を審査し、常に適切に個人教誨を行う。なお、日曜日と祝祭日に在監者に対し一般教誨を行うべし、平日にも休業時間を利用し行うべしと掲げられている。このように、日本統治時代に台湾の教誨師制度が確立された。

㈡ 監獄教誨師の構成

台北監獄を中心として取り上げる。台湾における監獄教誨の嚆矢は、一八九六年台北監獄で五名の台湾人の死刑囚が死刑執行される直前の臨終教誨であった。陸軍法官部長の依頼によって浄土真宗本願寺派開教使の紫雲玄範と井上くれの二人、及び通訳としての台湾人僧侶の王岱修の二回の臨末教誨を施していた。(10) 初期において、浄土真宗本願寺派開教使の紫雲玄範等二人以外にも、曹洞宗開教所布教使の佐々木珍龍も教誨を施行していたが、佐々木珍龍は、一、三回出席しただけである。その後、本願寺派開教使の田中行善は専ら台北監獄の教誨を担当していた。初期の教誨の回数は定日がなく、不定であった。田中行善は担当になった後、毎週日曜日に教誨をし、教誨の場所は工場の一部を使用していた。これらの教誨師は日本内地における明治前半の篤志がある個人のようであった。日本統治時代初期において、在台の仏教各宗派の団体が台湾開教同盟を結成した。開教同盟の旨は開教上は和合を本とし、互いに相提携して、これによって、人心を慰撫し、王化を補翼する本旨とすることを掲げている。つまり、開教同盟は台湾総督府への協力体制の下で、監獄布教という社会的教化活動を推進していた。にもかかわらず、協力関係の持続問題や財務上の困難等によって、様々な問題が生じてきた。[11]徐々に浄土真宗以外の仏教宗派は監獄教誨に関与しなくなった。日本内地と同じように、浄土真宗が監獄教誨の独占に至った。

一八九七年から、台北監獄に教誨師が常置された。同年八月十四日、浄土真宗本願寺派の川原教道及び浄土真宗本願寺派に帰依した台湾人僧侶の王岱修が命じられ、当監の教誨師として、総囚教誨、小集教誨、個人教誨、入出監教誨と賞罰教誨等を行い、監獄教誨の形を備えるに至った。一九〇四年、新築の台北監獄に移転し、諸般の設備は更に充実した。翌年、浄土真宗本願寺派から阿弥陀如来画像及び三具足等の仏具が寄付された。この仏具は台北監獄の女監に安置された。これによって、女囚の教誨を行う際、教誨前に開扉勤行の上、教誨をするということになった。

なお、教誨師の構成、民族差の関心から章末の《註》を見ると、日本統治時代にわたって、初期の段階で少数の台湾人に依頼して、教誨の嘱託の協力を得ていた。[12]大正時代からは、台中監獄で台湾人の許普樹が嘱託教誨師として見られる以外は教誨師がもっぱら日本人となった。そして、台湾にいる教誨師たちは島内の他の監獄で調整されたことがわかる。例えば、教誨師の澤井岱峨は元々台南監獄に務めていたが、一九四一年台北監獄での勤務を命じられた[13]。一方、各監獄に配置される教誨師の人数を見ると、日本統治時代にわたって、監獄ごとの教誨師定員は最高三人である。昭和の時代にいたって、千人程を収容した台北監獄を例をとすれば、たった二、三名の教誨師で対応できるのかという問題がある。

(三) 教誨の実態

一九一〇年の監獄官の真木喬によれば、台湾での教誨至難の問題は風俗習慣人情が異なる台湾人に対して、いろいろな事情が通じず、特に言語の壁があり、相互意思を伝達できなかった。たとえ通訳を介しても、教誨の真義はあまり伝えられず、隔靴掻痒の感があり遺憾と言わざるを得ない。故に、台湾語に習熟し得る教誨師を期待した。しかし、教誨師は在職期間が短く台湾語を習熟できなかったので、教誨の効果は薄くなった。これについて、教誨師の待遇を上げなければいけないという意見が出た[14]。この意見によって、日本統治時代の台湾の教誨の困難なところと見られる。

また『臺灣日日新報』の記事によれば、台湾監獄の教誨師の教説するところは高遠の教理を示すのみをもって、一般に智識の低度なる本島人被収容者に対して理解しにくいものであったと述べている。[15] 恐らくこのような指摘に応じて、浄土真宗の教誨方針は変わっていたのであろうと思う。

浄土真宗の史料によると、当時台湾の在監者に対する教誨の内容は一般的道義観念の養成を基礎として、修身斉家の道を説いて、品性の向上を図る一方、処世に必要である一般的知識の啓発も取り扱っていたと述べられている。[16]

台湾監獄の被収容者は主に台湾人であり、内地人は少なかった。この理由から、日本人ばかりであった教誨師は、教誨のやり方は内地人より、台湾人を中心としなければならなかった。教誨師は卑近な例話をもって、人倫道徳の大本より修身斉家を教える。一見この教誨のやり方は大した問題はないが、実はこのやり方の裏には、日本人の教誨師の目に、台湾人は殆ど知識がなく、自分の名前すら書けない人々が多いと映ったようである。たまたま知識を備える人もいるが、実生活に適応できる人は稀でありそれに加えて、台湾人は宗教の深遠な教義を理解できないというイメージをもっていた。[17] 確かに、台湾監獄に収容されている人々は生活水準が中下流に属することが多く、教育水準も高くなかった。[18] だが、日本内地の監獄にも教育水準が低い被収容者がいると考えれば、この台湾人収容者に対するイメージはある程度は被植民者に対する差別の現れではないかと見られる。もう一つは、日本統治時代以前の台湾では、道教、仏教、斎教等様々な宗教が既に存在していた。[19] 一九〇三年、台北監獄の被収容者の宗教信仰を調査した。その結果は、全六百三名の被収容者の中の三百三十五名が信仰を持っていた。一番多かった信仰は観音菩薩を信仰する者、そして天公信仰、次は土地公信仰であった。[20] しかしながら、これらの旧慣からの宗教は重視されていないのみならず、迷信と見做される言説もあった。[21] 明治憲法が外地に適用されている言説から、[22] 台湾の収容者も信仰の自由を有するはずだが、旧慣から存在する宗教を監獄の教誨に導入せず、日本内地からの浄土真宗をもっぱら用いていたことは、被植民者を尊重しないという植民地主義の表れであったのではないであろうか。

さらに、日本人の教誨師が台湾人の被収容者に対する教誨を行う時、一番重要な問題は言語である。もし言葉が通じなければ、台湾人の被収容者の心に触れられないであろう。そのため、浄土真宗本願寺派は荻野善雄を派遣し、台湾の教務所に監獄雇員として監獄教務に関わる台湾語を研究させていた。

被収容体験がある台湾人の張深切の記事によれば、確かに教誨の時間は規定の通り大体日曜日や祝祭日にある。被収容者に対して、教誨を聴くことは一番嫌なことである。その原因は教誨師はいつも説教するので、被収容者にとっては彼らを侮辱すると捉えられたからである。特に、支配者である教誨師たちは自分が尊大な態度をもって、被支配者である被収容者たちを愚物と見ているということもある。これらの理由によって、教誨は聞きたくないと述べられている。[23]ある日、張深切は教誨を聴いて、その教誨師が半時間にわたって、その時の日本内地の青年の堕落や学校のストライキに参加することに対する自分の心境や不心得な子弟について喋っているばかりだった。被収容者はこれを聞いて、無表情を装って、相手にしなかった。[24]なお、教誨師はいずれもお金儲けの方法を教えていた。日本人の被収容者は有難い態度をもって聞き、台湾人の被収容者は大体この内容にあまり関心がなかった。はては、台湾人の被収容者は「教誨師がそれほど金儲けがうまいなら何もここで安月給を喰ってゐずに金儲けに行けや百万長者になるぢゃねえか、嘘もよい加減にしやがれ」と言った。[25]

教誨師は被収容者に対して常に監獄規律に服従すべきことを強調していた。社会には法律があり、監獄にも規則がある。監獄の規則は即ち監獄の法律である。もしも監獄の規則に触れた場合はやはり懲罰を受けると伝えた。[26]

監獄によって教誨をするかどうかになることもある。例えば、農民運動家の簡吉は台中監獄に収容されている時、教誨を受けることはなかった。[27]ちなみに、監獄教誨に関わる重要な書籍閲読についての規定で、監獄令施行規則第八十二条に基づいて、雑居拘禁の在監者には同時に三冊を超える文書図画を閲読することは得ず、ただし字書はこの限りでないと定められている。

つまり、雑居拘禁の在監者は字書と合わせて三冊を超えて持つことができる[28]。しかし、台中監獄は独居拘禁の在監者は普通書籍を二冊と字書を一冊しか持ち得ない。何故独居被収容者に対して、そのような監獄令施行規則の規定でより厳しく処遇をするのかという疑問が生じる。

もう一つは、更生保護について、教誨師は重要な役割を果たしていたと考えられる。当時の教誨師宍戸了要の記事によると、前科に加えて窃盗罪を犯した李氏は出所した後、厳父に帰家を許されなかったので、居場所がなくなった。従って、李氏は台中の更生保護の場 - 再生院に行って、役人たちから熱烈な同情を寄せられた。しかも、役人は厳父を説得した。これも李氏の改悛の契機になった。でも、李氏の社会復帰の道は容易ではなく、周囲の人々からの冷眼や嘲弄を受けて、悩んでいた。幸い教誨師は李氏の傍で励ました。徐々に李氏は厳父の諒解を得るようになり、そして結婚し、若主人として店を経営して一家平和に過ごしたと述べる[29]。これを見ると、一部の教誨師は台湾人の出所者の人生にとって、確かに啓発を與える存在で、人生の転換の可能性を提供することもあったと窺える。

(四) 戦時下の教誨

一九三七年、台湾は日中戦争に巻き込まれていった。翌一九三八年、国家総動員法が制定され、戦争や国防のため、前線の兵士のみならず、銃後の全ての人的、物的資源を帝国が統制していった。監獄の被収容者たちも重要な資源と見なされて、彼らの労働能力も利用され、精神的に忠誠な帝国臣民が錬成されていった。総動員の波は植民地の監獄の被収容者にも波及した。新竹州聯合保護会長の赤崛鐵吉の話によると、日本帝国を一つの鎖とするならば、国民はその鎖を構成する個々の環である。この場合どの一つの環が弱くても、その鎖は全体として鞏固な働きをなし得ない。国法に触れた被収容者は日本国家構成の一部分であり、天皇の赤子であることに目覚めて、真に改過し、遷善し、もって忠良な皇民として更生しようという。この比喩表現によって、当時の被収容者に対する態度が明らかにわかる。[30]

このような方針が推進されることに伴って、監獄教誨に同化主義の傾向が強まってきた。まず、監獄の総集教誨のテーマが日中戦争あるいは日本の皇道精神と強く繋がっていった。例えば、一九三七年には「皇道精神」、「日本国民の自覚」、「国体観念の強調」、「日本海海戦に就いて」、「海軍記念日にあたりて」、「総動員の意義」、「北支事変の真相と国民の自覚」、「皇軍将士の優しさ」、「日支事変の経過と我等の覚悟」、「全体主義」、「日本帝国の使命」、「銃後の守」、「銃後の力」、「皇民達の自覚」、「国民精神総動員運動」というテーマの教誨を行った。[31]これによって、監獄の被収容者も総動員させることになった。

なお、一九三六年、台南刑務所の構内神社が建立された。この構内神社の建立はやはり日本帝国にとって重要なニュースとして、台湾の刑務に関する機関紙及び日本の刑政にも記載されている。[32]この構内神社の鎮座祭に台南州知事の今川淵、総督府法務課長山本真平、台中、新竹の両刑務所所長代理、所長の永野直、当所所長以下の職員及び収容者が参列して、宮司の引導によって、天照大御神の御神霊を奉戴した。同年の夏、全国刑務所所長会議において、行刑局長岩松玄十二の指示事項の中に、「教誨の目的は精神修養に依り収容者をして自ら前非を悔悟し、国法を遵法するの信念を教養するにあるのであります。特に現下の我が国の思潮は建国の精神に鑑み國體の本義を明にするのでありますから、行刑教誨に於ても此の點を考慮し塩梅する必要があるのであります。それで當局に於ては先以て敬神崇祖の観念を値付けることが急務と考へ、今回之が具體的施設として遙拝所を設置せんとするの計畫を樹てたのであります[33]」という内容で、全国の刑務所の構内に遙拝所を設置する指示が明確に見られる。大東亜戦争前に差別されていた植民地刑務所において、戦争期に入って以後、国家神道の象徴である神社の先駆けでしたのではないか。正に戦争によって、人的資源の重視、同化主義は一層強化された。このように監獄の構内に神社を設置し、神社参拝を強化させていった。新竹少年監獄には所内の職員は神社の建築のために自発的に私費を出していた。神社の参拝によって、被収容者は日本臣民の精神を涵養でき、忠誠な国民になり得ると期待していた[34]。

もう一つは、国語は国民精神の重要点であるため、もし国語を理解しないならば、監獄教誨の精義を把握できないという理由である。朝鮮の監獄で国語教習規程を実施していることもあり、台湾でも同様に実施すべきであるという論拠で[35]、台北監獄をはじめ全監獄に国語教習規程が制定され、実施されていった。被収容者の昼食が終わった後、戒護人員や教務人員から国語が教えられ、国語教習会も行っていた[36]。監獄に国語教育を強化させた。内台融合や皇民化を促進し、国語を定着させ、台湾人の言葉を忘れさせていくという植民地の同化主義が垣間見える。

三　戦後の監獄教誨

(一) 教誨制度の変遷

現在の教誨制度の立法過程は、清朝の末に遡ることができる。一九〇六年、清朝政府は日本の法学者である岡田朝太郎を招待し、法律学堂の教習を担当させ、刑法に関する知識を教授させ、新たな刑律を制定させた。翌一九〇七年、新刑律草案を完成させ、刑部を法部とし、典獄司を設置した。一九〇八年、法律学堂に監獄科という科目を設けて、司獄ができる人材を訓練するために、日本の小河滋次郎を招いて、監獄学を教えさせたり、監獄律を制定させたりした。[37] 一九一〇年、「大清監獄律草案」が完成した。

この草案は、総則、収監、拘禁、戒護、作業、教誨及び教育、給養、衛生及び医療、出生及び死亡、接見及び通信、賞罰、領置、特赦減刑並びに釈放等の全十四章に分かれている。同草案は、清朝が滅亡したため施行されなかったが、後の北洋政府による一九一三年の『中華民国監獄規則』、国民党政府による一九二八年の『監獄規則』及び一九四六年発布の現行法である『監獄行刑法』に大きな影響を与えた。このようにして、小河滋次郎起草の草案を通じ、台湾の近代的監獄改革が進められていった。

一九四九年、国民党政府は、中国大陸での国共内戦に伴って共産党によって制圧され、崩壊状態に陥った。その後、広州、重慶、成都への移転を経て、ようやく台湾で落ち着いた。これがきっかけで、中国大陸に制定された監獄行刑法は専ら台湾に施行されてきた。そして、監獄行刑法の裏には日本法要素が濃く日本統治時代と離れた台湾に今もなお影響し続けた。

一九四六年の監獄行刑法第六章には教化を定めている。受刑者に対して教誨及び教育を施すべきというものである。この規定は明治監獄法と同じである。一九五四年監獄行刑法が全面改正された。受刑者の教化は仁愛の観念及び同情の気持ちをもって、受刑者の個別の状況及び要求を理解し、適当な矯正と指導を行うという「個別処遇原則」を掲げる。個別処遇原則の強調に伴って、教化という用語は教誨と教育を統合するようになった。受刑者に対して教化を施すべきというものである。しかも、受刑者は入監の際に性行、学歴、経歴等情況の調査結果に応じて、別々に総集、類別、及び個別教誨、並びに初級あるいは高級なレベルの教育を行うとする。教誨とは、他律的方法によって、受刑者の道徳的認識を立て直させて、遵法自律の習慣を養わせる方法である(38)。教誨の施し方は三つに分けられる。第一種は、総集教誨である。祝日あるいは他の適当な日、全監獄や一部の教区の全ての受刑者たちを集めて、講堂や教室や他の適切な場所で、教誨師や他の適任者によって教誨を行うというものである。第二種の類別教誨教育とは、受刑者の教育レベルに応じて、受刑者の知能の増進を図るために、クラスに編入し、生活に欠かせない知識や技能を教えるものである。第三種は、個別教誨である。受刑者の入監、在監、出監の際、教誨師は個別セラピスト方法、補導技法等を利用し、受刑者と個別相談ものことである。

教誨師は国家の公務員として、二つのルーツがある。一つは、司法人員三等監獄官試験に合格した者である。受験資格は大学以上の学歴が不可欠である。もう一つは、公務員内部の昇進試験に合格した者である。現在では、約七〇パーセントを超える大多数の教誨師は大学以上の学歴の者が占め、大学院の学歴を備えた教誨師の人数も増加している(39)。

なお、一九四六年施行の監獄行刑法に第四十一条は、監獄は学識徳望を備える人を講演に招待できるものと掲げる。この規定によって感化主義を貫きたいものの、監獄の教誨師の人数が非常に不十分であったため、外部社会からのボランティアや団体の協力を受けることが必要と認められた(40)。これによって、一九五四年の監獄行刑法第四十条には、監獄は学識徳望を備える人を講演に招待できるのみならず、当地の学術や教育専門家を監獄感化事業の協力に招くことができることになった。行刑社会化のために、監獄教化は外部社会からの人々の関与を通じて、教化の内容を豊かにできるのみならず、教化は社会と繋がることができる。監獄行刑法第四十条によって、監獄は学識や徳望を備える人を招聘でき、監獄教化促進の研究に地元から学術や教育専門家を招くことができる。当法施行細則第五八条に則して、一九八八年、法務部は「法務部所属各監獄延聘栄誉教誨師要点」を発布し、教化への協力のために、各監獄は人格と学識が優れ、熱心に奉仕しようとする人二名以上を教誨ボランティアとして招くことができることになった。この教誨ボランティアは各監獄の典獄長によって法務部に報告され、承認をもらった後招聘できる。この監獄行刑法改正によって、今の教誨制度の形に形成された。上記の要点は二〇〇五年に適用が停止され、二〇一一年「法務部矯正署所屬矯正機關延聘教誨志工要點」を発布した。この要点に則ると、教誨ボランティアになる前には基礎訓練及び特別訓練に参加することが必要である。所謂、栄誉教誨師に比べて、教誨に必要な知識が更に強調されている。より専門性が備わっている教誨ボランティアが期待されていると見られる。この教誨ボランティア以外に、もう一つは、訓練を経ず社会ボランティアとして監獄教誨に関与している。

(二) 教誨の運用実態

(1) 国民党からの洗脳教誨

監獄行刑法を見ると、教化とは教誨と教育にわけられている。また、この教誨を法解釈的に言えば、明治監獄法と同じように、一般的教誨及び宗教教誨が含まれている。日本統治時代の台湾の教誨が宗教教誨だけであったという事実との違いは、宗教と離れた一般的教誨を確固たるものにしている。

注意しておきたい点は、民主化以前の監獄教誨は常に国民党の三民主義の宣伝手段になっていたことである。過去の思想犯のインタビューによれば、収容された監獄において収容者の学歴が高級、中級、初級と三つのレベルに分けられ、半月ごとに「思想検討」を行って、国民党の教義を基準として思想犯に自分の言行を「反省」させていたという事実があった。[41] 一九七五年、司法行政部は「監獄実施三民主義管教措施要点」を発布し、同年九月一日から施行した。

一九八〇年、法務部は、この要点を明らかにするため、「各監獄実践三民主義教育計画」を発布した。これらの要点を見ると、国民党政府は監獄教誨に三民主義を注ぎ込んで、国民党が期待する「国民」を作り出したことがうかがえる。だが、台湾社会に民主化の動きが根強くなっていったため、このような国民党の監獄教誨は衰えていった。

今の監獄行刑法施行細則第五十三条では、孫文遺教、総統の言行、民族英雄の物語について挙げている。これは、監獄行刑が受刑者に対して、市民社会のあり様を構築する目的というより、国家側からの注き込みの場であると捉えられる。しかし、これは今日の世相あるいは矯正の本旨から考えれば、過去の国民党統治体制のレガシィが現れた規定を、今後は検討改正していくべきではないかと思う。

(2)民間からの関与

戦後初期において、地元の宗教団体は地方政府を経て、定期的に監獄で宗教教誨をしていた。新聞記事によれば、台中で有名な仏教団体である蓮社は台中市政府の社会教化に度々協力していたのがきっかけで、よく台中監獄で宗教教誨をし、三百名以上の受刑者を帰依させたこともあった。[42] また別の有名な仏教団体である仏光山は、一九五〇年代から監獄教誨をして、その後

「監獄指導教化組」を成立させた。[43] 現在も監獄宗教教誨で活動中である。

監獄は民間団体と連携してきた。体系的規定が形成する前、キリスト教は一番積極的な姿勢をもって、計画的に被収容者への補導能力を備える聖職者を養い、主動的に各監獄と被収容者の補導に関与し、関連刊行物も発行している。[44] 現在まで監獄教誨で重要な役割を果たしているキリスト教の団体のＰＦＴ（the Prison Fellowship Taiwan）は監獄受刑者にゴッドニュースをもたらして、更生させるという旨をもって、初めて監獄に入って、教誨をしようとした。だが、白色テロによって監獄の管理が非常に厳しくなり、外部の力の関与を避けていたため、監獄方の許可をもらえる可能性がないと予想していたが、意外にも許可が下りた。これによりＰＦＴは初めて監獄教誨の門を開いた。[45]

今日にいたっても、監獄の人手不足という問題はまだ続いているため、多くの監獄は大歓迎の姿勢で宗教団体を関与させている。今日、監獄は地元の宗教団体を宗教教誨に連携させている状況は少なくない。例えば、台南明徳戒治分監には、仏光山からの僧侶が二十四時間駐在している。[46] 宗教教誨の強化によって、受刑者の日常的な監獄教化の割合が上がっているから、戒護人員が担当する時間の割合は下がっていることになる。職員にとっては、仕事を軽減することになる。監獄側の教化の面から見れば、確かに教誨ボランティアは外部社会からの支援として導入している。教化の成果の面で見れば、過去に比べて多様な形の教誨を開催できるという利点があったといえる。

(3) 宗教教誨の役割

今、一般的に監獄の宗教コースは週に一回、約二時間から六時間である。しかし、各監獄の運営方針によって、回数や時間はこれより多い場合もある。法務部の最新年報によると、宗教教誨の開催回数ではプロテスタントが一番多く、次は仏教、そしてカトリックと続く。他の宗教については、台湾で広く信仰されている道教は仏教と似ているところが多く、監獄における宗教教誨ではほぼ混同されている。イスラム教は非常に少ないが、イスラム教信者の被収容者の教誨に応じて、ある程度改善すべき点でもあろう。なお、もう一点注目すべきことは、狭義的宗教教誨は宗教課程を指す以外に、宗教教誨の元素が他の一般的教誨と総合された教化課程やプログラムも有する。例えば、薬物依存かつエイズ患者である収容者向けの総合的プログラム＝虹プログラム[47]、少年向けの生命教育課程、薬物・たばこの

表１　法務部矯正署教誨教化辨理情形 105 年 1-6 月　出典：法務部矯正署

宗教教誨参加人員									
仏　教		プロテスタント		カトリック		他の宗教		合　計	
回数	参加延人員	回数	参加延人員	回数	参加延人員	回数	参加延人員	回数	参加延人員
2,846	169,129	2,932	125,749	1,013	46,728	735	54,638	7,526	396,244

依存治療プログラム等に[48]、宗教団体側からのボランティアが投入されていることはしばしば見られる。

宗教教誨の参加意識の高さは仮釈放できるかどうかに関わる重要な評価要素となることがある。宗教教誨に熱心に参加すれば、仮釈放の可能性は高くなる。例えば、仏光山はよく監獄で仏学試験を行っている[49]。しかも、前法務部長はもし被収容者が仏学試験を受け、そして優秀な成績を得れば、四カ月を早く仮釈放の許可を得られると命じた[50]。これを見ると、被収容者の教誨参加への意識の高さがある程度監獄との交換価値になっていると考えられる。すなわち、被収容者は宗教教誨への積極的参加を利用し、監獄側から仮釈放を早めに与えられること期待している。この交換の過程によって、被収容者は宗教との繋がりを築き、それを通じて、宗教の教義を理解し、矯正することになる。なお、薬物犯罪を起こした一部の受刑者にとって、宗教教誨は重要な役割を果たしている。宗教儀式を通じて、心に依存克服の決意を固めることができる。このような精神的支援は薬物依存症を乗り越えるための第一歩であるという[51]。

ちなみに、仏教と強く繋がっている「内観法」は監獄の処遇において重要な方法とされている。内観法は、一九八〇年代末、日本に留学していた監獄官僚の呉憲璋が日本の内観法を台湾に導入し、緑島監獄、雲林監獄、台中監獄で試験的に行っていた。その結果、雲林と台中監獄は減刑や頻繁な異動のため中止を余儀なくされた。緑島監獄の内観法を学んだ受刑者の規定違反の比率は、学ばなかった受刑者に比べて明らかに減少した[52]。その後、一九九〇年代初期においては、全ての監獄は内観法を推し進めたが、実証的資料は欠けているのみならず、専門知識をもっている人も不足し、指導できないことも加わり、内観法は座禅と同一視されてしまうに至った。その後、内観法は実施されなくなった[53]。二〇〇三年から内観法が再開され、現在ではよく利用されている。

宗教教誨のもう一つの役割は受刑者や元受刑者を支えることである。一九九七年、法務部は被収容者の補導のために民間団体との連携を強化し、「法務部所属監院所結合民間団体認輔収容人実施要点」を制定した。つまり、これ以降政府により認められた民間団体は監獄に被収容者の補導を申請し、許可をもらったら、被収容者の生活補導、学業補導と就職補導を行えるようになる。

例えば、宗教教誨のボランティアが受刑者と個別教誨している場合、もしこの受刑者の家庭や家族に何らかの問題がある場合、家族の機能を維持できるようにさせ、受刑者が心やすらかに刑に服せるように、宗教団体から支援や資源の提供があるという事例がある。それのみならず、受刑者が出所した後、教誨を務めていた宗教団体は出所者の生き直しのために、ハーフウェイハウスを作って、出所者の居場所としている。出所者は社会に徐々に復帰していくということもある。或は、出所した後で、教誨ボランティアが出所者の様子を追跡調査し、支援しているということもある。[54] ある教誨師は自分が仏教信者なので、仏教団体の力や資源を積極的に監獄内に導入しただけではなく、居場所がなく絶望に陥った出所者の自殺を電話で慰めて阻止した。その後、仏教の僧侶と一緒にこの出所者を訪問したという美談がある。[55]

被収容者にとって、宗教教誨はどのような意味があるのか。一九八六年の統計には、七割近くの被収容者が宗教教誨を必要とし、自分の役に立っていると見てとれる。一九八九年の調査結果を見ると、九割に近くの被収容者が宗教教誨を自分の人生の啓発や情緒の安定の一助としたそうである。[56] つまり､宗教教誨は被収容者に対して重要な役割があると認められる。しかも、宗教信仰をもっている被収容者は、宗教信仰をもっていない被収容者より、戒護の面においてさらに安定できる。宗教教誨は社会からの支持を導入でき、被収容者の心身的な苦痛を緩和でき、圧力を減らし、監獄により適応させられる。[57] また、宗教教誨のおかげで、被収容者は教誨のボランティアと相互交流によって信頼関係を築くことで、他者との信頼の橋を架けることができるようになる。社会に積極的な態度を持ち直すことになり、攻撃的な行為を減少させることができる。[58]

時々宗教教誨ボランティアは受刑者の人生に多大な影響を与えたと聞いている。例えば、声楽家の黄南海は台南監獄で栄誉教誨師に携わって、受刑者に台湾の歌を教え、合唱団を結成させた。これを契機として、受刑者自ら改善することもある。その中で、元受刑者である柯柏栄はキリスト教を信仰し、合唱団に参加した縁によって、台湾文学や台湾詩を学んでいる。しかも、柯氏は台湾詩の創作で賞を受賞した(59)。宗教教誨により受刑者を向上改善させる刺激や機会がもたらされる可能性も否定できない。もし宗教教誨からの支援がさらに受刑者に行き届けば、立ち直りの意欲と可能性を強化するものになるであろう。

(4)宗教教誨の問題

監獄教化の面において宗教教誨の重要性は否定できない。近年、各監獄は各宗教の宗教教誨堂を設置している。また何時でも被収容者へ対応するのために、監獄に駐在宗教師の設置を推進している(60)。宗教教誨の重要性は高まっているが、現在の宗教教誨について幾つかの問題点があるので、下記に掲げておく。

第一点は、宗教教誨のイベントは被収容者の信仰にやや応じにくいことである。一九九七年法務部は「落実獄政管教計画」を発布した。この計画に基づいて、被収容者の宗教信仰に応じて分けて教化を施すべきであるというものである。それだけではなく、被収容者に不適切な教誨が悪影響を与えることを避けるために、教誨に協力している宗教家の品行、背景、所属団体、教誨の方法と内容についてあらかじめ理解しておくべきである。しかし、現実的にプロテスタント教やカトリック教の教誨の場合にも、仏教信仰をもっている被収容者がいる。異なる信仰のため、被収容者の参加意識は低くなることもよく見られる。この場合、被収容者の「信教の自由」が十分に保障されているとは必ずしも言えない。

二点目は、宗教教誨の方法を時代とともに革新すべきであることである。現在、被収容者が参加している宗教教誨は主に集合宗教教誨である。集合教誨が宗教教誨に占める割合は約七割以上に上る。(61) 被収容者にとって、「宗教ボランティアと相談すること」は好ましい教誨のやり方であり、「宗教講演」や「座禅」は嫌いである。しかし逆に、監獄の管理人員にとって「宗教講演」や「座禅」は非常に歓迎されるやり方である。管理人員にとって、被収容者が秩序に従うというイメージは楽だろう。一方、被収容者の目から見れば、「座禅」は罰に等しいイメージがあり、一番嫌われる教誨のやり方である。(62) 被収容者の経験に基づかない宗教教誨の内容は、多様性の点で欠けている点がある場合、不十分な様相を呈する。(63) 収容経験がある小説家の描写では、受刑者は法師の先導の下で仏名を唱えることに対して、退屈であるそうである。(64) つまり、宗教教誨の内容は変化に乏しく、面白くないという欠点が見られる。そのため、更に生き生きした内容と教え方を導入すべきではないか。

三点目は、宗教家・教誨のボランティアの採用の基準及び手続きは、更に透明化する必要が求められる。教誨に関わるボランティアが採用される基準と手続きは、ブラックボックスのようだと言われた。このブラックボックスによって不適任の宗教師・教誨ボランティアが招聘される危惧もあるのではないだろうか。それに宗教家、教誨ボランティアあるいは関わる人々の表現を定期的に審査する必要があることである。不適格な教誨師やボランティアを淘汰すべきである。不適任な宗教教誨のボランティアは偶に見られる。例えば、ボランティアは受刑者の先祖代々を罵るばかりで、自分の気持ちをすっきりさせ、受刑者の尊厳に全然注意を払わなかったという例がある。それに、ボランティアは他の宗教を信じている受刑者を悪人と見なして、不寛容であるという問題も存在する。二〇一六年五月、台北ＭＲＴ（地下鉄）に無差別殺人事件をした受刑者の鄭氏は死刑を執行された。その後、芸能人の経歴があり教誨師と名乗っている張氏、また台北市議員の應氏は、テレビ番組にコメンテーターとして登場し、鄭氏について恐ろしい無差別殺人事件には後悔していなかったとか、死刑を怖く感じていたなどと伝えた。しかし、実際には、この二人と鄭氏は、個別に話をしたことがなかったことを明らかになった。

應氏は教誨ボランティアとして鄭氏が参加した総集教誨を行ったが、個別には話をしなかったはずである。たまたま監獄で劇を上演することがあった張氏は、教誨ボランティアでさえなく、鄭氏と話をすることはなかった。この二人は、テレビ番組で鄭氏をよく知っているふりをし、猟奇な話ばかりするという、教誨に関わる倫理的な問題があった。[65]

四点目は、現在監獄に宗教教誨ボランティアの宗教団体は多いが、更にしっかり被収容者を矯正させるために、宗教団体はお互いに宗教教誨のやり方について意見交換した方がよいということである。[66]もしこの交流があれば、多様な宗教団体が、より良く体系化した宗教教誨コースや本、あるいはやり方を共同で作り出せるかもしれない。それによって、教誨ボランティアの思い込みばかりで、被収容者の意思が無視されるという問題も減少させられるのではないだろうか。

五点目は、監獄の公務員の中にも教誨師というポストがあるものの、実際には公務員の教誨師の数は少ないことである。のみならず、仮釈放に関わる書類の仕事にひたすら追われているから、本格的な教誨の仕事には投入されない。[67]先行研究によると、監獄の各教誨師は三百三十二名の受刑者の教化を担当するという逼迫した状況に陥っているそうである。[68]教誨師と個別的に話した経験がないままの出所者さえいる。[69]それに、地域による教誨の人力不足問題の深刻さが異なることもある。台湾東部監獄は長い期間にわたって教誨人力が非常に足りない状況であった。[70] したがって監獄の教化はボランティアに依頼しなければならない。しかも、最も日常的に行われる教化は宗教教誨である。だが、教誨師と接触したことのある被収容者は三分の一に満たないそうである。よって、多くの被収容者が教化の意味を感じていない状況でもある。[71] 教誨師の人数及び実践については根本から見直すべきであるのみならず、現在では薬物犯罪による収容者数が多すぎ過剰収容の問題発生に至った状況に対して、抜本的に刑事政策を考え直すべきであると思う。

それ以外にも、もう一つ重要な問題として、現在監獄の予算の八割以上が人件費に払われており、教化の予算分配は一番少ないということである。[72] この問題は「戒護は第一、教化を優先すべきだ」という監獄政策と矛盾している。予算のみならず、被収容者の時間も戒護に割り充てている。例えば、長期にわたって監獄で宗教教誨に携わっている朱伯江牧師によると、監獄教誨を重視するかどうか、各監獄によって決められているそうである。戒護が一番重要視される幾つかの監獄は、時間割を宗教教誨団体に手配していたのに、戒護のためと言い訳して、勝手に延期したり、キャンセルしたりすることもよくあるという。[73]

四　むすびにかえて

近代的な監獄制度は日本の植民統治とともに、台湾に受け継がれてきた。そのため、教誨制度も初めて台湾で展開された。当初、教誨はあまり重視されなかったが、一九〇五年頃から教誨師が台湾監獄官制に配置される必要性が認められた。それをきっかけに、監獄教誨制度として形成されてきた。仏教は日本と同じように浄土真宗が独占しているが、はじめは他の宗派も教誨に関与した。その時の植民地教誨は被植民者を差別しており、監獄規律を強調したものであった。監獄によっては、教誨を施さない場合もあり、監獄法令以上の制限を増設することもある。第二次大戦後、台湾には日本の監獄法から強い影響を受けていた中華民国の監獄法令を施行した。教誨制度は戦前の教誨制度と酷似していた。そして、戦前と同じように、教誨師の人数はずっと不十分であったから、民間団体の力を活用しなければならなかった。被収容者に対する教誨及び支援に多大な協力をしている民間団体のおかげで、被収容者の人生を変えることが出来た事例もある。現在の教誨制度面および実際の運用面でも様々な改革すべき問題が存在している。これから、これらの問題にどのように向き合うのか。政府側と民間団体と連携しながら、教誨のあり方をはじめ監獄関連の制度とともに検討すべきであると考える。

《註》

（1）林政佑、『日治時期臺灣監獄制度與實踐』台北：国史館、二〇一四年。
（2）台湾総督府官報第七九号、明治三十年五月十五日、一三頁。
（3）台湾総督府官報第七六号、明治三十年五月十一日、七頁。
（4）台湾総督府公文類纂、看守押丁配置定員改正并教誨師以下採用ニ關スル通達。
（5）台湾総督府公文類纂、地方官官制中改正并官等俸給令并總督府監獄官制同職員官等俸給令。
（6）台湾総督府公文類纂、敕令第七六號監獄官制中改正、〔臺灣總督府監獄官制中改正敕令發布方内務大臣へ稟申ノ件廢案〕。
（7）台湾総督府公文類纂、敕令第二百五十一號臺灣總督府監獄官制中改正ノ件。
（8）浄土真宗本願寺派本願寺／真宗大谷派本願寺編、『日本監獄教誨史』、一二八～一二九頁。
（9）台湾総督府公文類纂、臺灣總督府監獄官制中改正公布方稟議ノ件〔内閣總理大臣〕
（10）浄土真宗本願寺派本願寺／真宗大谷派本願寺編『日本監獄教誨史』一九二七年、一八〇五～一八〇六頁。
（11）松金公正「日本植民地初期台湾における浄土宗布教方針の策定過程（上）」『宇都宮大学国際学部研究論集』第一三号、二二六頁。
（12）以下の教誨師氏名は『教誨百年』、臺灣総督府職員名簿、臺灣総督府公文類纂を総合参照して、官職名が教誨師とされている者を列挙した。台北監獄の教誨師氏名：川原教道、王岱修、黄玉楷、中津超音、小川信道、下野了政、野崎行満、岡駿逸、瀬川了全、掬月晴臣、荻野善雄、宍戸了要、澤井岱峨、久長興仁、藤野立性、小松大成、池田志幹、甲斐寛英、福田行夫、坂田澄然。台中監獄の教誨師氏名：村上靈順、太田憲彰、長田觀禪、當山勇貫、山田諦聽、西明龍賢、出原了乘、戸田我聞、掬月晴臣、青木博愛、閑林利劔、櫛本善真、福永覺也、久長興仁、福田行夫、池田志幹。

台南監獄の教誨師氏名：陸鉞巖、藤田超宗、宮本英龍、鈴川知之、秋田霊巖、藤井恵照、岡駿逸、長松猶雷、土山得之、原田最雄、那須寂圓、閑林利劔、宍戸了要、寺町實順、掬月晴臣、池田志幹、田中行圓、藤野立性。

(13)台湾総督府公文類纂、澤井岱峨教誨師ニ任ス、臺北刑務所。

(14)眞木喬「台湾監獄視察談補遺」『監獄協会雑誌』第二十三巻第三号、一九一〇年、八一～八二頁。

(15)「監獄教誨師問題」『臺灣日日新報』一九一二年三月十五日、第二版。

(16)真宗本願寺派本願寺、真宗大谷派本願寺編、『日本監獄教誨史』一八〇八頁。

(17)真宗本願寺派本願寺、真宗大谷派本願寺編、『日本監獄教誨史』一八〇八～一八〇九頁。

(18)林政佑、『日治時期臺灣監獄制度與實踐』、二〇一～二〇三頁。

(19)『臺灣事情』（臺灣総督府、一九一七年）五一五～五二二頁。

(20)「本島人の宗教心」『臺灣日日新報』一九〇三年四月十九日、第三版。

(21)撫臺翁、「土人の迷信」『臺灣土語叢誌』第九号、一九〇一年、六二～六三頁。

(22)王泰升、『台灣法律史的建立』台北：自刊、一九九七年、一九〇～二〇〇頁。

(23)張深切、『在廣東發動的臺灣革命運動史略　獄中記』台中：中央出版社、一五五頁。

(24)張深切、『在廣東發動的臺灣革命運動史略　獄中記』一五六頁。

(25)張深切、『在廣東發動的臺灣革命運動史略　獄中記』一五六頁。

(26)張深切、『在廣東發動的臺灣革命運動史略　獄中記』七〇頁。

(27)簡吉獄中日記／一九三〇年十二月二十四日、『台湾日記知識庫』。

(28)簡吉獄中日記／一九三〇年八月一日、『台湾日記知識庫』。

(29)宍戸了要、「甦りたる姿」『社会事業の友』第八十二期、一九三五年、一〇三～一〇四頁。

(30)赤崛鐵吉「年頭に當り　囹圄の諸君に望む」（『まこと』第三三四号、一九三九年）三頁。

(31) 各表は、それぞれ「表：集合教誨教題一覧」(『臺湾刑務月報』第三巻第六期、一九三七年)四七頁、「表：集合教誨教題一覧」(同第三巻第七期、一九三七年)五五頁、「表：集合教誨教題一覧」(同第三巻第九期、一九三七年)、「表：集合教誨教題一覧」(同第三巻第一〇期、一九三七年)五六頁、「表：集合教誨教題一覧」(同第三巻第一一期、一九三七年)五三頁による。

(32)「台南刑務所に神社建立」『刑政』第四十九巻第三号、一九三六年、九〇～九一頁。「臺南刑務所に神社奉祀」『まこと』第二二八号、一九三六年、八頁。

(33)「全国刑務所長会同」『刑政』(第四十九巻第八号、一九三六年)六八～六九頁。

(34)「構内神社を建て　囚人教育に活用　所内職員の醵金て近く竣工　新竹少年刑務所の佳話」(『臺湾日日新報』一九三七年四月二十六日九版)。

(35) 冠川「第一線に立ちて(九)」(『臺湾刑務月報』第七巻第七期、一九四一年)二六～三七頁。

(36) 冠川「第一線に立ちて(十八)」「臺湾刑務月報」第八巻第七期、一九四二年、二四～二五頁。

(37) 王元増述「監獄学」『朝陽法科講義』上海人民出版社、二〇一四年、八六四頁。

(38) 林茂榮＝楊士隆＝黃維賢『監獄行刑法』台北：五南、二〇〇七年、九四頁。

(39) 監察院編、『監獄、看守所收容人處遇、超收及教化問題之檢討專案調查研究報告』台北：監察院、二〇一〇年、七五～七六頁。

(40)「立法院公報」第一四会期第六期、六三頁。

(41)「林明永先生訪問紀錄」『泰源監獄事件專輯』台北：中央研究院近代史研究所、二〇〇二年、二〇八～二一〇九頁。

(42)「台中監犯三百人、受佛法感化、決皈依三寶」「臺灣民聲日報」一九五九年六月一日、三版。

(43) 駱政昌「監獄、佛教、交換：雲林第二監獄收容人接受佛光山斗六禪淨中心互動之研究」、南華大学宗教学大学院修士論文、二〇〇六年、四六頁。

（44）蔡德輝『獄政政策與管理之評估』台北：行政院研究発展考核委員会、一九九九年、一七三頁。
（45）張家麟「窗外有藍天」（『心鏡』第一巻第一期）一四～一五頁。
（46）上掲一六頁。
（47）王世倉編、『二〇一一年度第五期彩虹計畫執行成果報告』高雄：法務部矯正署高雄監獄、六八～七八頁。
（48）「緣起 - 我們在監所的足跡」、サイト：http://www.libertas.org.tw/origin。
（49）「台中女子監獄佛學會考 佛法開啟菩提心性」二〇一六年五月二十六日、サイト：http://www.lnanews.com/news/%E5%8F%B0%E4%B8%AD%E5%A5%B3%E5%AD%90%E7%9B%A3%E7%8D%84%E4%BD%9B%E5%AD%B8%E6%9C%83%E8%80%83%20%E4%BD%9B%E6%B3%95%E9%96%8B%E5%95%9F%E8%8F%A9%E6%8F%90%E5%BF%83%E6%80%A7.html。「監獄佛學會考二千人滿分」（二〇一四年六月十八日最終閲覧）：http://www.merit-times.com.tw/NewsPage.aspx?unid=355360
（50）星雲法師、星雲日記三十三、二月十九日星期日、サイト：http://www.book853.com/show.aspx?page=4&&id=1610&cid=73
（51）「借助宗教法力受刑人向毒品說不從心靈建立信心根絕後患各地監獄戒毒班成績一級棒」『中國時報』一九九六年五月二日。
（52）呉憲璋・林世英『内観療法』台北：法務部、一九九〇年参照。
（53）邱明偉「靜坐内觀療法對矯正機關毒品犯矯治工作之應用」「中央警察大學警學叢刊」第三十六巻第四期、二〇〇七年、一五九頁。
（54）黃明鎮『白髮飛行少年』台北：啓示出版、二〇一四年一二八～一二九頁。
（55）「陳世立教誨受刑人用盡心力」『中國時報』一九九六年十一月九日。

(56) 林茂榮・楊士隆『監獄学』台北：五南、二〇一四年、八五頁。

(57) 李佩珍「宗教教誨對男性受刑人在監適應影響之實證分析」台北大学犯罪学研究所修士論文、二〇〇八年

(58) 黄俊棠・溫敏男・曾佳茂「以宗教教誨重建受刑人在監之社會鍵　以臺北看守所宗教教誨成效為例」「犯罪学期刊」第十七巻第二期、二〇一四年、一～三六頁。

(59) 「聲樂家黄南海　音樂感召受刑人」『人間福報』二〇〇六年八月二日。林政佑、「監獄內的微光－台語詩人柯柏榮與監獄文學寫作」『司法改革雜誌』九十三期、二〇一二年、六三～六七頁。

(60) 黄徵男・賴擁連『二一世紀監獄学』台北：一品文化、二〇一五年一四七頁。

(61) 李佩珍「宗教教誨對男性受刑人在監適應影響之實證分析」台北大学犯罪学研究所修士論文、二〇〇八年、一三四頁。

(62) 張家麟「宗教團體與監獄宗教教誨――對佛光山在明德戒治分監活動之實證分析」「普門學報」第十二期、二〇〇二年、一二頁。

(63) 李佩珍前掲論文一三四頁。

(64) 徐羊『監獄：天下第一工』台北：米果文化、二〇一一年一〇七～一〇九頁。

(65) 「輔導鄭捷　應曉薇、張柏舟遭打臉」「自由時報」参考サイト：http://news.ltn.com.tw/news/society/paper/988971

(66) 駱政昌「監獄、佛教、交換：雲林第二監獄收容人接受佛光山斗六禪淨中心互動之研究」南華大学宗教学大学院修士論文、二〇〇六年、四三頁。

(67) 周愫嫻等『我國矯正政策與管理機制之研究』台北：行政院研究發展考核委員會編印、二〇一一年、一七七頁。

(68) 黄徵男、『21世紀監獄学』一五六頁。

(68) 黄徵男・賴擁連、前掲書一五六頁。
(69)「收容人超收、未納入健保教誨師極缺」『中國時報』二〇〇〇年七月十九日。
(70)「放寬晉用代理教誨師不行法務部指薦任不可代理東監另尋社會資源紓解人力荒」『中國時報』二〇〇〇年五月十七日。
(71) 周愫嫻等前掲書、七七頁、一二八頁。
(72) 周愫嫻等上掲書、一〇八頁。
(73) 張家麟「窗外有藍天」『心鏡』第一巻第一期、二〇〇四年一五頁。

第八章　イスラム教徒の増加とフランス刑事施設での宗教教誨

赤池一将
龍谷大学教授

一　宗教と刑事施設

(一)　刑事施設において、宗教はすでに長きに渡って重要な地位を占めている。それは争いのない明白な認識である。しかし、行刑との不断の交渉によって得られた刑事施設における宗教の地位は曖昧さにみちている。別稿において言及したとおり(1)、フランスにおいて、宗教界と行刑当局との間で、その関係をめぐり交渉が始められたのは王政復古期(一八一四～三〇年)、身体刑から自由刑へという刑罰の近代化が構想された時期であった。以来、今日までこの交渉は絶えることなく続けられてきた。

特に、懲治監獄制度の誕生とともに、犯罪者の改善における宗教の役割の重要性が改めて認識され、教誨師は監獄内でそれまでにない権限を与えられることになる。例えば、一八一九年のクリスマス以降、教誨師は官吏としての地位を獲得し、監獄内に慈善事業運営委員会（Commission charitables administratives）が設置されている。

また、一八四一年四月十二日に開催された監獄監督局（l'Inspection Générale des prisons）の会議においては「監獄付教誨師制度の創設法案」が検討されている。受刑者に対する精神的・宗教的働きかけの重要性が考慮され、そのためには見識が高く、献身的で、慈悲深い心で受刑者に接することを使命と考えるカトリックの神父が教誨師の任にあたるべきこと、教誨活動は、主任教誨師（le grand aumônier）となる司祭と彼に従う三名ないし四名の聖職者によって実施されること、主任教誨師の任命は王令により行われ、教誨を主任教誨師とともに執り行う聖職者は、主任教誨師による指名と政府の承認によって決定されるべきこと等、教誨師活動に対して一定の要件が規定された。ここには、監獄内での教誨師の権限を確認するとともに、行刑局が、その権限を行使するための一定の要件を教誨師に課した関係がうかがわれる。

(二)　こうした宗教側と行刑側との不断の交渉のなかで、監獄内での祝祭日の祭礼出席の義務化が進められ、ミサに出席しない者には獄内でのあらゆる活動が禁止され、沈黙制の強要が可能とされるにいたった。さらには、若年受刑者に対して獄内でカテキスム（教義問答）の講義への出席もこの時期には義務付けられたこと等も注目される。これらは監獄内で宗教が占めた地位の重要性を示す例ではあるが、同時に、その地位が曖昧な力関係の上に成立していることを示すものでもある。(2) 教誨師の任命は、特に、宗教界と国家との力関係のバランスによりその態様は一様にはならない。フランスでは、そうした一九世紀中頃の時点でも、監獄のなかには、大多数のカトリックに加えて、プロテスタント、ユダヤ教、イスラム教等の複数の宗教がそれぞれの形で存在していた。(3)

宗教が刑罰にもたらす役割は、これまでも多様であった。刑罰と宗教、それぞれの役割は多かれ少なかれ互いに共鳴しながらも、両者は様々な形でその結びつきを示す。例えば、贖罪刑の場合であれば「償い」という役割に、自由刑であれば、犯罪を行った者の「精神の矯正」という役割や、獄中で悲嘆にくれる者への「精神的援助」という役割に、さらには、拘禁環境下での「心情の安定」という役割にさえ、宗教は貢献することが予定されてきた。

㈢　しかし、今日のフランスの刑事施設内では、その信仰の力を、塀の外でのテロ行為という政治的武力闘争に利用するために、一つの宗教が刑事施設内で支配と洗脳に用いられているとの疑念、すなわち、イスラム原理主義が、刑事施設内部でイスラム教被収容者の「急進化」を導いているとの疑念が浮上し、二〇一五年一月七日のシャーリー・エブド襲撃事件(4)、同年十一月十三日のパリ同時多発テロ事件(5)、そして、二〇一六年七月十四日のニースでのトラック暴走テロ事件と(6)、ＩＳ（イスラム国）を名乗る過激派集団によるテロが大きな社会不安をフランス国内に引き起こすたびに、教誨師と矯正局の双方が社会的糾弾の対象とされるにいたっている。

テロとの「戦い」は、これを最初に規定した一九八六年九月九日の法律成立以後も相次いで立法が繰り返され、その対象も二〇〇一年九月十一日のニューヨークでのいわゆる九・一一テロ以降は、「イスラム原理主義ジハード主義者」との戦いとして再定義されるにいたった(7)。結果的に、二〇一五年一月一日の時点で、フランスには三百四十六名がテロリズム関連の凶徒結集罪で有罪判決を受けている。そのうちの二百十三名はイスラム原理主義者であり、さらに、その三十三名はいかなる犯罪によるかは明確にされていないがすでに受刑者として収監された者である(8)。

司法大臣は、先の糾弾を念頭に、テロ犯罪に対する刑事手続を受けた「イスラム原理主義者」

の七四パーセントは刑事施設収容の経験を有しておらず、それ故に、刑事施設において「急進化」したものではない点を強調する。同時に、たとえイスラム教であっても、宗教的フォンダメンタリズムの実践とテロリズムを同一視するべきではない点を喚起した。例えば、二〇一五年一月のシャーリー・エブド襲撃事件で、クアシ兄弟のうちの一名は二〇〇五年にイラクにジハーディストを送り込んだ事件に関連して、執行猶予付き有罪判決を言い渡されながら、収監された事実はなく、収監中に「急進化」したとの主張は当たらないというわけだ。

㈣　確かに、クアシ兄弟のほか、同じく二〇一五年一月のパリでの襲撃事件（警察官襲撃事件、スーパー人質事件）のクリバリ容疑者についても、少年時代から窃盗等で小さな犯罪を繰り返し、パリの少年係裁判官や教育師の間では、そのプロフィールが広く知られていた人物であり、「急進化」への対応が問題となる人物ではなかったとの理解は関係者の間で共有されていた。しかし、むしろ、そうした窃盗などの小さな犯罪の常習者が、司法当局との接触を繰り返しながらも大きなテロ事件を引き起こしたとすれば、施設内での「急進化」の兆しを認めることができなかったからといって、そもそも現行法の枠組と犯罪者処遇の実務が適切で十分であったのかとの社会的不信を免れることは容易ではない。

事実、司法大臣をはじめ行刑局の幹部やテロの実行犯となる者と接触を繰り返していた現場の職員さえも、二〇一五年一月以降の出来事を予想できぬままにあった。それゆえ、テロ犯罪を行うことになる者への保護・矯正上の適切な処遇方法の検討、拘禁施設における宗教的行為や過剰な勧誘等の状況の把握、そして、それらとテロ実行者となる者の生活の現実との関係等に関する調査に関心が向けられている。(9)

二　信教の自由と行刑の法的枠組

㈠　刑事施設における信教の自由の問題は、フランスでは、単に、自由な社会において、刑事施設という自由を制約しうる社会施設のなかで、信教の自由という基本権の保障はどうあるべきか、それが制約可能であるとすれば可能とする理由はなにか、制約はどの範囲で可能か等の主題に留まらぬ可能性がある。そこには、公共空間における宗教に関する国家の中立性、さらには、フランスでライシテ（laïcité）と呼ばれる国家の非宗教性という問題、特に、フランスにおける共和制の骨格に関わる特殊な問題状況が存在しているからである。

この問題の奥行の深さを示すことになったのが一九八九年十月のいわゆる「イスラムのヴェール事件(10)」であった。著名な事件ではあるが、宗教と刑事施設の関係、特に、刑事施設における教誨師の問題を、日本と異なり教誨師制度の範囲が刑事施設以外の社会施設に広く及ぶフランスの文脈で理解するには避けて通ることのできない点であり(11)、多少、迂遠の感もあるが、この点を振り返っておくことにする。

この事件は、公立中学校に通うイスラムの女生徒サミラ（十五歳）と彼女に同調する二人の女生徒が、頭にかぶっているヴェールを教室に入っても脱ぐことを拒んだため、校長の指示で教室の外に追い出されたことに端を発する。当初は、父親を含め学校との話し合いで、授業時の教室での着用だけを認めない妥協案で解決したかにみえたが、イスラム原理主義よりのイスラム教団体の介入や、他方で、学校長の不適切な反応もあり、三人の生徒はヴェールの常時着用の主張を譲らず、学校側は彼女らに図書室での自習を命じることになった。マスメディアは事件を大きく報じ、この小さな混乱は、フランス社会の一大関心事になっていった。

背景には、特に、フランス共和制が、学校教育からいかにして宗教、ここではカトリック教会の影響を排除するかに腐心してきた歴史がある。特に、一八七一年に成立した第三共和制期にこの闘争は激しく、無免許の修道会から教育権を奪い、公立学校での宗教教育を禁じ、女子の中学、高校を設立して、こうして教育から宗教の影響力を締め出してきた闘争の歴史があった。非宗教性の原則を高く掲げる公立学校にとって、イスラム教徒のヴェールの着衣は、公立学校と共和制のアイデンティティを犯す行為であった。加えて、イスラムのヴェールはイスラム社会における「監禁と女性軽視のシンボル」と考えられ、その着用はイスラム原理主義を宣伝するものであり、その運動の象徴であると考えられる側面もある。フランス社会に潜在的にある反イスラム感情がこの事件を契機に一挙に吹き出したことは間違いない。

㈡　この事件においては、宗教関係者を含めて、禁止派も容認派も、学校における非宗教性の必要は原則的に認めていた。問題はその理由付けと、その理由に起因する公的施設における非宗教性のあるべき姿、そして、その非宗教性の射程ということになる。しかし、この問題は公立学校に限る話ではなく、当然に刑事施設における宗教と、特にそこでの教誨師の役割を規定する議論となる。

当時の国民教育相ジョスパンは、この非宗教性について次のような要約をした。すなわち、歴史的に共和国が目指したのは、教育におけるカトリック教会のヘゲモニーの打破、家庭で植えつけられるイデオロギーの重圧からの子どもの解放、子どもの思考の自立性の養成、国家に奉仕する規律ある市民の育成による非宗教性であった。それゆえ、子どもを学校に通わせない家庭に、憲兵を送っても通わせた歴史がある。それは「闘いの非宗教性 laïcité de combat」と呼ぶべきものであったが、二〇世紀後半になると、カトリック教会の脅威はなくなり、反教権主義の存在意義は薄らぎ、また、革命、非植民地化に伴う民族大移動の時代の到来とともに、フランス社会は多民族、多宗教からなる複合文化社会になってくる。そこでは、あらゆる差異を受け入れる「開かれた非宗教性 laïcité bienveillante」が求められる、と。(12)

改めて指摘するまでもなく、日本では、かつて監獄法二十九条が「受刑者ニハ教誨ヲ施ス可シ其他ノ在監者教誨ヲ請フトキハ之ヲ許スコトヲ得」と規定し、第二次世界大戦終了前の行刑においては、受刑者に対して積極的・強制的に教誨を実施することが本則とされた。処遇の各場面において各種の教誨が行われ、その実施は、専任の官吏としての教誨師に委ねられてきた。戦後、国教の分離に関する占領軍の指令及び日本国憲法の定める厳格な政教分離主義により、被収容者の信教の自由を保障するため、国は自ら宗教的活動を行うことを禁ぜられ、宗教教誨を積極的・強制的に行うことが不可能とされ、国の職員としての教誨師制度は廃止され、監獄における宗教的活動はもっぱら民間宗教家の手に委ねられた。以後、監獄における宗教的活動はもっぱら民間宗教家が実施し、国としては、被収容者の信教の自由を侵さぬよう、きわめて消極的・受動的態度に終始することとなった結果、監獄における宗教的活動は勢い低調となり、被収容者の宗教的欲求に必ずしも応じえない状況に至ったと評される。その後、二〇〇五年の監獄法改正により、被収容者が一人で行う礼拝その他の宗教上の行為の自由を保障するとともに（刑事収容施設法六十七条）、被収容者の信教の自由をより実質的に保障するために、刑事施設の長に被収容者が宗教上の儀式行事に参加するなどの機会を設ける努力義務が定められた（同六十八条[13]）。

多少とも図式的な嫌いはあるが、非宗教性に関するジョスパンの整理を用いれば、日本で新憲法の制定とともに、政教分離を行って官吏としての教誨師制度の廃止を導いた点は「闘いの非宗教性」の方向、それ故の監獄内で宗教活動の低調を打開するために刑事収容施設法がもたらした新規定は「開かれた非宗教性」を実現するための方向といえよう。この座標のなかでフランスの教誨師の位置付けを検討してみたい。

(三)　フランスの教誨師制度の位置付けを検討する際に、まず行わなければならないのが、宗教における国家の中立性を定めた政教分離に関する一九〇五年十二月九日の法律である[14]。二十世紀幕開け後、すぐに政教分離の原則が確認されていることになる。その第二条第一項は、フランス共和国はいかなる教宗派に対しても、給与や助成金の支払いを行わぬことを定め、それゆえ、以後、教誨師は国から給与を支給されず、他方で、刑事施設の被収容者はミサへの出席義務を負うことはないものとされた。しかし、この原則は必ずしも厳格に解釈されることはなかった。確かに、一九〇五年法は、宗教的なるものを私的な領域に追いやっている。しかし、この法律は、公権力と宗教組織との関係を規定するものとして解釈される。

その解釈の射程は、矯正施設の内部にも及ぶことになる。事実、刑事施設内での宗教的儀式や礼拝は、この政教分離を定める一九〇五年の法律を根拠に認められている。この法律の第二条は、前述の通り、「共和国は、いかなる教宗派も認めず、給与や助成金の支払いを行わない」と規定するとともに、他方で、しかしながら、国と自治体の予算において、「教誨師の役務に関して、高等学校、中学校、小学校、養護施設、保護施設および刑事施設での教宗派の自由な活動を確保する目的の場合には、これに関する支出を認める」ことができる。この規定こそ、教誨師の役務と、これに対する公法人からの支援の法律的基礎を構成するものであり、この規定は私人に自己の宗教を実践する自由を認める義務によって正当化されることになる。そして、この一般原則は、欧州行刑規則二九・一および二〇〇九年十一月二十四日の行刑法二十六条によって確認されているところである。

しかし、こうした首尾一貫しない法文の採択に行き着いた理由は、やはり、この公的施設における非宗教性のフランス的特徴であるといえる。先の非宗教性をめぐる「闘いの非宗教性」、

「開かれた非宗教性」という二つの側面は、宗教と国家との間の「政教分離」という側面および個々の被収容者の「信教の自由の保障」という側面として理解されよう。繰り返しになるが、日本では、「政教分離」を官吏としての教誨師制度の廃止という形で構成し、同時に、刑事施設の長に被収容者が宗教上の儀式行事に参加するなどの機会を設ける努力義務を定めることによって「信教の自由の保障」を行おうとした。ところが、フランスの捉え方では、「政教分離」においては公法人からの金銭の拠出を禁じ、さらには、その分離を公共空間での宗教的表徴の着用の禁止にまで広げさえしながら、他方で、「信教の自由の保障」という観点から、その原則に例外を認め、刑事施設等においては教誨師の配備を行い、その費用を国及び地方公共団体が保障するという構成が取られている点が興味深い。

㈣　さて、翻って、宗教と刑事施設の問題を考えるとき、フランスにおいては宗教的なものをも含めて信条の自由を規定する一七八九年人権宣言第十条と同様に、フランスは世俗の共和国であることを表明する一九五八年の憲法第二条、さらには、これらの法文を適用せしめた憲法院の判決を検討する必要がある。これらは、宗教の自由の権利を肯定し確認する法源である。したがって、中立性原則を厳格に尊重するかぎり、国家はその市民に対して、それぞれの選択する宗教を個人また集団により実践する自由を保障しなければならず、これを制限する規定は公共の秩序の要請によるものでなければならないことになる。

欧州人権条約第九条には同様の宣言があり、宗教を表明する権利の限界を規定している。その限界は、表現の自由、集会の自由、結社の自由に対するものと同一のものである。すなわち、法律によって規定され、民主主義社会において、公共の安全のため、秩序、健康、公衆道徳の保護のため、あるいは、他者の自由権の保護のために必要な措置を講ずるものである。

欧州人権裁判所による九条の適用は複雑で多様である。人権裁判所は、長きにわたって九条以外の規定をしばしば優先的に用い、九条の適用を回避してきた[15]。しかし、数多くの判決のなかには人権裁判所がこれらの規定を具体的ケースで適用した場合もある。二〇一一年六月三十日の判決、エホバの証人対フランス事件において[16]、人権裁判所は、信教の自由に関しては、国家に対して宗教的確信とその表現方法の正当性に関する一切の評価を行わないことを要請した。しかしながら、公的空間におけるフェイス・ヴェール（niqab）の着用に関する最近のSAS対フランス事件判決において[17]、人権裁判所は、国家にかなりの程度の評価の可能性を認め、この点では一定の後退を示したと評価されている。特に、公的空間でのことさらに宗教色の強い服装の着用を制限する必要のないことを明らかにして、九条違反を確認したアメ・アルサン対トルコ判決[18]については、この後退を否定することは難しいと考えられる。さらには、一般原則との関係で、コンセイユ・デタは、二〇〇四年以来、信仰の自由を基本的自由として位置づけている点も忘れてはならない[19]。具体的には、拘禁下における宗教的行為に関する法的装備は、前述の一般原則や行刑法において規定された原則に従うものとされ、宗教的行為の実施態様は刑事訴訟法典を根拠とする規則と同様に、施設の種類に固有の特殊性を考慮した種々の通達や命令の対象となっている。

(五)　行刑法は、その二十六条において、宗教の自由に関する一つの原則を表明している[20]。すなわち、「被収容者は、思想、信条、宗教の自由について権利を有する。被収容者は、場所に適切な条件に従って、施設の保安と良好な秩序のみの制限のもとで、自ら選択した礼拝をおこなうことができる」と。

二〇一〇年十二月二十三日のデクレは[21]、「精神的支援」という表題のもとに、宗教の自由と文化的活動の権利の実施態様を刑事訴訟法典R五七－九－三条からR五七－九－七条で規定している。各被収容者はその宗教的、道徳的、精神的生活の欲求をみたすことができ、また、そのために宗教家の訪問を受け、宗教的典礼や文化的集まりに参加することができる。この点は、入所時に告知される。また、被収容者は、宗教的行為の対象物および精神的生活に不可欠な書物を保持することができる。

(六)　刑事施設における信仰上の食事の問題をめぐっては、最近、行刑局とイスラム教信者との間の訴訟が注目される。イスラム教徒は、「教義に則した」肉からなる献立が（単に宗教上の大きな祭式の時ばかりでなく）定期的に用意されなければならないと主張していた。グルノーブルの行政裁判所は、サン・カンタン・ファラヴィエ行刑センターの所長の決定を無効として、信仰告白を行うイスラム教徒に対して「教義に則した」食事を定期的に供することを命じ（le 7 novembre 2013, n°1302502）、同判決はリヨン行政控訴院において支持されるにいたった（CAA de Lyon, le 20 mars 2014）。しかし、その後、国務院は、その執行の一時停止を命じ[22]、リヨン行政控訴院において国務院による停止の判断が確認されるにいたった（CAA de Lyon, le 22 juillet 2014, n°14LY00113）。その国務院の判断においては三種の理由が示された。それは、第一に、教義上の肉の献立からなる食事の配膳や下請け業者によるその調達に費用がかさむこと。第二に、これが施設の運営にもたらす効果や拘禁の要請と合致しないこと。そして、第三に、ライシテの原則が侵害されること、というものであった。この最後の理由については、余計で「驚くべき

もの」との評価がある。(23)

施設ごとに事情が異なるとはいえ、また、規定に従っているとはいえ、(24)すべての刑事施設においては、個々の被収容者の医療上の指示に合致した食事以外にも、被収容者に対して豚肉抜きの料理、ベジタリアン料理、(25)宗教的祭式に適した料理を提供している。しかし、さまざまな教宗派の教えを考慮した「ア・ラカルトの献立」が刑事施設内で提供されるのを待ちながら、自由剥奪施設総監督官は、二つの弥縫策を提案した。一つは、教誨師が宗教の教えに合致する食物を持ち込むことを認める策である。そして、もう一つは、施設内の売店で扱う商品の幅を広げることである。(26)

もう一つの重要な問題は、礼拝の場所である。施設長は、合意をとり決めた日時において、種々の教宗派の祭礼責任者に祭礼の場所を定めて執り行わせるよう便宜を図る。種々の宗教のための多目的ホールとして、祭礼用の建物が整備されている場合には、あらゆる種類の文化的活動と同様の扱いとなる。

ここでも、教誨師は、宗教の自由に属する大半の権利を左右する地点にいる。例えば、集団での礼拝ないしは文化的集会や、個々の面談を求めることが広く認められているが、法律上は「精神的支援」を目的とするものであっても、その支援は非常にしばしば心の支援であるだけでなく、物質的支援となることが少なくないからである。

三　刑事施設の教誨師

(一)　ここ十五年の間に教誨師の数は倍増している。一九九五年に六百三十八名であった教誨師は、二〇一三年の統計では千三百十一名に達した。このことは、この間に宗教の多様性という現象とその制度化が進んだことを示している。教宗派別に見れば、カトリックが五一パーセント、プロテスタントが二五・九パーセント、イスラム教徒が一一・五パーセント、ユダヤ教徒が五・七パーセント、ギリシャ正教が二・三パーセントであり[27]、教誨師の総数も、教宗派ごとの分布状況と同様に、今後、変化することが予想される。事実、一方では、仏教、エホバの証人等、フランスにおける「少数派」の宗教が次第に拘禁現場に姿を見せはじめ、他方で、イスラム教の教誨師の数は増加して、イスラム教の被収容者数の比率のレベルにまで達することが想定される[28]。

被収容者は、その希望に従い、また、必要に迫られて、他者に知られないように信仰告白を行うために教誨師に会う。その面会は、面会室で、面会のために特に用意された場所で、被収容者の居室で、また、被収容者が懲罰区画にいる場合には施設長の指定した場所で行われる。

被収容者が共同の作業中である場合、例外的ではあるが、その中断が他の被収容者の活動を阻害するものでない場合には作業時間中にその面接を行うことも可能とされている。

教誨師は、教宗派の如何に関わらず、被収容者に「司法と拘禁スティグマからの解放[29]」をもたらすことになる。教誨師は、被収容者が貶められることのない、倫理観をそなえた一人の個人となる関係を可能にし、また、被収容者と行刑局との困難な関係を容易にし、被収容者の極度の苦悩に注意を喚起する介在者となると評価されてきた。そして、教誨師は拘禁現場を自由に歩き回れる唯一の部外者でもある。そのためにフランスでは教誨師は施設の「鍵」を保持することが認められている。それは、教誨師に、その地位を示す強烈で象徴的なイメージを与えるといえる。つまり、彼は被収容者側からだけでなく、行刑局側からも信頼を得ていることが暗黙のうちに示されるのである。この二重の信頼は、イスラム教の教誨師をめぐる現在の論争の中心にある。

さまざまな教宗派の代表者に割り当てられた役割は、二〇一〇年のデクレ（刑事訴訟法典D四百三十九条）以降に規定され[30]、分権化された教誨師受入れの承認手続に認められる。関係する宗教の全国代表教誨師の申出に基づいて、施設の所在する県知事の意見を聞いた後、管区長によって教誨師受入れの承認が決定されることになった。教誨師に定年が設けられ七十五歳と規定された。ボランティア補助者は二年更新で公認されるが、教誨師の補助をすることができるものとされている。

一つの宗教を希望する被収容者が少数であることは、教誨師受入れの承認拒絶を正当化する理由とはならない。これは、フランスのいくつかの地方都市において、エホバの証人の聖職者によって提訴された事件での国務院による判決の一節である[31]。事実、国務院に対するエホバの証人に関する上訴のうちの七件はこの点を問うものであった。上訴者は地方行政裁判所と行政控訴院で勝訴し、それらの判決が国務院によって確認されたことに注目する必要があろう。

(二)　フランスにおけるイスラム教の重要性は、獄中において信仰を明らかにしうる者の数の多さからして明白であり、行刑局による教誨師の受入れ承認を促進させるものとなる。イスラム教教誨師の最初の受入れ承認は一九八六年のことであった。二〇一三年からは毎年十五名の教誨師の補充が承認され、イスラム教の教誨師の数は二〇一五年には百八十二名に達している。その総人員数は、二〇一七年までさらに毎年二十名程度増員されると考えられる。

被収容者は、教誨師のいないところで集団祈祷や宗教的祭礼を行うことはできないが、フランスには依然としてこの機会を提供できない刑事施設がある。行刑局の報告書で強調されているように、イスラム教の教誨師はその数が特に少ないため、主として物品の提供と配布や金曜日の説教のみを行うことになる。(32) 彼らが被収容者の話に耳を傾け、本来の支援を与えることは容易ではない。

すでに見たとおり、「共和国はいかなる宗教についても、これを承認せず、給与を与えず、助成を与えない」とする原則の例外として、性急に定められたとされる一九〇五年の法律第二条は、一定の公的施設における教誨師業務をもその支出に加えることを可能とした。それゆえ、認可された教誨師は国家予算によって報酬を受けることができる。しかしながら、刑事施設の大半の教誨師はボランティアであり、教誨師および教誨補助師の三〇パーセントが手当てを受けているにすぎない。その数字はイスラム教(四四パーセント)およびユダヤ教(五七パーセント)においては比較的高いことになる。しかし、矯正局から支給される手当ては額がきわめて少なく、また、金額も一定していない。二〇一三年の文化的関与者として俸給を受ける千三百十一名のうち、三百九十名が手当てを受けており、そのうちの百六十四名がイスラム教徒である。(33)

カトリックとプロテスタントとの教誨師がボランティアに留まり、また、そうであることを主張する一方で、イスラム教の教誨師は、その職業化を主張している。すなわち、行刑局からの給与の支払いを、あるいは、少なくとも支払われる手当のかなりの見直しを主張している。

そして、この主張にはユダヤ教の教誨師も同調することになる。必ずしもシンボル的な額にとどまらない一定の報酬を予定する必要は多くの者によって主張されている。

四　拘禁下の宗教の現状と課題

㈠　二〇一一年二月から二〇一二年十月まで全国の八つの施設で行われた調査の結果およびそこに収められた拘禁現場の証言には、一つの共通の問題が認められる。[34]それは、稀に見る例外を除けば、収監前に宗教に関する指導を受けていない者が、収監されたことを理由に宗教に関心を示すことはないとの認識であった。「刑事施設のなかでの改宗者として紹介された者に会った時、しばしば刑事施設への収監前に始まったプロセスが問題になっていた[35]」、「少年期以来の最低限の宗教的な社会化があったとき、宗教に帰依する[36]」等の発言からは、宗教を求めるのは、「社会的な軌道と拘禁が重なりあう」ことによる。つまり、宗教への帰依は、「一つの伝記のなかに書き込まれねばならない」との認識である。[37]

実際、宗教は、被収容者が拘禁環境においてよりよく生きるために特に用いられる文化的資源として理解されている。宗教の利用が常に一貫するものでないとしても、逆に、その利用は、常に「拘禁という場での強制や暴力に対する適合や調整の論理のなかに[38]」見出されている。宗教は、力の関係がどこにでも顔を出す場所で必要とされ、擁護される、と。そして、文化的集まりは、行った犯罪ゆえに排斥された被収容者に対して、他の被収容者と会う機会を提供していることも忘れてはならない。

宗教は、いわば「結びつける」ものであり、絆を作り、拘禁の場で、塀のなかの人付き合いの形を作り上げる契機となる。宗教は、祭礼の際には、被拘禁者に拘禁の時間を免れさせ、その居室から出させ、共同の空間に近づけさせ、集団の時間を過ごさせることを許すものでもある。そして、よりパーソナルな局面において、宗教はある種の手掛かりとなり、失いたくない意思を意識させるものとなる。たとえば、比較的若年の者にはある種の「家族への復帰」を行わせ、比較的年老いた者には自己を取り戻し、社会復帰の計画のなかに自分を置き続けるための手掛かりとなる。宗教は間違いなくある種の乗り越えのための道程になるといえようが、拘禁下においては、宗教によって償いが行われ、自分の建て直しが行われる、あるいは、宗教によってそれが現れるというのが正しいように思われる、と。(39)

宗教は、また、異議を申し立て、制度に反対するための戦略のなかに組み込まれることも可能である。時折、正道を外れ、宗教は他の被収容者に対して圧力をかけるための道具になることもある。そして、特に、イスラム教は「この圧力を受けている者に一つの自尊心を与える」

ものであり[40]、単なる利益を超えて価値を共有する集団への帰属感情をもたらすものであると報告されている。

㈡　フランスの公的空間における非宗教性という主題をめぐり激しい論争が行われるにしても、拘禁施設においては現実的な処遇が平穏のうちに採用されている。このことは、フランスの刑事施設の中での宗教的行為のための設備が他の文化的活動用のものと兼用であることや、教誨師の地位が恵まれたものではなく、宗教や人種に関わる統計がタブー視されている事実を考慮に入れてもそうである。拘禁下での宗教は、行刑職員からすれば、被収容者の大半の緊張を緩和するものとして捉えられている。その緩和は、組織化された活動から生まれるものであり、あるいは精神的または宗教的な権威を備えた影響力から生じるものである。

しかし、二〇〇〇年の初め以来、行刑局がイスラム教の急進化問題を重大視してきたことも事実である。一つには、急進イスラム主義による勧誘熱に対処するためであり、その時点ですでに行刑職員に対する具体的な研修が実施されていた。そして、行刑情報の収集強化が図られていた。司法大臣が、最近、言及したところでは、この行刑情報収集セクションには、県の担当者、九つある地域圏の担当者のほかに、三十名の実働人員が各地の施設に配属され、また、行刑局本局の安全司令部に十三名の人員が配置されている。さらに、二〇一五年の初めから、行刑局の部長一名を内務省のテロリズム対策調整局（ＵＣＬＡＴ）に派遣している。

フレーヌ拘置所の所長は、二〇一五年一月の事件後、テロ犯罪者向けの特別区画を設置した。テロ活動関係の兇徒結集罪で訴追された者およびイスラム教への恭順者二十名余の被収容者が、他の被収容者から隔離してこの区画に収容された。被収容者は、当局が「通常の規則」という体制に服している。そして、この対応は、パリ周辺の数多くの施設（ボワ・ダルシー、フローリ・メロジス、オニー）に及び、その広がりの大きさはその正当性を失わせるものであるともいえる。この区画への収容基準、そこでの被収容者に対する拘禁体制、そして、短中期的なその効果には疑問が投げかけられている。

二〇一五年一月以前にも、行刑局はこうした計画案を発表していたが、特に、急進化した被収容者の処遇のための二つの行動計画が現在実施されている。そこでは「教科教育」とは別に、国民教育省の側からも、若い入所者向けにライシテや市民性に関する教育プログラムが策定された点が注目される。[41] また、特別区画での処遇とは別に、テロ行為によって訴追され有罪判決を受けた被収容者に対する通常の行刑の枠組みのなかでの特別な処遇やそれが前提とする被収容者に対する権利制限が考案されている。頻繁な移送や隔離収容は、テロの歳月の最初からひとつの処遇方針として活用されてきたが、その利用やそのための法的体制はおよそ満足のいくものではないと評されてきたからである。(42)

(三)　本来、法的な規制を行って被収容者の権利擁護を行うべき拘禁現場であるにもかかわらず、行刑職員は流されやすい脆弱なバランスと配慮の上に身を置いているように思われる。今日、このバランスは、イスラム教の「過激な亜流」のなかで萎縮し、特別な施策へ傾斜しているとの批判がある。そうした状況に対して、先の行刑局報告書の作成者のなかには、ラベル貼りの論理を指摘し、イスラム教の被収容者や刑務官に対する「反イスラム教人種差別」を問題とする論者もいる。(43)

公的自由の最たるものとされてきた移動の自由についても、領土を離れることの新たな行政的禁止が加えられ、一七八九年のフランス革命以来のその権利が侵されている。(44)また、歴史的に高い犠牲を払って手に入れた被収容者の他の諸権利もやはり損なわれているのであるとすれば、そのことに不安を覚えなければなるまい。(45)先の行刑局の報告書の第二部は、そのタイトルを「刑事施設におけるイスラム教徒の急進化に対するグローバル・アクション・プラン」としているが、そこには、

・礼拝室、図書室、スポーツ室、プロムナードのルート、工場等の一定の場所での音声を聞きとることができるようにし、また、施設長には司法警察官の資格を付与してその音声聴取は施設長が決定すること。
・刑罰適用裁判官が施設内で非急進化プログラムを遵守事項に定め、その受講を強制し、受講がない時は善時ポイントを剥奪すること。
・刑務所においては、開放処遇の利益から急進化した被収容者を除外し、また、当該被収容者に対しては施設長の決定に対する職権濫用の訴えを認めないこと。
・隔離処遇について、最初の隔離期間を長く設定し、更新の時期を遅らせるなど（三カ月に変えて六カ月とする）隔離処遇の採用を促すこと。
・外部との連絡を制限すること。

など二十余の提言が行われているが、そのほとんどが重大な基本権の侵害をともなうがゆえに十分な法的検討を必要とする内容であると言わざるをえない。

(四)　すでに検討を加えたように、フランスでは、行刑の非宗教性について、「政教分離」の徹底と、他方で、「信教の自由の保障」を理由に、その原則に例外を認め、刑事施設等においては教誨師の配備を行い、その費用を国及び地方公共団体が保障するという構成が取られてきた。しかし、特定の宗教に帰属していることを理由とする被収容者に対する拘禁環境の新たな制約であれ、「信教の自由の保障」を理由とする特定宗教に帰依する被収容者への特別な対応であれ、宗教を理由とした基本権の侵害が拘禁体制という国の政治の変化を導いているのであれば、それを新たな「政教分離」の侵害として観ることも可能となるはずである。刑事施設と宗教をめぐるフランスの今日的困難がここにある。

《註》

（１）フランスでの刑事施設教誨師の形成とその役割の変遷については、すでに赤池一将「フランスの刑事施設教誨師制度について」（赤池一将・石塚伸一編著『矯正施設における宗教意識・活動に関する研究』日本評論社、二〇一一年、一四九頁以下）において簡単な紹介を行った。なお、Pierrette Poncela, « Religion et prison, je t'aime moi non plus », chroniques, RSC, n°1 2015 は、その代表的な検討として、十九世紀についてはJacques-Guy Petit, Ces peines obscures, Fayard, 1990を、また、二十世紀については、Olivier Landron, La vie chrétienne dans les prisons de France au XXe siècle, Paris, Cerf, coll. L'histoire à vif, 2011 を掲げている。

（２）もっとも、その後、一八八五年十一月十一日のデクレによって、中央刑務所においてはミサへの出席義務が実質的に廃止されている。なお、礼拝への出席の自由が認められるのは一九二四年以降のことであったとされる。Jacques-Guy Petit, Ces peines obscures, op. cit., p.513.

（3）一八六六年十二月、一万八千五十三名の受刑者のうち、カトリックは一万七千四百九十三名、プロテスタントは四百六十三名、ユダヤ教徒は七十名、イスラム教徒は二十六名であった。J.-G. Petit, op.cit.p.514

（4）二〇一五年一月七日にフランス・パリ十一区にある風刺週刊誌「シャルリー・エブド」社に複数の武装した犯人が襲撃し、警官二人や編集長、風刺漫画の担当者やコラム執筆者ら合わせて十二名を殺害した事件。犯人はアルジェリア系フランス人でパリ出身のサイード・クアシ（三十四歳）とシェリフ・クアシ（三十二歳）の兄弟。アムディ・クリバリ（三十二歳）の行った八日パリ郊外モンルージュでの女性警官銃撃事件、九日パリ東部ポルト・ドゥ・ヴァンセンヌのユダヤ系スーパー人質事件を含めて論じられる場合が多い。報道と表現の自由をめぐる議論が起こった。

（5）二〇一五年十一月十三日（現地時間）にパリ市街のバタクラン劇場や郊外のサン・ドニ地区の商業施設で、ＩＳＩＬの戦闘員と見られる複数のジハーディストのグループが行った銃撃事件。死者百三十名、負傷者は三百名以上に及んだ。

（6）二〇一六年七月一四日（現地時間）にフランス南部のニースの遊歩道プロムナード・デ・ザングレにおいて、花火の見物をしていた人々の列にトラックが突入したテロ事件。この事件により少なくとも八十四名が死亡し、二百二名の負傷者がでた。

（7）これらの立法が次第に自由の脅威となっている事実を指摘する論稿は少なくない。なお、近年のテロリズムとの戦いのための体制強化に関する二〇一四年十一月十三日の法律については、Romain Ollard, Olivier Desaulany, La réforme de la législation anti-terroriste ou le régime de l'exception pérenne, Dr. Pénal 2015, n°1, étude 1 ; Dossier sur les nouvelles dispositions de lutte contre le terrorisme, AJ pénal 2014, n°12 ; Philippe Ségur, Le terrorisme et les libertés sur l'internet, AJDA 2015, p.160を参照されたい。

（8）情報は二〇一五年十一月十二日付けで首相サイトに公表されたものである（http://www.gouvernement.fr/partage/3128-lutte-contre-la-radicalisation-en-prison）。
（9）司法省行刑局本局が二〇一三年十月二十八、二十九日、刑事施設における宗教的行為のあり方に関するコロックを開催し、その成果をDirection de l'administration pénitentiaire, Le fait religieux en prison : configurations, apports, risques, Coll. Travaux et Documents n°83, Paris, 2014として公表している。本稿の情報はこの報告書によるところが少なくない。
（10）「イスラムのヴェール事件」と、その政治的・社会的意味については、さしあたり、海老坂武『思想の冬の時代に』岩波書店、一九九二年、四一頁以下参照。
（11）教誨師の活動範囲が広く刑事施設教誨師に、先行あるいは並行して、学校、病院、軍隊等においても教誨師活動が古くから根付いている。この点については、赤池一将「フランスの刑事施設教誨師制度について」前掲（1）、一四九頁。
（12）« M. Jospin en appelle au respect de la laicité mais demande qu'aucune élève ne soit exclue », Le Monde, le 26 oct.1989. なお、海老坂武『思想の冬の時代に』前掲（10）、五八頁参照。結局、この問題は、公立の小学校、中学校、高等学校での宗教的帰属を表明する表彰および服装の着用を規制する二〇〇四年三月十五日の法律（LOI n°2004-228 du 15 mars 2004 encadrant,en application du principe de laïcité,le port de signes ou de tenues manifestant une appartenance religieuse dans les écoles, collèges et lycées publics）において、目立たない表彰の着用を認める（目立つものを禁止する）妥協を行いながらも、非宗教性の原則を適用する形で終息する。
（13）林真琴ほか『逐条解説　刑事収容施設法』有斐閣、二〇〇九年、二七六頁。
（14）Loi du 9 décembre 1905 concernant la séparation des Eglises et de l'Etat.
（15）例えば、五条を根拠とするものとしては（一九九七年五月二十九日判決、九九年十月十四日判決）、十四条とともに六条を根拠とするものとして（一九九七年十二月十六日判決）、同じく十四条とともに八条を根拠とするものとして（一九九三年六月二三日判決、二〇〇三年十二月十六日判決）、十条を根拠とするものとして（一九九九年七月八日判決）、十一条を根拠とするものとして（九九年四月二十九日判決）を挙げることができる。

（16）Association Les Témoins de Jéhovah c/ France, CEDH, 30 juin 2011, n°8916/05.

（17）SAS c/France, CEDH,1er juill. 2014, gr. ch., n°4385/11, SAS c/France, AJDA 2014,1348; ibid. 1763, chron. L. Burgorgue-Larsen; ibid. 1866, étude P. Gervier ; RSC 2014. 626, obs. J.-P. Marguénard.

（18）Ahmet Arslan c/ Turquie, CEDH, 23 févr. 2010, n°4135/98, Ahmet Arsfan c/ Turquie.

（19）CE, 16 févr. 2004, n°264314, Benaissa.

（20）二十六条は二十二条を敷衍したものといえ、二十二条は「行刑は、すべての被収容者に対して、その尊厳とその権利を保障する。権利の行使は、拘禁に固有の矯正、保安の維持、施設の良好な秩序、再犯の予防、そして、被害者の利益の保護から生じる制限以外の制限によって規制されない。この規制は、被収容者の年齢、健康状態、障がいおよび人格を考慮にいれて行われる」と規定している。

（21）Décret n°2010-1635. Partie réglementaire du Code de procédure pénale.

（22）CE, 16 juillet 2014, n°377145.

（23）この点については、Le commentaire n°2321 de Pierre-Henri Prélot, AJDA 2014.

（24）行刑施設の内部規則の類型は、刑事訴訟法典のR五七－六－一八条および五七－九－一三条に添付されている。

（25）仏教徒の被収容者がベジタリアンの食事を提供される権利については、欧州人権条約九条および十四条違反めぐるCEDH, déc. 2010, Jakobski c/ Pologne, RSC 2011, 221, note J.-P. Marguénaud.

（26）自由剥奪施設における信仰の実施に関する二〇一一年三月二十四日の見解、なお、提案された二つの方策に関して、総監督官のホームページ上で行った司法大臣のコメントによる反応を参照のこと。動物の苦痛もいつか考慮されることになろうし、その問題は教義に則した食事以上に大きいことをここに記すことも許されよう。

（27）数字は、C.Béraud, C. de Galembert, C. Rostang, Des aumôniers plus nombreux et plus divers, in Le fait religieux en prison op. cit. p. 35-51.

（28）主に、大都市の拘置所を中心にイスラム教徒の被収容者数の顕著な増加が見られる。二〇一五年一月のフィガロ紙のインタヴィューのなかで、司法省行刑局保安部副部長は、イスラム教の信仰を表明している被収容者は約三万五千名、そのうちラマダンを行う者は一万八千名、そして、「急進化しうる」者が千ないし二千名いると語っている。

（29）C.Béraud, C. de Galembert, C. Rostang, La religion du prisme d'une sociologie de l'action, in Le fait religieux en prison op. cit. p. 137.

（30）Décr. n°2010-1635 du 23 déc. 2010

（31）CE 16 oct. 2013, n°351115, garde des Sceaux c/ M. et autres; v. les concl. Du rapporteur Delphine Hédary, AJDA 2913, 2386.

（32）Ouisa Kies, Des aumôniers musulmans en prison, in Le fait religieux en prison, op. cit., p. 53-73, Mohamed Loueslati, Ĺislam en prison : Moi, aumônier musulman des prisons françaises, Bayard, 2015, p.105 et suiv.

（33）データは、C.Béraud, C. de Galembert, C. Rostang, Des aumôniers plus nombreux et plus divers, in Le fait religieux en prison op. cit. による。

（34）C.Bernard, C.de Galembert, C.Rostaing, La religion en prison au prisme d'une sociologie de l'action, in Le fait religieux en prison, op. cit., p.117-149. この調査の狙いは、「拘禁の世界で当事者が宗教に求めるものとその特殊な文脈で宗教が彼らにもたらすものを考慮して宗教を理解し説明すること」にあったとされる。Le rapport en intégralité:Des Dieux et des hommes en prison, DAP, mai 2013 も参照されたい。

（35）C. Bernard et al., op.cit., p.133.

（36）Rachel Sarg, Anne-Sophie Lamine, La religion en prison: norme structurante, réhabilitation de soi, stratégie de résistance, Archieves des sciences sociales des religions, 2011/1, n°153, 85-104, p. 102.

（37）Nancy Venel, L'islam en détention, Eclairages sur les processus qui amènent à se saisir du religieux en général et de l'islam en particulier au cours d'une peine de prison, in Le fait religieux en prison, op. cit., p.159. V. le rapport intégral : « Grâce à Dieu, ça va en ce moment! », DAP, sept. 2013.

（38）N.Venel, op. cit. p.155.

（39）R.Sarg et A.-S.Lamine, op.cit.

（40）R.Sarg et A.-S. Lamine, op.cit., p.100.

（41）V. William Roumier, La lute contre le terrorisme: l'avant et l'après Charlie, Dr. Pénal 2015, n°2, alerte 6.

（42）P. Poncela, Demandés ou imposes, les transfèrements sur la sellette, RSC 2014. p. 153.

（43）Rachel Sarg, La foi malgré tout : croire en prison, PUF, 2015, p.211 et suiv.

（44） Aurélie Cappello, L'interdiction de sortie du territoire dans la loi renforçant les dispositions relatives à la lutte contre le terrorisme, AJ pénal 2014. 540.

（45） Guillauma Larrivé, Avis sur le projet de loi finances pour 2015, tome VI justicce, administration pénitentiaire, n° 2267, Assemblée nationale.

龍谷大学社会科学研究所叢書第117巻
宗教教誨の現在と未来
–矯正・保護と宗教意識–

2017年3月31日　　初版発行

編著者　赤池一将・石塚伸一
発　行　本願寺出版社
〒600-8501　京都市下京区堀川通花屋町下ル
浄土真宗本願寺派（西本願寺）
TEL075-371-4171　FAX075-341-7753
http://hongwanji-shuppan.com/

印　刷　株式会社 図書印刷 同朋舎
装　幀　自照社出版株式会社

定価はカバーに表示してあります。

ISBN978-4-89416-034-7 C3014　　BD02-SH1-①30-71